21 世纪全国高职高专旅游系列规划教材

旅行社经营实务

主　编　吴丽云　刘　洁
参　编　张　信　李冬梅　罗　辉

北京大学出版社
PEKING UNIVERSITY PRESS

内 容 简 介

本书秉持"学习的内容是工作，通过工作实现学习"的工学结合教材开发理念，以创建并经营管理一家旅行社为主线，按照创建旅行社、设计旅游线路、采购线路要素、制定线路价格、销售旅游线路、签订旅游合同、实施旅游线路、旅游线路实施质量反馈、企业总结与计划等流程设计教材内容，并将典型工作任务融于其中，共设计 5 个项目、22 个任务和 28 个实训任务，每一个任务都来自企业真实业务，保证了学校教学与旅行社实践的紧密相连。

本书涵盖旅行社创建、运营的全过程，实用性强，既可作为高职院校旅游管理相关专业师生的教材，也可作为旅行社新员工培训用书，还可作为有志于从事旅行社业的社会人士了解企业运营的辅助书籍。

图书在版编目(CIP)数据

旅行社经营实务/吴丽云，刘洁主编. —北京：北京大学出版社，2013.4
（21 世纪全国高职高专旅游系列规划教材）
ISBN 978-7-301-22316-1

Ⅰ.①旅⋯　Ⅱ.①吴⋯②刘⋯　Ⅲ.①旅行社—企业经营管理—高等职业教育—教材　Ⅳ.①F590.63

中国版本图书馆 CIP 数据核字（2013）第 057568 号

书　　　　名：	旅行社经营实务
著作责任者：	吴丽云　刘　洁　主编
责 任 编 辑：	刘国明
标 准 书 号：	ISBN 978-7-301-22316-1/F・3591
出　版　者：	北京大学出版社
地　　　　址：	北京市海淀区成府路 205 号　　100871
网　　　　址：	http://www.pup.cn　新浪官方微博:@北京大学出版社
电 子 信 箱：	pup_6@163.com
电　　　　话：	邮购部 62752015　发行部 62750672　编辑部 62750667　出版部 62754962
印　刷　者：	北京虎彩文化传播有限公司
发　行　者：	北京大学出版社
经　销　者：	新华书店
	787 毫米×1092 毫米　16 开本　13.5 印张　315 千字
	2013 年 4 月第 1 版　2019 年 1 月第 4 次印刷
定　　　价：	28.00 元

未经许可，不得以任何方式复制或抄袭本书之部分或全部内容。
版权所有，侵权必究。
举报电话：010-62752024　电子信箱：fd@pup.pku.edu.cn

前　　言

　　这是一本教材，又远非一本教材，它是我十余年教学生涯的部分见证，是我职教改革成长历程的一个展示窗口。

　　当兴奋渐渐冷却，当激动慢慢平复，当我们缓缓沉淀，回望过往，开始冷静对待教师教学改革与学生素质养成同步性这一问题时，我知道，这是一条既漫长而又充满无数挑战的道路。

　　《旅行社经营实务》是我的教改之子，里面倾注了我和刘洁老师无数的心血。当它终于要付梓出版，心头涌现的，是过往的种种。虽距离它的萌芽已有四年，但那些竭力付出的日子却停留眼前，仿佛昨日。犹记得，在大潮国旅调研时，拿到大潮国旅员工手册时如获至宝的激动；在源丰通国旅与李冬梅总经理的一席谈话，在推心置腹中探求旅行社需求与学院学生综合能力培养之间的最佳契合点；记得张治中老师为我们做行动导向培训时与他的点滴探讨，以及获取新鲜灵感时的激动；记得戴士宏教授对《旅行社经营实务》课程设计的充分肯定和精辟点评，我的茅塞顿开之感也产生于彼时，那种豁然开朗的幸福感、兴奋感仍萦绕脑海中，挥之不去；无法忘记我可敬、可爱的前同事们，他们对我教学改革的诸多启发以及对我们教改活动的鼎力支持，是我不断前进的动力；我的合作伙伴刘洁老师，以她的敏锐、慎思和细致，为我们的教学改革提供很多有益的建议和新鲜创意，推动我们的教材不断完善；无法忘记那些可爱的学生们，李鹏飞、秦雨婷、唐尧、陈鑫、赵然、夏梦佳……他们持续不断的创新和对课程学习的全力投入是我们教学改革的动力源，无数次的互动、无数次的感动、无数次的惊喜、无数次的落寞，时光在与这些学生们的共同度过中变得生动而充盈。由此，我想一并感谢上述给予我们无限支持的人们，并特别感谢支持我们，为我们提供丰富、鲜活的企业素材和工作资料的企业管理者们，感谢北京大潮国旅的张信总经理、源丰通国旅昌盛园营业部的李冬梅总经理、原新华国旅营销部罗辉经理……他们的无私支持和对旅游人才培养的独到见解为我们的课程改革提供了巨大的帮助，使我们的课程改革能够非常贴近实际，贴近企业和行业现实，融入企业真实业务，而非浮于表面，玩些花把式。

　　当岁月缓缓迈过我的身边，当时光平静流过我的眼前，我知道，就学生综合素质养成最佳路径的探讨而言，我们所做的不过是一个开始。如何将学院人才培养目标、教师教学改革、学生综合素质养成、企业用人需求结合在一起，探求最有效的融合模式，这是一条有挑战，但也是最有价值、最值得做、又迫切需要去做的事。想及此，心头忽而涌现的，是这样的想法：教改犹如古人练功，只有达到一定的境界，才能做到心中有剑，手中无剑。学生的综合素质养成亦需要在人才培养目标和企业用人需求的指导下，融入到学院日常教学、学生日常生活的点点滴滴中，这样的渗透养成应该是综合素质培养的最优途径。而每一门课程只是这项综合性工程的一个组成部分，只有所有的课程实现了,日常的管理达到了,整体的目标才可以实现。

《旅行社经营实务》是"旅行社经营实务"精品课程建设的成果之一,是我们历四年之功形成的一部课改配套教材。当你翻开这本书时,你打开的是一本有诚意的作品,它不仅仅是一本教材,更是一个融汇了几十家旅行社成功经验的集合体。它展示了我们精心设计的每一个细节;它融合了企业真实业务;它是我们多轮课堂演练,不断补充、丰富、完善的成果;它更是一部经由理论指导、经历实践考验的教材。选择了它,你选择的是不一样的课堂、不一样的教学经历,它一定不会像传统课堂那样容易把控,但它的不平淡、它的持续挑战一定能给你的教师生涯或学习生涯一种新的冲击,一种历经磨难后的超然,一种递进锻炼后的提高,你会为此而迷恋、留恋,正如彼时的我们。

吴丽云

2012 年 11 月 31 日于天通苑

目 录

1 旅行社的设立 ·· 1
　　任务 1　旅行社设立的市场调研 ·· 2
　　任务 2　旅行社设立构想 ··· 12
　　任务 3　旅行社的筹资和选址 ··· 22
　　任务 4　旅行社组织设计 ··· 29
　　任务 5　旅行社人员管理及招聘 ·· 39
　　任务 6　旅行社设立条件及流程 ·· 52

2 旅行社线路设计与操作 ··· 69
　　任务 7　旅行社线路的构成要素 ·· 70
　　任务 8　旅行社线路的设计流程 ·· 81
　　任务 9　旅游相关资源采录 ·· 86
　　任务 10　旅游线路制作 ·· 94
　　任务 11　旅行社产品采购与谈判 ·· 104
　　任务 12　旅行社品牌设计 ··· 115

3 旅行社线路销售与签订旅游合同 ·· 127
　　任务 13　前台接待的工作内容 ··· 128
　　任务 14　电话销售的工作流程 ··· 140
　　任务 15　媒介销售的原则和要点 ·· 148
　　任务 16　宣传单销售的工作要点 ·· 155
　　任务 17　与旅游者签订出游合同 ·· 161

4 旅行社线路实施与质量评价 ··· 170
　　任务 18　导游带团前的工作接洽 ·· 171
　　任务 19　导游带团流程 ·· 177
　　任务 20　旅游服务质量评价的内容 ·· 187

5 旅行社年终总结及下年度发展规划 ··· 194
　　任务 21　旅行社年终总结及下年度发展计划 ·· 195
　　任务 22　最佳旅行社评选 ··· 205

参考文献 ·· 208

1 旅行社的设立

学习目标

知识目标：了解旅行社一般部门设置及各部门职责；了解旅行社人力资源管理的内容及人员招聘流程；了解旅行社市场调研的内容；熟悉企业标识设计的要求与原则；熟悉影响旅行社选址的因素及选址原则；熟悉设立旅行社的条件和程序；掌握旅行社的类别、设立方式、组织设计的方式及业务内容。

能力目标：能够设计大方简洁、符合企业特征的标识；能够运用旅行社设立的法律条文创建一家旅行社；能够根据企业的业务需要设置适合的部门并制定部门职责；能够制作旅行社的人员管理规定。

素质目标：培养学生的合作意识、较强的社会适应性、良好的创新意识；培养学生对行业发展趋势和旅游市场发展的敏锐洞察力；培养学生做事周到、细致的习惯。

项目导读

旅行社是各类旅游产品的组织销售者,是旅游者和旅游企业之间的媒介。旅行社的设立是旅行社经营的前提。一家旅行社从无到有,是市场需求推动的必然结果。旅行社的设立需要人、财、物的支持,需要有固定的营业场所和必要的设施设备,必要的资金支持和部门设置,符合经营管理需求的从业人员,符合规定的企业名称和管理规范。旅行社设立是旅行社运营的前提,也是学生对旅行社业务经营认识的开始。

任务1　旅行社设立的市场调研

任务目标

旅行社设立是旅行社经营的前提和基础。旅行社的设立是市场需求推动的结果。为准确把握市场需求,确定旅行社设立的必要性、可能性,并为旅行社后续产品设计做好准备,旅行社投资者应先进行市场调查,了解旅行社设立的宏观和微观环境,熟悉旅行社的基本构架、部门设置、人员结构等内容,为旅行社的申报奠定基础。

任务引入

李冰是某大学刚毕业的学生,非常酷爱旅游,希望自己能开设一家旅行社专门经营旅游业务。但是李冰大学时的专业并非旅游专业,对于北京市旅游市场的基本情况并不了解,如果贸然投资,风险比较大。为保证投资的有效性,首先要进行市场调

项目1 旅行社的设立

研，了解市场需求和供给的竞争情况。假如你是李冰，该如何进行这类市场调研呢？

任务剖析

投资创办企业前需要先对欲投资的行业进行市场调研，分析本地的旅游资源情况、客源市场情况、行业竞争情况、行业经营前景等，分析成立企业的可行性。因为李冰对旅行社一无所知，为了了解市场情况，李冰可以在对市场宏观情况进行调查的基础上，深入几家旅行社进行详细调研，了解旅行社的部门设置、人员结构、人员工资等基本情况，为日后的企业经营奠定基础。

实训任务发布

实训任务1：进行市场调研，考察市场环境并参观一家旅行社

学生每6人成立一个小组（可根据班级情况进行调整，一般小组成员为5~7人，不宜过多），各小组成员各自接受任务并开展调研，见学生工作任务书1。

学生工作任务书1		
实训任务1：进行市场调研，考察市场环境并参观一家旅行社	任务性质	个人任务+小组任务
小组任务完成时间	\multicolumn{2}{c}{50分钟}	
任务描述 1. 个人任务：课下完成 1）宏观调查：调查北京市旅游资源、客源市场、市场竞争情况 2）微观调查：小组成员每人考察北京市内的一家旅行社，详细记录以下信息：旅行社名称、旅行社所在位置、周边环境情况、旅行社注册资金、旅行社类型、重点业务区域、旅行社部门设置、岗位设置、岗位员工人数、员工工资、企业宣传方式（报纸、网络、宣传单、电话等）、企业标识、记录该旅行社的两条常规线路 3）撰写调查报告，记录宏观调查和微观调查的结果（A4纸打印或手写） 2. 小组任务：课上讨论并完成 1）北京市旅游资源及旅游市场环境评价 2）小组成员调查旅行社概况（含旅行社名称、类别、注册资本金等）列表 3）成员所调查旅行社选址分析 4）成员所调查旅行社部门设置与类别的关系 5）成果书以A4纸打印或手写	\multicolumn{2}{l}{考核标准： 1. 考查的旅行社真实可信 2. 能够获取所需的相关资料 3. 调查报告撰写逻辑清楚，能说清调查的问题}	

3

示范案例

示范案例1-1　××旅行社设立的宏观环境调查

彬县位于咸阳西北部，是咸阳市工业大县，也是国家重点产煤县。彬县文化古老，历史悠久，物华天宝，人杰地灵，是周人肇基之所，也是我国原始农业发祥地之一。

一、××旅行社设立的资源条件调查

1. 人文资源积淀深厚

经普查，彬县发现各种古人类活动文化遗址约200处，特别是水北遗址的考古发现，更把彬县的人类活动历史提早到了8000年前。水北遗址主体的时代约为仰韶文化中期至晚期，但最早有可能到老官台文化时期，最晚可延续至龙山文化晚期，时间延续约3000年，发现的遗迹中有房址、窑址、墓葬。有一个大型房址面积达190平方米，是国内最大的房址，疑为古"颛顼之墟"。原始社会末期，姜嫄圣母、农师后稷在此生息；夏末商初，周先祖公刘"避桀居豳"，在彬县龙高镇一带建起了中国原始农业第一城邑。公刘居豳期间，对中国原始农业做出了巨大的贡献，他修复光大后稷开创的农耕事业，整田界、定疆土、播五谷、种桑麻、饲禽畜，使犁锄得宜、栽播合时、收成甚丰、人心归顺、生活安定，豳人到处传唱"笃公刘"。《诗经》中《七月》、《鸱鸮》、《东山》、《破斧》、《伐柯》、《九罭》、《狼跋》等篇章，都是产生于彬县这块黄土地上的史诗，主要记述了西周时期豳地农业生产、征战，也有部分动人的爱情诗篇。公刘居豳至古公亶父迁岐这段时期，是豳文化最为光辉灿烂的时期，据彬县调查，全县有文物古迹、自然景观、旅游产品等可发掘资源约四十多个，构成了彬县旅游业的基本要素。

2. 各类景观特色鲜明

在彬县这块孕育了中华农业文明的热土上，有颛顼之墟（疑水北遗址所发现的宫室房址），有帝喾元妃后稷之母姜嫄、周祖公刘、汉相公孙贺、前秦王苻坚、五代后周王冯晖等的墓冢；彬县大佛是陕西第一大佛，也是国内最大的室内佛。水帘灯山，天下独绝，堪称是人类历史上最早的霓虹灯。特别是冯晖墓出土的彩绘浮雕砖、壁画等一大批文物旷世罕见，精美绝伦。墓中出土的墓志铭、壁画、彩绘浮雕砖等文物尤为珍贵，填补了我国五代史的考古空白。自然景观方面以西庙头森林公园、侍郎湖最具代表性。侍郎湖是陕西第一高原淡水湖。人文资源与自然景观双胜，使彬县的旅游开发具有广阔的前景和巨大的潜力。

3. 旅游产品比较丰富

彬县地方旅游产品数量较多，除具有彬县地方特色的大佛寺杆杖、蒜窝等梨枣木

制品外,各种小吃也享誉一方。2003年4月,在西安、咸阳两地共办的"西咸一体化美食旅游周活动"中,彬县有6个厂家的12个产品参加了活动,其中有5个企业的9个产品通过了旅游名品认定,居咸阳市第二位。其中彬县一品鲜的×州麻花、×州烧麦、杏仁油茶、古豳蜂糕、满口香包子、陈家酱肉坊的肘子、方师猪蹄、彬县御面、东关村凉粉获得"市旅游名小吃"的荣誉称号。2003年10月,彬县御面、陈家肘子再传捷报,它们被评为"陕西名小吃"。发源于彬县北极镇(古名:白吉)的白吉馍又是中华名小吃,全国有名。×州梨也是久负盛名,俗话是"×州梨——没渣"。彬县也是陕西优质苹果生产基地县,苹果面积20万亩,所产的红富士苹果多次获国家和陕西省名优称号。彬县又是大晋枣的故乡,大晋枣素有"八个一尺,十个一斤"的美称。

二、彬县发展旅游业的市场环境

1. 国内旅游迅猛发展

据考察,国内旅游业发展蒸蒸日上,在县域经济中打旅游牌是各地普遍的做法。这些地区的经济社会之所以能够快速发展,其中一个重要的原因就是这些地区能够立足当地资源优势,把旅游业作为支柱产业、重点产业、先导产业来发展,将其作为拉动内需、刺激消费、发展经济、改善环境的助推器。旅游收入在当地国民经济中占有很大的比重。

2. 农民旅游势头强劲

近年来,随着群众生活水平的提高,农民的旅游需求大幅增长。今年五一节期间,彬县有不少农民赴北京和华东五市旅游,坐飞机、逛首都是他们的首选,领略山光水色是他们的渴望,农民旅游是旅游业发展的潜在市场且潜力巨大。

3. 县委、县政府大力支持发展旅游业

根据县政府规划的蓝图,到2011年,彬县将实现年接待国内外游客10万人次,旅游综合收入达到5000万元以上。结合彬县旅游资源优势、区位优势、文化内涵和综合实力,进一步加快彬县旅游业的发展,使彬县旅游业真正成为全县国民经济发展的有力支撑。县委、县政府在彬县旅游业的发展中的决心和工作力度,是多年来少有的。县委、县政府确定了以各种旅游景点为依托,大力发展旅游业,树起旅游业发展的龙头的战略构想;提出要积极开发花果山、水帘洞,绿化美化下沟煤矿,精心打造川道盛唐佛教文化和现代工业旅游线;以侍郎湖为依托,在保护好水源地的前提下,建设森林公园,开发休闲娱乐项目,精心打造南翼生态休闲旅游线;以公刘墓为重点,修复公刘祠,开发龟蛇山,精心打造北翼古豳文化旅游线;做好旅游景点的包装和宣传工作,努力提高旅游景点知名度;开发特色小吃和地方土特产,形成旅游、餐饮、购物、娱乐相配套的产业体系,逐步把旅游业培育成为县城经济新的增长点。这样能够形成彬县旅游的积极效应。尤其对省外、海外游客具有比较强的吸引力,上述

线路推广以后,将极大地促进彬县旅游业的发展,必将为全省旅行社行业的发展带来难得的机遇,尤其为旅行社的运行注入了新的活力。

彬县作为陕西旅游线路西行的必经之地,只要能够吸纳1%的游客来彬县旅游,其预期收入就将近两个亿,可见市场空间非常巨大。目前,随着彬县旅游市场的发展和完善,旅游服务网络和体系架构逐步形成,彬县的旅游业正在不断升温,彬县旅游业的重要价值将进一步体现出来,未来20年彬县国内、境外旅游人次和旅游创汇必将取得快速的增长。

三、彬县发展旅游业的三大机遇

(1) 福银高速即将全线贯通,西平铁路即将开工建设,加上原有的西兰公路穿境而过,衔接了全国乃至全世界瞩目的旅游胜地——西安,使到彬县旅游的可进入性进一步增强,为彬县旅游开发建设带来历史性机遇。

(2) 大佛寺申报丝绸之路世界文化遗产,已被列入预备名单,可以说是胜券在握,如申遗成功,将给彬县旅游业带来难得的发展机遇。

(3) 泾河流域城区段防洪工程已经启动,滨河大道随后兴建,将为彬县增加新的城市景观,彬县大旅游的氛围正在形成。

示范案例1-2　北京市××旅行社调查报告

2010年暑假,经以前毕业的师兄帮助,我进入北京市××国际旅行社进行短期实习,同时也顺利地完成了我的暑假旅行社调研任务,调研结果如下。

××国际旅行社位于北京市朝阳区惠新西街惠新苑×号××室,紧邻北四环,邻近北京市著名的亚运村商圈,附近有地铁5号线和多条公交线路通过,交通便利。公司是一家国际旅行社,主要经营出入境旅游业务和国内旅游业务。公司注册资本金150万元,是一家股份有限公司。

该旅行社在总经理下设组团中心总监、地接中心总监、财务部、外联部、人事部、行政部、导游部、客运部和IT部等9个部门。组团中心总监下设国内部、周边部和市区部,地接中心总监下设入境部和地接部两个部门。公司在部门经理之下设置了细致的岗位,岗位设置及人员安排情况如下:计调9人,外联3人,质量监督1人,文秘1人,炊事员1人,保洁员1人,专职导游3人,车务1人,票务1人,电脑工程师1人,平面设计1人,会计2人,出纳1人,各部门经理11人,总计37人。

该旅行社的工资=基本工资+企业工龄工资+专业职称工资+职务津贴+交通津贴+手机话费津贴+奖金+加班费+绩效工资。该旅行社的工资管理制度非常规范,构成明确,奖惩分明。员工的基本工资都是800元,工龄工资高,如在企业工作3~5年的员工,每月工龄工资为500元,5~10年的员工,工龄工资为1000元,如果在企业工作时间达到20年以上,每月工龄工资可达2500元。从该旅行社的工龄工资可以看出该公司对老员工的重视,同时,旅行社也希望能通过工龄工资降低员工的流动率,提高员工的忠诚度。除工龄工资外,绩效工资也是员工工资的重要组成部分,基

项目1 旅行社的设立

层员工在试用期的月绩效工资从 200 元到 800 元不等,多数为 800 元,同时,随着员工工作时间的延长,员工的绩效工资会与其工作表现同步增长,分为初级、中级和高级,高级部分的绩效工资除专职导游外,每月普通员工的绩效工资在 1500 元到 2000 元。从该旅行社的工资构成看,该旅行社员工的平均收入应该高于一般的旅行社,且奖惩分明,细目明确,值得学习。

该旅行社有专门的 IT 部,旅行社的网站做得非常好,既有企业文化和相关管理制度,也有丰富的拓展内容,同时线路更新也非常及时。该旅行社的宣传方式主要是依靠网络宣传,这与该旅行社网站发达不无关系。

通过这次考察,发现这家旅行社与以前接触到的许多小旅行社不大一样,管理规范,企业的文化味十足,值得人们多多学习。

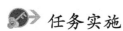 **任务实施**

★个人任务实施

学生利用课余时间进行市场调研和旅行社考察,完成个人任务成果书(NO.1)。

学生个人任务成果书(NO.1)			
实训任务 1:进行市场调研,考察市场环境并参观一家旅行社		任务性质	个人任务
个人任务成果名称	旅行社市场调研成果书		
旅行社设立的宏观环境调查结果			
内容另外附页			
北京市××旅行社微观调查结果			
内容另外附页(A4 纸打印或手写)			

★小组任务实施

实施步骤

(1)小组成员顺序汇报个人调研情况及内容,各小组选出专人负责汇总。

(2)小组综合所有成员调研内容,共同讨论确定本小组对北京市旅游资源及市场环境的评价。

(3)汇总小组成员所调研旅行社的名称、类别、注册资本数,一一列出。

(4)分析所有调研旅行社所处位置,总结旅行社选址要点。

(5)分析所有调研旅行社部门设置情况及其类别,总结国际社与国内社在部门设置方面的差异。

学生小组任务成果书（NO.1）		
实训任务1：进行市场调研，考察市场环境并参观一家旅行社	任务性质	小组任务
小组任务成果名称	旅行社市场调研成果书	
旅行社设立的宏观环境评论		
北京市旅游资源评价		
北京市市场环境评价		
旅行社微观调查结果		
旅行社概况（调查旅行社名称、类别、注册资本金）		
旅行社选址分析		
旅行社部门设置与旅行社类别的联系		
成果以A4纸打印或手写		

 总结提高

一、旅行社设立的市场调研

旅游市场需求的存在是设立旅行社的前提条件，设立一家旅行社必须要进行市场调研，了解旅游者的旅游需求特点，同时考察市场的竞争情况，以确定旅行社设立的可行性。

旅行社设立的市场调研内容应包括以下几点。

（一）旅行社发展的前景和趋势预测

旅行社在设立之初应对其未来发展前景有所认识，这决定了旅行社设立的类型、产品重点等。同时，分析本国或本地旅游市场的竞争情况也是设立旅行社必做的工作之一，只有充分了解设立旅行社的行业环境和企业环境，才能在竞争中立于不败之地。

（二）旅游客源市场分析

通过问卷调查、访谈等方法，了解本地及其他主要客源地旅游者的旅游消费偏好、旅游花费预算、出游时间等基本信息，便于旅行社日后推出有针对性的旅游产品。

（三）旅行社设立的内外部条件分析

旅行社设立的外部条件分析主要是考虑旅行社所在城市的经济发展情况、居民旅游需求大小、本地旅游市场竞争情况、本地旅游配套能力的高低等内容；旅行社设立的内部条件分析主要是考虑设立旅行社所必须的场地、设施、资金、人员等内容。

二、旅行社的业务内容

旅行社的基本业务可分为两大类。

（一）前台业务

前台业务是旅行社的工作人员直接向旅游者提供的服务，包括旅游信息咨询、旅游产品销售、旅游接待、售后服务等业务。

1. 旅游信息咨询

旅行社具有沟通旅游信息的职能。潜在旅游者在产生旅游动机或旅游需求后，会通过各种渠道寻找旅游信息，旅行社是旅游者获取信息的重要渠道之一。旅行社通过电话咨询、网站咨询、面对面咨询等多种方式为旅游者提供适合其需求的旅游产品及相关旅游信息。

2. 旅行社产品销售

产品销售是旅行社的关键性业务。旅行社产品的销售业务包括策划新的旅游产品、选择产品销售渠道、制定产品销售价格、开展产品促销等内容。

3. 旅游接待服务

旅游活动的实现，需要旅行社接待业务的实施。计调人员根据旅游产品的内容和游客的要求确定产品所需的吃、住、行、游、娱、购等内容，同时派出能胜任工作的导游担任陪同，导游人员带团实施旅游产品，满足旅游者精神和物质方面的双重需求，完成旅游接待任务。

4. 售后服务

售后服务是提高旅游者满意度、获取市场需求信息以及改进产品、提高企业竞争实力的有效手段。旅行社在产品销售和游客成行后，通过顾客回访、问卷调查等方式为旅游者提供售后服务，以提高顾客满意度，提高顾客的回头率。

（二）后台业务

后台业务是指在旅行社内部进行的，不需要旅游者参与的业务活动。后台业务的存在是为了维持旅行社的业务运营和辅助前台业务，主要包括产品的设计与开发、产品采购、财务管理、人员管理等内容。

1. 旅行社产品设计与开发

旅行社在激烈的竞争中能处于不败之地，产品的竞争力非常重要。旅行社产品的设计与开发包括产品设计、产品试销、产品投放市场和产品效果检查评估等内容。

2. 旅游产品采购

旅行社为组合旅游产品以一定的价格向其他旅游企业或与旅游企业相关的其他行业与部门购买相关旅游服务项目的业务行为称为旅游产品采购。旅行社的产品采购业务主要涉及餐饮、住宿、交通、游览项目、娱乐等行业或部门。

3. 财务管理

旅行社的财务管理是旅行社经营管理的重点。旅行社经营管理的过程,从价值形态上表现为资金的运作过程。资金链条的完善和有序运转决定了旅行社的运营质量。

4. 人员管理

人员是旅行社存在并运营的前提,不同部门人员共同支撑旅行社业务的完整运营。旅行社内部人员的提升、轮岗、薪酬的制定与发放、人员激励、员工考核等是旅行社人员管理的重要内容。

> **知识拓展**
>
> 1. 登录旅游运营网 http：//www.lwcj.com/,学习绿维创景的旅游市场调查资料,熟悉旅游市场调查的内容和途径等。
> 2. 阅读论文《上海地区高端旅游市场调查及发展对策研究》,原文载于《特区经济》,2012 年 9 月刊,学习该文对于问卷设计、问卷分析的相关技巧。

延伸阅读

世界旅游之父——托马斯·库克

托马斯·库克（Thomas Cook, 1808 年 11 月 22 日—1892 年 7 月 18 日）,英国旅行商,现代旅游的创始人,1808 年 11 月 22 日出生于英格兰德比郡墨尔本镇。自幼家境贫寒,4 岁丧父,母亲改嫁。十岁辍学从业,先在一家蔬菜花木店当帮工,后又当木工学徒。17 岁时进入拉特兰漫礼教会做诵经人。

1828 年库克成为一名传教士,云游四方,散发漫礼教会的小册子,宣传教义。这使得托马斯·库克游历了英格兰的许多地方,对旅游产生兴趣。另外,出于宗教信仰的原因,他后来成为一位积极的禁酒工作者。

1841 年 7 月 5 日,托马斯·库克包租了一列火车,运送了 570 人从莱斯特前往洛赫巴勒参加禁酒大会,往返行程 22 英里,团体收费每人一先令,免费提供

项目1　旅行社的设立

带火腿肉的午餐及小吃，还有一个唱赞美诗的乐队跟随，这次活动在旅游发展史上占有重要的地位，它是人类第一次利用火车组织的团体旅游，是近代旅游活动的开端。

1845年托马斯·库克放弃了木工的工作，开始专门从事旅游代理业务，成为世界上第一位专职的旅行代理商。他在英格兰的莱斯特城创办了世界上第一家商业性旅行社，"为一切旅游公众服务"是它的服务宗旨。同年夏，出于赢利目的，他组织了从莱斯特到利物浦的团体消遣旅游，为期一周，共350人参加，并编发了导游手册——《利物浦之行手册》，分发给旅游者。这是世界上第一本旅游指南。这次旅游的组织方式更具现代包价旅游的特点，体现了现代旅行社的基本特征，开创了旅行社业务的基本模式。

1846年，托马斯·库克亲自带领一个旅行团乘火车和轮船到苏格兰旅行。旅行社为每个成员发了一份活动日程表，还为旅行团配置了向导。这是世界上第一次有商业性导游陪同的旅游活动。此后，他每年都要组织大约5000人在英伦三岛之间旅行。每次他本人都亲自陪同，编印旅游指南。他成功地把铁路、水路和地上交通设施紧紧联系在一起，旅行社的业务得到较大发展。

1851年，库克组织了有16.5万多人参加的"伦敦水晶宫"世界博览会。他还创办名为《观光者》的月刊杂志，专门介绍各地风光和旅游者的见闻。此后，他又成功地组织了旅客参观1853年的都柏林展览和1857年的曼彻斯特展览。

1855年，库克组织了从英国莱斯特前往法国巴黎的旅游，在巴黎停留游览4天，全程用一次性包价，其中包括在巴黎的住宿和往返旅费，总计36先令。当时的《曼彻斯特卫报》称此举是"铁路旅游史上的创举"。事实上，这也是世界上组织出国包价旅游的开端。

到1864年，经托马斯·库克组织的旅游人数已累计达100多万。

1865年他开办了一家旅游用品商店，同年，为了进一步扩展旅行社业务，托马斯·库克与儿子约翰·梅森·库克（John Mason Cook）成立了托马斯父子公司（即通济隆旅游公司），迁址于伦敦，并在美洲、亚洲、非洲设立分公司。此后，托马斯·库克又组织了到法国等地的旅游活动。

1872年，他本人亲自带领一个9人旅游团访问纽约、华盛顿、南北战争战场、尼亚加拉大瀑布、多伦多等地，把旅游业务扩展到了北美洲。这次环球旅行声名远播，产生了极大的影响，使人们"想到旅游，就想到库克"。

1878年，托马斯·库克退休，业务由其子约翰·梅森·库克主持。1939年，通济隆旅行社在世界各地设立了350余处分社。到了20世纪初，英国托马斯库克旅游公司、美国运通公司、比利时铁路卧车公司，被称为世界旅行代理业的三大公司。

1892年，他创办了最早的旅行支票，可在世界各大城市通行，凡持有旅行支票的国际旅游者可在旅游目的地兑换等价的当地货币，更加方便了旅游者进行跨国和洲际旅游。通济隆旅行社还编印了世界最早的旅行杂志，曾被译成7国文字，再版达17次之多。同年7月，年满84岁的托马斯·库克离开人世，长眠于英格兰萨里郡泰晤士河畔的瓦尔顿城。

资料来源：编者整理

任务 2　旅行社设立构想

任务目标

旅行社设立是一个系统的工程，清楚设立流程、确定轻重缓急和工作的先后顺序，对于旅行社投资者而言可以起到事半功倍的效果。一家旅行社的设立，首先要确定的是旅行社的名称、标识和主营业务，主营业务决定了旅行社的选址、组织机构构建和人员的选用，因此是旅行社设立的第一件大事。

任务引入

通过市场调查，李冰认为目前在北京市开设旅行社，市场环境和盈利尚可。他决定按原计划在北京市开设一家旅行社。但开办旅行社需要做哪些准备，这是李冰接下来工作的重点。李冰应该先做哪些事情呢？

任务剖析

开办旅行社需要做哪些事情？对李冰而言，可以和他的合作伙伴一起用头脑风暴法把各自能想到的问题列出来，然后用思维导图的形式把开办一家旅行社所需的先后步骤梳理清楚，这样他们可以清楚地知道自己要做的事情以及做事情的先后顺序。当然，对任何一家企业而言，企业名称、标识和主营业务都是需要最早确定的。

实训任务发布

实训任务 2：绘制设立旅行社的思维导图

学生工作任务书 2		
实训任务 2：绘制设立旅行社的思维导图	任务性质	小组任务
任务完成时间	40 分钟	
任务描述 1. 小组讨论设立旅行社所需的步骤和环节 2. 确定各环节的关键词，写入思维导图 3. 小组绘制完成设立旅行社的思维导图	考核标准 1. 能涵盖设立旅行社所需的环节 2. 思维导图能展示设立旅行社的必须步骤，思路清晰，顺序准确，具有较高的现实应用价值	

项目1 旅行社的设立

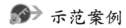 示范案例

示范案例1-3 思维导图

思维导图，又叫心智图，是表达发射性思维的有效的图形思维工具（图1-1）。思维导图运用图文并重的技巧，把各级主题的关系用相互隶属与相关的层级图表现出来，把主题关键词与图像、颜色等建立记忆链接，思维导图充分运用左右脑的机能，利用记忆、阅读、思维的规律，协助人们在科学与艺术、逻辑与想象之间平衡发展，从而开启人类大脑的无限潜能。

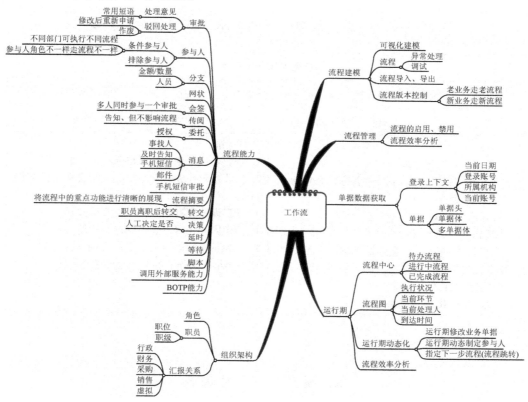

图1-1 工作流思维导图

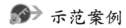 任务实施

实施步骤

（1）由任务组长组织，小组成员运用头脑风暴法，快速写出旅行社设立必须要做的6件事。

（2）小组共同讨论设立旅行社需做哪些工作，并确定先后顺序。

（3）提取出主要工作和流程的关键词，绘制旅行社设立思维导图，以关键词作为主枝干。

（4）进一步完善各主要工作的分支内容。

学生小组任务成果书（NO.2）			
实训任务2：绘制设立旅行社的思维导图		任务性质	小组任务
小组任务成果名称	旅行社设立思维导图		
思维导图：另行附页			

实训任务发布

实训任务3：确定本旅行社的名称、标识和主营业务

学生工作任务书3			
实训任务3：确定本旅行社名称、标识和主营业务		任务性质	个人任务＋小组任务
小组任务完成时间		40分钟	
任务描述 1. 个人任务：课下完成 1）每人创作一份本旅行社的名称、企业标识和企业主营业务 2）解释标识含义 2. 小组任务：课上讨论并完成 1）小组讨论并决定本企业的名称、标识、类型和主营业务 2）解释标识含义 3）成果以A4纸打印或手写		考核标准 1. 企业名称、企业标识与企业业务相匹配 2. 企业主营业务的设计可行、符合行业发展的特点 3. 标识设计富有创意、标识美观大方 4. 标识内涵丰富，能体现企业特色 5. 标识不得简单抄袭小组成员的个人作品，需要在小组成员作品的基础上改进	

示范案例

示范案例1-4 中青旅

名称：中国青年国际旅行社。

企业标识：

标识内涵：中青旅企业的标识有三大要素构成。

地球：象征广阔的服务领域与发展空间。

太阳：象征宏大的理想抱负与目标愿景。

凤凰：象征高尚的企业精神与服务品牌。

中青旅企业标识的标准色有3种颜色。

橙色：温暖、关爱；红色：热烈、激情；蓝色：理智、冷静。

项目1 旅行社的设立

主营业务：国内公民组团、接团业务；中国公民出境组团业务；外国游客入境旅游接待业务。

示范案例1-5　北京大潮国际旅行社

名称：北京大潮国际旅行社

企业标识：

标识内涵：标识形象以"大潮"大写字母"D"为基础设计要素，运用平面构成手法，巧妙地用"D"构成标识的主型，并分成上下两部分，下部为一朵飞溅的浪花，充满欢快的动感，极为吻合企业"大潮"的形象，象征企业无穷的动力之源及广阔的市场，并着以大海的本色——蓝色。上部为红色的一角，象征着企业宏伟的前景，象征企业特色服务的对象——学生，他们是祖国的未来，也是五星红旗的一角。本标识极为准确地传达了"大潮"企业的企业理念，并体现了企业热情、快捷、优质的服务精神。

主营业务：北京市中小学各种旅游活动（冬夏令营、春秋游、社会实践、成人仪式、教师教学考察等）；国内组团、接团旅游活动；外国游客入境旅游接待活动。

示范案例1-6　北京××国旅马甸营业部的主营业务

主营业务：加拿大、英国、北欧、意大利组团同业批发。

（1）协助同行业组织、安排、接待前往欧洲、北美、英国进行商务考察及旅行观光的团组、团队。

（2）办理签证所需的邀请函，联系公务活动，安排参观考察、招商引资、贸易洽谈、会议会展、培训交流。

（3）欧洲、北美区域内机票、游轮代订服务。

（4）境外星级豪华酒店预订，境外机场接送，各种型号旅游车辆及商务用车的预订。

（5）与其他境外商务有关的咨询服务。

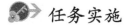任务实施

★个人任务实施

学生个人任务成果书（NO.3）		
实训任务3：确定本旅行社的名称、标识和主营业务	任务性质	个人任务
个人任务成果名称	旅行社名称、标识、主营业务成果书	

续表

学生个人任务成果书（NO.3）	
本旅行社的名称（中英文）	
本旅行社的标识	
本旅行社的标识内涵	
本旅行社的主营业务	
注：成果以A4纸打印或手写	

★小组任务实施

实施步骤

（1）任务组长组织，小组成员依次汇报个人任务成果。

（2）小组讨论确定本旅行社最终的名称、标识和主营业务内容（不得完全抄袭成员个人作品，需有所改进）。

（3）设计并绘制旅行社标识，并解释标识内涵。

（4）确定本旅行社的类别和主营业务内容。

学生小组任务成果书（NO.3）			
实训任务3：确定本旅行社的名称、标识和主营业务		任务性质	小组任务
小组任务成果名称	旅行社名称、标识、主营业务成果书		
本旅行社的名称（中英文）			
本旅行社的标识			
本旅行社的标识内涵			
本旅行社的类别			
本旅行社的主营业务			
注：成果以A4纸打印或手写			

总结提高

一、旅行社的定义

（一）世界旅游组织的定义

世界旅游组织给出的定义为"零售代理机构向公众提供关于可能的旅行、居住和相关服务，包括服务酬金和条件的信息。旅行组织者或制作批发商或批发商在旅游需求提出前，以组织交通运输，预订不同的住宿和提出所有其他服务为旅行和旅居做准备"的行业机构。

（二）国际官方旅游组织联盟的定义

国际官方旅游组织联盟将旅行社分为旅游经营商和旅游代理商两大类，并分别进行定义。其中旅游经营商性质的定义是："一种销售企业，他们在消费者提出要求之前事先准备好旅游活动和度假地，组织旅行交流，预订旅游目的地的各类客房，安排多种游览、娱乐活动，提供整套服务，并事先确定价格及处罚和回归日期，即准备好旅游产品，由自己属下的销售处，或由旅行代理商将产品销售给团体或个体消费者。"旅行代理商的定义是："服务型企业，它的职能是向公众提供有关旅行、住宿条件以及时间、费用和服务项目等信息，并出售产品；受交通运输、饭店、餐馆及供应商的委托，以合同规定的价格向旅游者出售他们的产品；接受他所代表的供应商的酬劳，代理商按售出旅游产品总金额的一定比例提取佣金。"

（三）我国《旅行社条例》的定义

2009年5月国务院颁布实施的《旅行社条例》对旅行社性质做出明确规定："本条例所称旅行社，是指从事招徕、组织、接待旅游者等活动，为旅游者提供相关旅游服务，开展国内旅游业务、入境旅游业务或者出境旅游业务的企业法人。"

《旅行社条例》对旅行社的设立有明确的规定，规定如下。

申请设立旅行社、经营国内旅游业务和入境旅游业务的，应当具备下列条件：有固定的经营场所；有必要的营业设施；有不少于30万元的注册资本。

二、旅行社的类别与业务

（一）欧美国家旅行社的分类

欧美国家旅行社一般分为两大类，即旅游批发经营商和旅游零售商。

（1）旅游批发经营商主要经营批发业务的旅行社或旅游公司。批发业务是指旅行社根据自己对市场需求的了解和预测，大批量的订购交通运输公司、食宿接待企业、旅游景点等旅游供应企业的产品和服务，然后将这些产品组合成为不同的包价旅游线路产品或包价度假产品，最后通过一定的销售渠道向旅游者出售。旅游批发经营商在选用销售渠道方面有差异，因此又可细分为旅游批发商和旅游经营商。旅游批发商自己并不直接向大众出售这些产品，而是通过第三方，即独立的零售商向大众销售。旅游经营商除了借助第三方向大众出售之外，还拥有自己设立的零售网点。欧美国家中，旅游批发经营商的规模一般都比较大，市场集中化程度高，旅行社的数量相对少。

（2）旅游零售商。旅游零售商是指所有主要经营零售业务的旅行社以及其他各种形式的旅游零售代理机构，其中以旅行代理商为典型代表。旅行代理商是代表顾客向旅游批发商及各有关行、宿、食、游、娱方面的旅游企业购买其产品的机构。旅行社代理商的代理预订服务通常不向消费者收取费用，其收入来自销售佣金，即来自于受理代理旅游企业所支付的销售佣金,佣金由双方事先商定,就一般情况而言,佣金率为10%。

(二) 我国旅行社的分类

1. 《旅行社管理条例》的分类

1996年前,我国旅行社分为3类,即第一类旅行社、第二类旅行社、第三类旅行社。1996年出台的《旅行社管理条例》根据不同旅行社企业的经营范围,将我国的旅行社分为以下两类。

(1) 国际旅行社。国际旅行社的经营范围包括入境旅游业务、出境旅游业务和国内旅游业务。国际旅行社根据其资质条件和业务的不同,又可分为两类,一类是能同时经营入境旅游业务、出境旅游业务和国内旅游业务的企业,因为国家对经营出境旅游业务企业资质的限制,这类企业的数目相对较少;另一类是能同时经营入境旅游业务和国内旅游业务的企业,国际旅行社多数为这一类。

(2) 国内旅行社。国内旅行社是指经营业务范围仅限于国内旅游业务的企业,这类旅行社数目最多。

2. 按照旅行社的业务进行的分类

(1) 组团社。组团社是指在客源地招徕、接待游客,解答游客咨询,组织游客前往旅游目的地游览观光的旅行社。

(2) 地接社。地接社是指在旅游目的地接待来访旅游团并安排其在当地活动的旅行社;地接社的业务内容还包括接待来旅游目的地游览的散客的临时报名,组织他们游览当地风光,安排他们在当地的部分旅游活动。

三、旅行社企业标识设计

(一) 企业标识系统

CIS(Corporation Identity System)简称CI,是企业识别系统,它是提高企业形象的一种经营手段。CI对外能有效地将企业的各种经营信息传达给社会公众,促使其被认识、识别。

企业识别系统由企业视觉识别、企业行为识别、企业理念识别3部分组成。

VI(Visual Identity)视觉识别:在CI系统中最具有传播力和感染力,最容易被社会大众所接受,占据主导的地位。VI是将企业标志的基本要素、企业方针及管理系统有效地展示,形成企业固有的视觉形象,是透过视觉符号的设计统一化来传达精神与经营理念,可有效地推广企业及其产品的知名度和形象。因此,CI(企业识别)是以VI(视觉识别)为基础的,并将CI(企业识别)的基本精神充分地体现出来,使企业产品名牌化,同时对推进产品进入市场起着直接的作用。VI从视觉上表现了企业的经营理念和精神文化,从而形成独特的企业形象,就其本身又具有形象的价值。在VI设计中,最重要的就是企业标识设计。

BI（Behavior Identity）行为识别：是CI的动态识别形式，它的核心在于CI理念的推行，将企业内部组织机构与员工的行为视为一种理念传播的符号，通过这些动态的因素传达企业的理念、塑造企业的形象。BI规范化管理是CI导入过程中关键的环节，同时也是最难把握的一环。理念可以树立确定，视觉符号可以设计，而人的行为却难以理想化地进行统一。因此，BI系统的顺利实施，需要有效的管理手段作为保证。

MI（Mind Identity）理念识别：是CI中最重要的一个部分，是主导CI设计的关键，是CI设计的源头。一个企业的文化核心就是MI，它是企业文化和精神的凝聚。企业的文化和精神凝聚起来不是一两天的事，一个新建的企业可能没有经历过多年风雨的企业有那么多的文化内涵，但是新建企业的发展目标和创业精神本身就代表了一种企业的文化和内涵，MI不仅是设计师的工作，更是企业文化建设者的重要工作。它包括精神标语、经营理念、经营方针、座右铭等。MI是一种符号，当此符号发挥有效功能时，无形中会对员工产生潜移默化的教导作用，使员工能肯定自己在公司工作的意义，进而提高士气。

（二）旅行社标识设计

心理学研究表明，一个人在接受外界信息时，视觉接受的信息占全部信息量的83%，11%的信息来自听觉，因而在企业文化的建设和传播过程中，VI的设计依附于企业理念，但却是靠VI广泛传播的，它是企业文化、理念的重要载体，企业标识的设计也因此显得尤为重要。

1. 标识设计的基本要求

1）颜色选择有独特意义

标识设计中色彩的应用是品牌成功的阶梯。色彩能使人产生联想和感情，不同的色调会对人有不同的影响，在标识设计中，利用色彩感情规律，可以更好地表达标识的视觉效果，唤起人们的情感，引起人们对企业及商品的兴趣，最终影响人们的选择。

2）字体的选择要恰当

粗体字，夸张的字体或者是柔缓的字体经常容易吸引眼球。但字体的选择应考虑企业特性，如美容院应回避粗壮笨重的字体，健身房一般不能考虑柔婉、精细的字体，旅行社企业的字体一般应避免太繁杂的字体。

3）标识设计应简单大方

企业标识应该简洁大方，容易识别，同时又能传达出企业信息和品牌价值。太过繁杂或花哨的标识容易降低企业的品位，且不容易被潜在顾客识别并记住。

4）避免分散注意力的元素

标识中应避免企业细节信息，如有限公司、地址、电话等，太多细节容易分散顾客的注意力；同时，标识设计时要避免花哨的细节设计，以防止这些细节喧宾夺主，影响标识的宣传效果。

2. 标识设计应遵循的原则

标识设计应考虑以下几个原则。

1）具有艺术美

标识的设计应具有艺术的美感，当标识本身具有较高的艺术性时，能达到让人眼前一亮的效果，同时，又要经得起推敲，没有歧义。

2）容易识别

标识应容易识别，与其他企业的标识具有非常鲜明的差异，标识本身能让人直接产生企业联想，能让顾客看后有深刻的印象，且不易忘记。

3）与企业长期发展相适应

标识的设计还应考虑企业的未来发展，与公司的远景相适应，具有一定的延展性，随着企业业务的扩张，规模的扩大，标识依然能与企业特性相匹配。

4）传递企业理念

标识的设计应考虑行业属性，融入企业的经营特许、经营目标，传递企业的经验理念，能体现企业精神。

> **知识拓展**
>
> 1. 阅读范晓明撰写的《关于旅行社品牌塑造的思考》一文，原文载于《太原城市职业技术学院学报》，2012年第9期，学习旅行社品牌塑造的相关知识。
> 2. 登录中国国际旅行社网站 http：//www.cits.cn，了解其旅行社标识的设计和内涵。
> 3. 登录优逸品牌设计顾问网站 http：//www.51logo.net/，了解品牌设计方面的知识和案例。
> 4. 登录北京大潮旅行社网站，了解其主营业务 http：//www.dachao.com.cn/level3/gsjs.asp。

> **延伸阅读**
>
> ## 思 维 导 图
>
> 一、思维导图的由来
>
> 思维导图的创始人是英国教育学家托尼·巴赞（Tony Buzan），他以"大脑先生"闻名国际，是英国头脑基金会的总裁，身兼国际奥运教练与运动员的顾问、担任英国奥运划船队及西洋棋队的顾问；被遴选为国际心理学家委员会的会员，是"心智文化概念"的创作人，是"世界记忆冠军协会"的创办人，发起心智奥运组织，致力于帮助有学习障碍者，拥有全世界最高创造力 IQ 的头衔。
>
> 中国思维导图第一人，托尼·巴赞先生的学生董海韬先生，中国的"大脑先生"，从2003年开始引进思维导图，创立 HEARTMAP 新生活方式，创办全国脑力锦标赛，创办京师大学堂思维导图北京公司，创立和构思京师大讲堂。
>
> 托尼·巴赞在大学时代，在遇到信息吸收、整理及记忆等困难时，前往图书馆寻求协助，却惊讶地发现没有教导如何正确有效使用大脑的相关书籍资料，于

是开始思索和寻找新的思想或方法来解决。

托尼·巴赞开始研究心理学、神经生理学等科学，渐渐地发现人类头脑的每一个脑细胞及大脑的各种技巧如果能被和谐而巧妙地运用，将彼此分开工作产生更大的效率。以放射性思考（Radiant Thinking）为基础的收放自如方式，比如渔网、河流、树、树叶、人和动物的神经系统、管理的组织结构等，逐渐地，整个架构慢慢形成，Tony Buzan 也开始训练一群被称为"学习障碍者"、"阅读能力丧失"的族群，这些被称为失败者或曾被放弃的学生，很快地变成好学生，其中更有一部分人成为同年级中的佼佼者。

1971 年托尼·巴赞开始将他的研究成果集结成书，慢慢形成了发射性思考（Radiant Thinking）和思维导图法（Mind Mapping）的概念。思维导图是大脑放射性思维的外部表现。思维导图利用色彩、图画、代码和多维度等图文并茂的形式来增强记忆效果，使人们关注的焦点清晰地集中在中央图形上。思维导图允许学习者产生无限制的联想，这使思维过程更具创造性。

二、思维导图的绘制

（1）核心任务。在绘制图纸的中央写上思维导图要绘制的核心任务，如"旅行社设立流程"、"博物馆营销"、"一堂好课"等。

（2）核心环节。主题也即完成核心任务所需要的核心环节，如一堂好课的核心环节可以包含课前、课中、课后 3 个主要环节，当然也可按其他方法确定核心环节。思维导图把核心环节以大分支的形式体现出来，有多少个主要的核心环节，就会有多少条大的分支。

（3）关键词。思维导图记录用的全都是关键词，这些关键词代表着信息的重点内容，把关键词写在线条的上面。

（4）中央线要粗。思维导图体现的层次感很分明，越靠近中间的线会越粗，越往外延伸的线会越细，字体也是越靠近中心的最大，越往后面的就越小。

（5）线与线之间相连。思维导图的线段之间是互相连接起来的，线条上的关键词之间也是互相隶属、互相说明的关系，而且线的走向一定要比较平行，换言之线条上的关键词一定要让自己能直观地看到，而不是要把纸的角度转了 120 度才能看清楚自己写了什么。

（6）用数字标明顺序。可以有两种标明顺序的方式。

第一种标明顺序的方式：可以从第一个核心环节的分支开始，用数字从 1 开始，把所有分支的内容按顺序标明出来，这样就可以通过数字知道内容的顺序了。

第二种标明顺序的方式：是每一条分支按顺序编排一次，比如第一条分支从 1 标好顺序后，第二条分支再重新从 1 开始编排，也就是说，每条分支都重新编一次顺序。

（7）布局。做思维导图时，它的分支是可以灵活摆放的，除了能理清思路外，还要考虑到合理地利用空间，可以在画图时思考哪条分支的内容会多一些，哪条分支的内容少一些，把最多内容的分支与内容较少的分支安排在纸的同一侧，这样就可以更合理地安排内容的摆放了。整幅画看起来也会很平衡，画思维导图前，要记得思考如何布局会更好。

资料来源：编者整理

任务 3 旅行社的筹资和选址

任务目标

旅行社的设立需要有固定的经营场所和一定的注册资本金及质量保证金。资金和选址是旅行社申请设立前非常重要的内容。通过本任务的实施,学生应了解旅行社筹资的多种方式,熟悉旅行社选址的原则,清楚旅行社选址与其业务经营及定位之间的关系,为旅行社的日后经营奠定基础。

任务引入

确定了旅行社的名称、标识和主营业务后,李冰的梦想开始向现实迈进。可是作为一名刚毕业的学生,他个人目前还没有充足的资金开办一家旅行社,因此筹资成为李冰目前的工作重心。为了能及早创办属于自己的旅行社,李冰一边四处筹资,一边在北京市寻找合适的经营地点。

任务剖析

旅行社设立之初,筹集开办旅行社所需资金,确定旅行社所处位置,是开业之前的重要任务。筹资的方式有许多种,李冰既可以通过向父母、亲戚、朋友等借钱的方式来筹资,也可以向银行贷款,同时吸引集团或公司投资也是可能的筹资方案。选址对一家旅行社来说,是非常重要的。李冰需要确定的是根据旅行社的主营业务、目标顾客等基本情况,确定旅行社所在的大致位置,并确定营业场所的面积、租金等基本事项。

实训任务发布

实训任务 4:确定本旅行社的设立方式及筹资方案

学生工作任务书 4		
实训任务 4:确定本旅行社的设立方式及筹资方案	任务性质	小组任务
任务完成时间	45 分钟	
任务描述 1. 小组讨论,确定本旅行社的设立方式 2. 根据本旅行社的设立方式,确定本旅行社的投资总额、资金来源及数量 3. 成果以 A4 纸打印或手写	考核标准 1. 设立方式对于新开业旅行社切实可行,符合国家的相关政策 2. 筹资方案真实可行,与企业的设立方式相匹配	

项目1　旅行社的设立

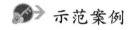 示范案例

示范案例1-7　有限责任公司

A旅行社位于北四环，是一家有限责任公司。该旅行社有10位股东，第一股东出资额占公司总资本的50%，第二股东出资额占公司总资本的25%，第三股东出资额占公司总资本的20%，另有5%的股份为其余几位股东占有。该社为三位大股东共同发起创建，3人依照其投资额的多少对公司承担有限责任，享有公司利润的分成和负债的偿还责任。

示范案例1-8　合伙公司

大学生王某毕业于某大学旅游管理专业，毕业后，他和几个同学合伙创办了天籁旅行社，该旅行社为合伙公司，王某出资19万，李某出资14万，陶某出住宅一套作为公司办公地点，刘某提供了旅行社业务经营所需要的车辆、电脑、传真、电话等设备。4人均对合伙企业债务承担无限连带责任。

示范案例1-9　个人独资公司

李某是某公司的高管，为实现个人抱负从公司辞职，自主创办旅行社。李某用自己多年的积蓄80万元投资创办了一家国内旅行社。按照个人独资企业的相关规定，李某以其个人财产对企业债务承担无限责任。

 任务实施

实施步骤

（1）各小组学习公司法、个人独资企业法、私营企业法、合伙企业法等相关法律法规。

（2）小组讨论确定本旅行社的设立方式。

（3）根据设立方式确定本旅行社的筹资方式、资金来源、数量等。

（4）约定各投资人对企业的利益分成和责任承担情况。

学生小组任务成果书（NO.4）			
实训任务4：确定本旅行社的设立方式及筹资方案		任务性质	小组任务
小组任务成果名称	旅行社设立方式及筹资成果书		
本旅行社的设立方式			
本旅行社的资金来源和数量			
本旅行社各投资人对企业的责任承担和利益分成情况简述			
注：成果以A4纸打印或手写			

旅行社经营实务

 实训任务发布发布

实训任务 5：市内考察并确定本旅行社的地址

学生工作任务书 5		
实训任务 5：市内考察并确定本旅行社的地址	任务性质	个人任务＋小组任务
小组任务完成时间	40 分钟	
任务描述 1. 个人任务：课下完成 1）根据企业定位，在北京市内进行考察，每人选择一处现有店面或建筑作为企业规划地址 2）对选定的地址拍照并解释选此地址的理由，小组成员每人上交一份自己的选址考察报告，成果以 A4 纸打印或手写 2. 小组任务：课上讨论并完成 1）小组讨论每个成员的选址报告，最终确定本旅行社的地址及理由 2）确定本旅行社的营业面积、平面布局，并形成选址报告，成果以 A4 纸打印或手写	考核标准 1. 个人任务考察点 1）有选定地址的照片，能清楚地介绍该地址的实际位置，周边环境等 2）地址的选择理由充分，符合本旅行社的业务特点和企业定位 2. 小组任务考察点 1）地址选择有充分理由，符合本旅行社的业务特点和企业定位 2）营业面积大小符合本旅行社的资金条件 3）完成小组任务成果书	

 示范案例

示范案例 1-10　上海春秋旅行社的选址

春秋旅行社在上海设立的营业部有中心门市与社区门市两类。

（1）中心门市的选址定在接近中心商业区的路段上。"春秋"之所以选择在西藏中路、定西路设立中心门市，是因为这两个路段虽然不是上海的中心商业区，但是其地理位置却很接近中心商业区，能够顺畅地接受到中心商业区辐射过来的人流、信息流与车流，这样就可以利用商业区繁华的正外部社会性而获得不付成本的企业效益；而且，接近商业区的路段，其地租价格是低于商业区的地租价格的；另外，在近商业区，城市的公共交通无论搭乘或换乘都会很方便，便于顾客的来往。

（2）社区门市的设立。目前，"春秋"在上海设立了近 50 个社区门市，散布在各个区里。之所以设立社区门市，是因为可以在更广泛的空间范围里进一步拓展"春秋"品牌的社会影响力；减缓中心门市的营业拥挤压力；还可以方便顾客，降低顾客在出行上的交易成本，使顾客在近家门的地方就可以与"春秋"进行交易。

项目1　旅行社的设立

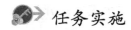 任务实施

★学生个人任务实施

学生个人任务成果书（NO.5）			
实训任务5：市内考察并确定本旅行社的地址		任务性质	个人任务
个人任务成果名称	旅行社选址成果书		
本旅行社所在地址			
本旅行社所在地址周边环境描述（可配图）			
选址理由			
注：成果以 A4 纸打印或手写			

★学生小组任务实施

实施步骤

（1）各小组讨论延伸阅读部分的内容，确定如果本小组是李冰，会将选址定在哪里？理由是什么？
（2）各小组成员依次汇报个人选址成果。
（3）小组成员讨论确定本旅行社的最终选址并描述所选地址周边环境。
（4）介绍本旅行社的选址理由。

学生小组任务成果书（NO.5）			
实训任务5：市内考察并确定本旅行社的地址		任务性质	小组任务
小组任务成果名称	旅行社选址成果书		
本旅行社所在地址			
本旅行社的选址理由			
本旅行社的营业面积			
本旅行社的平面布局			
注：成果以 A4 纸打印或手写			

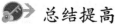 总结提高

一、常见的旅行社设立方式

1. 有限责任公司

有限责任公司是指不通过发行股票而由为数不多的股东集资组建的公司。有限责

任公司由两个以上 50 个以下股东共同出资设立。有限责任公司的资本无须划分为等额的股份，也不发行股票。股东确定出资金额并交付资金后即由公司出具股权证明，作为股东在公司享有权益的凭证。股东的股权证明不能自由买卖，如果有股东欲出让股权，一般应得到其他股东的同意并受一定条件的限制。股权转让时，公司的股东具有优先认购权。如果股权转让给非公司内部的其他人员，则需征得全体股东的同意。股东以其认缴的出资额为限对公司承担责任，股东入股的资产可以是货币，也可以是实物、知识产权或其他无形资产。

2. 股份有限公司

股份有限公司是将全部资本划分为等额股份，并通过股票的形式在市场上自由交易。公司可以通过发起设立和募集设立的方式进行组建。发起设立是指以发起人认购公司应发行的全部股份设立公司；募集设立是指以发起人认购公司应发行股票的一部分，然后通过向社会公开发行股票募集其余部分资金的方式设立公司。

股份有限公司的资产归股东所有，股东可以是自然人，也可以是法人。股票是一种有价证券，可以自由认购、自由转让。股东一旦认购了股票，就不能向公司退股，但可以通过股票市场出售股票。股东入股的资产以货币为主，但也有以实物或知识产权等作价入股的。股份有限公司对股东负有限责任，但上市公司必须依法向公众公开财务状况。

3. 个人独资企业

个人独资企业是指依照法律在中国境内设立，由一个自然人投资，财产为投资人个人所有，投资人以其个人财产对企业债务承担无限责任的经营实体。设立个人独资企业应当具备 5 个条件：①投资人为一个自然人；②有合法的企业名称；③有投资人申报的出资；④有固定的生产经营场所和必要的生产经营条件；⑤有必要的从业人员。

个人独资企业投资人对本企业的财产依法享有所有权，其有关权利可以依法进行转让或继承。个人独资企业投资人在申请企业设立登记时明确以其家庭共有财产作为个人出资的，应当依法以家庭共有财产对企业债务承担无限责任。

4. 合伙企业

合伙企业是指自然人、法人和其他组织依照法律在中国境内设立的普通合伙企业和有限合伙企业。普通合伙企业由普通合伙人组成，合伙人对合伙企业债务承担无限连带责任。有限合伙企业由普通合伙人和有限合伙人组成，普通合伙人对合伙企业债务承担无限连带责任，有限合伙人以其认缴的出资额为限对合伙企业债务承担责任。国有独资公司、国有企业、上市公司以及公益性的事业单位、社会团体不得成为普通合伙人。普通合伙企业应由两个以上的合伙人组成。合伙企业名称中应当标明"普通合伙"字样。合伙企业的利润分配、亏损分担，按照合伙协议的约定办理；合伙协议未约定或者约定不明确的，由合伙人协商决定；协商不成的，由合伙人按照实缴出资比例分配、分担；无法确定出资比例的，由合伙人平均分配、分担。有限合伙企业由两个以上 50 个以下合伙人设立；但是，法律另有规定的除外。有限合伙企业至少应当有一个普通合伙人。有限合伙企业名称中应当标明"有限合伙"字样。有限合伙人可以用货币、实物、知识产权、土地使用权或者其他财产权利作价出资。有限合伙人不得以劳务出资。

二、旅行社的选址

商业饭店之父斯塔特勒在谈到饭店经营成功的根本要素时用了六个字来概括，那就是"地点、地点、地点"，六个字其实是两个字，反映了选址对于饭店经营的重要性。选址不仅对饭店企业重要，对于其他服务类企业也同样重要，旅行社也不例外。旅行社的选址牵涉众多，关系到旅行社的利润及其未来的发展空间，因而这也是一家旅行社开办之初需要认真考察、选择、确定的一件大事。

（一）影响旅行社选址的因素

（1）旅行社的主导业务：旅行社的主导业务对旅行社的选址有重要的影响。按其业务特点，旅行社一般分为地接社和组团社两类。地接社主要承接外地游客来本地的参观游览，包括团队和散客类。因此，这类旅行社在选址时多选择靠近重要交通站点、景区，便于外地散客的地点。组团社主要组织本地游客外出旅游，因此，在选址时适合选在商务区、闹市区或居民区，方便目标客户直接接触企业产品，同时也便于宣传企业、方便客户入户咨询。

（2）成本：对于中小型旅行社，在选址时要考虑到旅行社所在地的租金或房价的高低。商业中心区的租金或房价远高于其他地区，企业在选址时往往需要权衡地租、利润、企业资金等多个要素，因而会影响企业的选址。

（3）投资者的个人偏好：对于众多的小型旅行社而言，旅行社在选址时往往受投资者的个人偏好影响更多。

（二）旅行社选址原则

1. 符合企业业务经营的要求

旅行社在选址时需要充分考虑本企业业务经营的要求，根据企业主营业务的特点做出选择。组团社应考虑企业地址尽量接近本地目标客户、便于目标客户发现且到达；地接社应重点考虑外地散客易于接近和发现。

2. 便利原则

便利原则是指旅行社的选址应根据旅行社市场定位的需要，为目标顾客的咨询、预定、购买提供最大的便利，降低目标顾客的时间成本。

（1）交通方便。旅行社附近应有便利的公交车、地铁等大众交通工具，人流量大。交通枢纽附近的区位商业价值非常高，如果不考虑成本压力，则不失为旅行社选址的最佳选择之一。

（2）有聚集效应。旅行社应位于人群聚集较多的场所，如商业街、影剧院、娱乐场所、风景名胜区、居民区等附近,这些地方人气很旺,有很强的聚集效应,顾客较易接近这些地方,能够省时、省力。

3. 效益性原则

旅行社的选址应考虑能否为旅行社带来较大的经济效益,因此,不管旅行社选址在什么地方,如果能以较低的成本换来较大的回报,都是不错的选址。

> **知识拓展**
>
> 1. 阅读薛莹、廖邦固等撰写的《大型旅行社空间扩张的区位选择》一文,原文载于《旅游科学》2005.19(2),学习大型旅行社如何选址。
> 2. 登录慧聪网 http://info.biz.hc360.com/2004/08/17080324039.shtml,学习《肯德基在中国——世界著名企业经营案例》一文,了解肯德基的选址原则和方式。
> 3. 百度搜索《中华人民共和国个人独资企业法》、《中华人民共和国私营企业暂行条例》、《中华人民共和国公司法》、《中华人民共和国合伙企业法》等法律文件,学习不同类型的企业的资金来源和管理方式。
> 4. 登录阿里巴巴网 http://info.china.alibaba.com/detail/1023802214.html,学习《连锁企业应要怎样选址?》一文,了解连锁企业选址的误区与正确的选址方法。

延伸阅读

海王旅行社的选址决策

李琳在她的海王旅行社办公室里度过了周五下午。她清理了一些文件,同时考虑她在月底必须做出的某些决定。4年前,她办了这个旅行社,现在它已成长为年营业额达120万美元的旅行社。她雇佣了5名专职旅游顾问,每年有6个月还另外雇佣兼职导游经纪人。

去年海王旅行社的营业额增长了近40%。李琳说取得这样的成就大部分是由于她努力宣传推销了巡游和团体旅游业务。海王旅行社大约50%的营业额来自商业利润。随着巡游及团体旅游业务的增长,这项营业额已减少到40%以下。

海王旅行社的社址在美国东北部一个近20万人口的城市里。城市的经济很长一段时间主要依靠重工业。然而,随着这个城市日益变为一个重要的商业、银行及医疗中心,其以蓝领阶层为主体的消费特点已逐渐消失。另外,附近的两所大学近10年来在校人数增加了一倍。这一点也促使城市居民职业特征发生了变化。这座城市及附近地区共有9家旅行社,海王旅行社是位于市中心的4家旅行社之一。和许多城市的情况一样,几年前随着零售商业纷纷迁移到了郊区,市中

项目1 旅行社的设立

心开始衰落了。然而，这个城市开始了一项重整市中心的计划，拆除了旧建筑，把主要街道的两个街段改建成一条林荫大道，以吸引新的商业企业。一些新的办公大楼，几所银行，一所新的会议厅和市政中心，几家新餐馆以及一家新的有300间客房的旅馆取代了原有的一些小零售店。

海王旅行社的办事处设在市中心第十八广场街区外端的街面房屋中。李琳4年前为旅行社的开办选择了这个地点，因为她对该城市的中心重建规划满怀信心。她也通过洽谈得到了一个十分优惠的租约。

这个月底，李琳必须决定是否续重租约。考虑之后，她认为有几种选择。虽然房主已经提出了一个反映了市中心复兴的租金，比她原来的租房费用高出大约60%，她还是能够续约的。她认为还可能协商得到一个稍低些的数字。如果她的业务继续发展，一年内就能使增加的租金得到补偿。除了留在原来的地方外，李琳知道还有许多充分的理由将旅行社迁往新址。一种选择是迁移到海王旅行社的一家竞争者所在的3楼办事处去。这是一家即将停业的地方银行所办的旅行社。这个新地点位于正在发展的市中心。李琳已经和银行负责人洽谈了这个问题，对方提出的租金比海王旅行社目前所在地的租金稍高一点。

另一种选择是迁移到一个商业中心去。李琳已经看过两个地方。一个位于城市东北面的新开发的地区性商业中心，那里的居民正在不断增加。这个地方的租金比李琳所考虑的任何地点都要高。在这个地点开业还会增加一些额外的管理费用。

李琳所考虑的第二个商业中心，是离市中心数英里的一个广场商业点。这个广场商业点是为当地最高级的居民区之一服务的。广场上有一个中型超级市场、一家药店、一家杂货店、一家小餐馆和一家洗染店。海王旅行社所选定的地点原来是一家酒店，租金只比李琳目前所在地点的租金略高一点。

李琳觉得每个地点各有利弊。有许多因素促使她签订一个租赁目前所在地点的新租约。其中一个因素是目前的地点更便于将来在必要时进行扩充。同时她担心不仅是在目前的地点，就是在别处也会需要一些额外的管理费用。她意识到如果租金大幅上升，她只能在其他地方降低成本，至少在一段时间内必须这样做。由于这些原因，李琳后来觉得自己越来越倾向于选择广场商业点这个地点了。

结合本案例分析旅行社在选址时重点考虑的因素。

资料来源：电大在线论坛 http://bbs.openedu.com.cn/showtopic.aspx?forumid=487&topicid=2031390&go=prev

任务4　旅行社组织设计

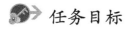 任务目标

组织设计是旅行社业务职能实现的保证。通过组织设计，使旅行社可以根据其主营业务的需要确定相应的部门，招聘所需的人员。通过任务实施，使学生熟悉旅行社

旅行社经营实务

如何根据业务职能确定组织设计，并能够根据组织设计确定所需人员数量，能对人员招聘和管理有初步认识。

任务引入

李冰创办旅行社所需资金已经筹得，旅行社的地址也已选定，李冰已签订了租房合同，定下了公司的地址。有了钱和地址，接下来需要相应的人员来充实公司了，但在招人之前，李冰需先明确一件事：需要招哪些人？他们分别负责什么？

任务剖析

对李冰而言，招人是下一步的事情，在招人之前，他必须先明确本旅行社要设哪些部门，各部门的职责划分如何，如何才能保证公司业务的运行？上述工作也就是要完成该旅行社的组织结构构建，有了合理的组织结构，下一步的招人才会目标明确、责任到位。

实训任务发布

实训任务6：设计本旅行社的组织结构和部门职责，并与一家同类旅行社相比较

学生工作任务书6		
实训任务6：设计本旅行社的组织结构和部门职责，并与一家同类旅行社相比较	任务性质	小组任务
任务完成所需时间	35分钟	
任务描述 1. 确定本旅行社的主要部门 2. 文字说明各部门的主要职责 3. 标注各部门所需员工 4. 绘制本旅行社的组织结构图 5. 与一家规模、业务相似的旅行社比较，找出与同类企业的异同点 6. 成果以A4纸打印或手写	考核标准 1. 组织结构与企业的业务内容相匹配 2. 部门划分清楚，职责明确 3. 部门员工人数与企业规模、业务特点相匹配，符合成本节约原则	

示范案例

示范案例1-11　A旅行社组织结构图和部门职责

A旅行社组织结构图，如图1-2所示。

项目1 旅行社的设立

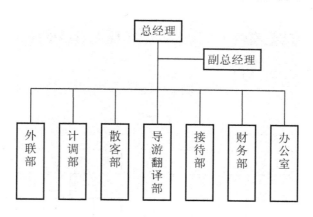

图1-2 A旅行社组织结构图

各部门及岗位职责如下。

（1）总经理：总经理作为投资经营者和企业法定代表人，对公司的经营管理工作实行统一领导、全面负责，有决策权、最终决定权和行政指挥权，有对人员的调动、任免、聘用、奖罚权和对资金、物资的调度处置权，有对公司运行情况的监督协调权，有法律法规规定的其他权利。

（2）副总经理：副总经理是总经理的工作助手，在总经理的授权下，协助总经理主持、处理公司的日常工作。副总经理受总经理领导，对总经理负责，具体负责市场研究、经营管理、成本预算、效益核算，参与公司发展规划和工作计划的制定，协调各部门和有关方面的工作。

（3）外联部：外联部是公司对外联络、搜集信息的部门，担负着建立对外协作网络的重任，与宾馆、交通、餐饮、商店、娱乐、兄弟旅行社、旅游景点及保险部门保持良好的合作关系，为畅通旅游渠道、销售旅游产品做好前期准备和善后工作。

（4）接待部：接待部是公司的窗口之一，负责公司业务受理、团体旅客接待、具体执行线路、实施旅游计划、听取旅客意见并处理突发事件，系统培训与接待工作有关的员工，考察和监督公司的接待工作，会同导游翻译部等部门，全面树立保持公司良好的企业形象。

（5）导游翻译部：导游翻译部是公司直接为旅客服务的部门，是公司对外的重要窗口，负责导游、翻译业务和对导游翻译人员的管理，并规范导游翻译服务。

（6）计调部：计调部是公司负责计划调控的核心部门，负责制定旅行计划，提供旅游产品，并对旅游产品实行统一定价、统一调控、统一经营、统一研究。

（7）散客部：散客部是公司对外的又一个重要形象部门和窗口，负责散客接待、组织、线路推荐、旅行安排等工作，制定和实施散客旅行计划。

（8）财务部：财务部负责公司财务的全面工作，健全会计制度，管理公司器材设备和资产，执行国家经济法规，编制公司资金计划和年度预决算，进行经济分析，受总经理领导并向总经理负责。

（9）办公室：办公室负责公司日常行政、人事、档案、法律、后勤、秘书业务和福利、劳动保险等工作，协调和监督各部门职能的履行，开展公司工作总结，与政府主管机构和有关部门建立和保持良好的工作关系，接受有关部门的检查监督。

示范案例 1-12 B 旅行社组织结构图

B 旅行社组织结构图，如图 1-3 所示。

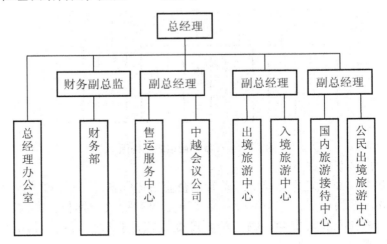

图 1-3 B 旅行社组织结构图

任务实施

实施步骤

（1）各小组讨论本旅行社的部门设置规划和部门职责。
（2）绘制本企业组织结构图并确定各岗位人数。
（3）将本旅行社的组织结构及人员规模与调研中相似的同类旅行社相比较。

学生小组任务成果书（NO.6）			
实训任务6：确定本旅行社的组织结构及部门职责，并与一家同类旅行相比较		任务性质	小组任务
小组任务成果名称	旅行社组织设计成果书		
本旅行社下设部门			
各部门职责简要描述			
本旅行社的组织结构图（含各部门人员数）			
本旅行社组织结构与同类旅行社的差别			
注：成果以 A4 纸打印或手写			

总结提高

一、旅行社组织结构

旅行社是以营利为目的、从事旅游业务的企业，其主要业务部门和管理部门的设立具有一定的共性。旅行社的组织设立有两种主要方式。

（一）按职能设置的旅行社组织结构

按职能划分部门的直线职能制组织结构，是目前大部分中小型旅行社采用的组织结构模式（图1-4）。这种组织结构的特点是权力高度集中，部门职能明确，分工各不相同，上下级之间实行单线从属管理，总经理拥有全部权限，尤其是经营决策与指挥权。旅行社的部门由业务部门和管理部门构成，业务部门包括外联、计调、接待、散客、导游等，管理部门包括财务部、人力资源部、办公室等。不同旅行社的部门分工有所不同，部门名称也会有小的差异，但在多数旅行社，主要业务部门具有下述功能。

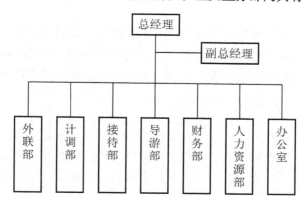

图1-4　按职能设置的旅行社组织结构

1. 外联部

部分旅行社设置"营销部"，两者功能相近，主要从事旅行社产品的销售。外联部是公司对外联络、搜集信息的部门，承担对外协作联系，市场调研，市场营销计划、方案的创作等职责，为保持旅行社同合作部门的良好关系，畅通旅游渠道，为销售旅游产品做好前期准备和善后工作。

2. 计调部

计调部是旅行社的核心机构，主要从事旅游线路的设计、线路中所需产品的采购以及旅游行程的安排等职责。该部门掌握旅行社的各种资源，负责线路中各个要素的安排，其工作质量决定了旅行社工作质量。

3. 接待部

接待部是旅行社的窗口之一，负责公司业务受理、散客及团队游客接待等任务。接待部人员的工作态度和业务水平关系到游客对旅行社印象的好坏。

4. 导游部

导游部是公司直接为旅客服务的部门，是公司对外的重要窗口，负责导游、翻译业务和对导游翻译人员的管理，并规范导游翻译服务。

5. 财务部

财务部是旅行社的财务管理机构，负责旅游团款的收支、团费的发放、办公经费的支出，员工工资的发放、缴纳税款等事务，是旅行社运营健康与否的晴雨表。

6. 人力资源部

人力资源部负责员工招聘、培训、公司人员档案管理、绩效考核等内容，为公司的持续发展提供后续力量。

7. 办公室

办公室是日常、常规事务的管理中心。一般负责公司日常行政、人事、档案、法律、后勤、秘书、福利、劳动保险等工作，同时负责协调和监督各部门职能的履行，开展公司工作总结，并与政府主管机构和有关部门建立和保持良好的工作关系。

（二）按产品设置的旅行社组织结构

旅行社以自己所经营产品类型进行部门划分，形成企业组织结构（图1-5）。这种组织结构形式在一些中型或大型旅行社中较常出现。其优点是各部门分工明确、业务熟练，缺点是各部门工资可能出现重复，造成人力、物力、财力的浪费。

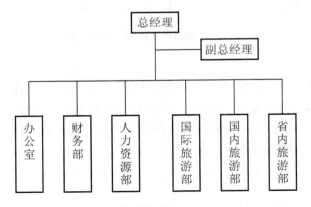

图1-5 按产品设置的旅行社组织结构

二、旅行社主要工作人员

旅行社因其类别、业务、规模的差异，所需人员数量及类别均有所差别，但多数旅行社均有下述工作人员。

（一）经理

根据《旅行社经理资格认证管理规定》，旅行社经理是指旅行社聘用的总经理（副总经理）和部门经理或同级业务主管人员。旅行社经理人员需持有旅行社经理资格证。报考旅行社经理者必须是中华人民共和国公民。国际旅行社总经理（副总经理）应当具有大学专科以上学历，在旅行社部门经理岗位工作 3 年以上，或从事其他旅游经济管理工作 5 年以上。国际旅行社部门经理或同级业务主管人员应当具有大学专科以上学历，或旅行社工作 3 年以上，或从事其他旅游经济管理工作 3 年以上，或从事其他企业经营管理工作 5 年以上。国内旅行社总经理（副总经理）应当具有大学专科以上学历，在旅行社部门经理岗位工作两年以上，或从事其他旅游经济管理工作 3 年以上，或从事其他企业经营管理工作 5 年以上。国内旅行社部门经理或同级业务主管人员应当具有高中（中专、职高）以上学历，在旅行社工作两年以上，或从事其他旅游经济管理工作两年以上，或从事其他企业经营管理工作 3 年以上。

旅行社经理的职责，主要包括以下内容。

组织制定旅行社的质量方针、目标并以文件形式正式批准发布，采取有效方式确保全体员工能理解质量方针并坚决贯彻执行；确定质量管理体系组织机构图，分配各个部门的质量职能，并赋予各部门在质量职责范围内行使职权；负责主持管理评审，对质量体系的有效性、适宜性进行评价，以保证持续有效地满足所选用标准和旅行社质量方针、目标的要求；为质量体系的有效运行配备充分的资源；负责处理旅行社重大服务质量事故；负责对办公室、车队的工作进行管理和控制；任命副总经理管理和控制业务工作。负责领导实施管理职责控制程序、采购控制程序，负责重大错误的纠正和预防措施的审批和协调工作。

（二）计调人员

计调是指为落实接待计划所进行的采购服务，以及为业务决策提供信息服务的总和。计调人员是从事计调业务的工作人员。计调是旅行社中的重要岗位，属于旅行社的中枢神经，其业务内容连接内外，牵一发而动全身。

计调人员的主要职责包括对外代表旅行社同旅游供应商（上、下游行业）建立广泛的协作网络，签订有关协议，取得代办人身份，以保证提供旅游者所需的各项委托事宜，并协同处理有关计划变更和突发事件；对内做好联络和统计工作，为旅行社业务决策和计划管理提供信息服务。

（三）外联人员

外联人员系指进行旅游市场销售，组织招徕客源业务的人员。等同于旅行社销售人员。

外联人员主要负责旅行社业务的联系和开展：走访同行或客户，了解需求，策划并推销本旅行社产品；制作营销策划方案，多方位、多渠道进行旅游产品销售；与广告公司洽谈，制作旅游宣传品，如印刷、幻灯、影像等。

（四）前台接待

前台接待是为游客的电话咨询、来访咨询提供相应解答和服务，恰当推销旅游产品的工作人员。旅行社前台接待是游客接触旅行社的第一人，也是给游客留下第一印象的工作人员，其工作性质非常重要。

前台接待的主要职责包括：接听电话并回答客人咨询，向客人介绍符合其需求的旅行社各式产品；接待来访游客的咨询、回答游客的相关问询，推荐适合客人需求的旅游产品；与客人签订旅游合同。

（五）导游人员

导游人员是指依照《导游人员管理条例》的规定取得导游证，接受旅行社的委派，为游客提供向导、讲解及相关旅游服务的人员。导游人员按业务范围可分为海外领队、全陪、地陪、景点导游员。

不同类别的导游人员，其职责有所不同。各类导游人员的主要职责：按接待计划安排和组织参观游览；负责导游讲解、介绍中国文化；配合督促相关单位，保护安全；耐心答疑、协助处理问题；反映游客意见，协助安排活动。

> **知识拓展**
>
> 1. 阅读梁智主编的《旅行社经营管理》一书，该书于 2005 年由旅游教育出版社出版，学习该书中关于旅行社组织结构和组织设计的相关内容。
> 2. 登录国家旅游局网站 http：//www.cnta.com/，了解国家旅游局关于《旅行社经理资格认证管理规定》的相关规定，熟悉旅行社企业的管理人员配备要求。
> 3. 登录深圳市鹏城康辉旅行社网站 http：//www.cctsz.com/message/zjjg.asp，学习其组织结构设计内容。

延伸阅读

旅行社如何构建顾客导向的旅游服务组织结构

一、旅行社传统组织结构的缺陷

现代旅行社受到传统管理原理和组织原则的影响和制约，使其在发展过程中逐步建立起的运作模式与旅行社本身所具有的规律不相协调。从组织结构角度探究，现代旅行社借鉴了工业社会的一整套管理理论，沿袭了传统的以劳动分工为基础的组织形式，采取的仍旧是集权式的金字塔形或其变化形式的组织结构，这种按照职能分工的组织模式形成了以内部作业分工为基础的部门化，忽视了旅游服务活动的关联性和旅游评价的整体性，人为地将相对简单的工作复杂化和分散化，造成了旅行社之间以及企业内部部门之间不必要的协调障碍，增加了管理协调的难度，增加了管理环节和与客人的接触点，导致旅行社的管理成本增加、经营效益下降、投诉意见上升和服务水平提高缓慢。个中原因可以归结为旅行社本身的组织结构存有严重缺陷。

1. 信息沟通不顺畅

旅行社是信息密集型企业，从某种角度上说，它可被认为是信息沟通和决策的组织。其中,信息主要通过两条途径进行沟通:一是纵向沟通,即通过正式信息沟通渠道,经过中间管理层,自上而下或自下而上进行沟通;二是横向沟通,即通过非正式信息沟通渠道,不经过中间管理层的处理,直接在同一部门或向其他部门传送信息。在传统的"金字塔"型组织结构中,由于各部门之间缺乏必要的机制和手段,横向沟通一般局限于部门内部,而各部门间存在难以逾越的壁垒;纵向沟通则由于等级分明、管理层次较多以及官僚主义严重等原因,易使信息失真和丢失,并造成曲解或误解。这样,在横向沟通和纵向沟通都不顺畅的情况下,必然会导致我国旅行社信息流动缓慢、决策过程的延误以及适应环境变化能力的削弱。

2. 决策权与专门知识不匹配

旅行社带有知识企业的一些特征,知识的获得、转换和应用对其经营决策是至关重要的。由于知识的获得、转换和应用涉及人的大脑的储存、处理、分析、综合等能力以及信息的输入和输出能力,因此,它是一个需要付出较高代价或花费较大成本的过程。根据获得、转换和应用知识需要花费的成本大小,我们可以把知识分为专门知识和一般知识。其中,专门知识是指在人与人之间转换所费成本很高的理论知识、经验技术、特定工作的专用性知识等,由于个人具有"有限理性",任何决策者都不可能拥有与所有决策相关的专门知识,因此这客观上要求旅行社高层决策者将部分决策权转让给那些具有相应专门知识的个人或团体,实现决策权与专门知识的匹配。在传统的"金字塔"型组织结构中,决策信息由下而上逐层传递,决策指令由上而下逐层下达,其决策权一般都集中于总经理、部门经理等高层管理人员手中。显然,这与上述"决策权与专门知识相匹配"是不一致的,这必将导致旅行社的每项决策都在"有限的已过滤信息"和"有限专门知识"的情况下做出,重大决策错误亦在所难免。传统的"金字塔"型组织结构在信息沟通、决策权与专门知识相匹配等方面都存在弊端和不足。因此,采取何种模式设计组织结构已成为我国旅行社现阶段急需解决的重大问题之一。而构建顾客导向服务组织结构能有效克服传统的"金字塔"型组织结构的弊端和不足,使信息沟通更为畅通,决策权与专门知识结合得更为紧密。

二、顾客导向组织结构的优点

顾客是旅行社最亲密的朋友,现代旅游业的竞争主要以争夺顾客为主,因此旅游组织结构也必然要以顾客为核心进行设计。顾客导向的组织结构是在充分掌握顾客期望和需求的基础上,以顾客的满意度和忠诚度为目标,为适应外界环境的变化和顾客个性化的要求而不断增加组织的灵活性。同时随着顾客需求和期望的变动,给组织结构的调整留出足够空间,以保持组织结构与外界环境的协调发展。顾客导向的组织结构是旅行社自身的特点和现代组织结构新趋势相结合的产物,它强调与顾客的距离最近,并与顾客建立长久的关系,具有以下优点。

1. 倒金字塔式组织结构

员工的服务使旅行社的服务价值得以实现，顾客得到了服务的享受，旅行社实现了经济效益，由此可见关键时刻员工是旅行社与顾客联系和沟通的桥梁，要缩短与顾客的距离，组织结构必须要有所反应，因此，倒金字塔式的组织结构形式应运而生。它强调为贯彻以顾客为核心的服务观念，组织结构的层次重点应向服务一线倾斜，管理层不再是向一线员工发号施令的监督者，而是员工的指导者和服务者。同时在部门层次上，后台部门应尽量为前台的一线部门提供力所能及的服务，两方面服务功能的发挥可以使一线员工集中精力，最大限度地为顾客提供优质服务。

2. 向一线员工授权

一线员工拥有的权利将决定关键时刻的服务质量，自主权利太小，员工在服务过程中就会缩手缩脚，遇到问题只能层层请示，这必将延误解决问题的最佳时机，增加顾客的不满。而当一线员工拥有服务现场的决策权时，员工的自主意识将大为提高，强烈的责任心和自信心必然会提高对顾客的服务质量。例如，希尔顿酒店规定员工不管顾客提出什么问题，甚至是投诉，员工不得推诿或拒绝，应迅速纠正问题，平息顾客的投诉，20分钟内打电话询问顾客问题是否已经圆满解决，顾客是否满意。在处理服务问题时，旅行社向员工授权应对员工进行必要的培训，使他们能提高根据顾客的需求迅速做出反应的能力。倒金字塔式的组织结构和向一线员工的授权都要求减少或取消旅游组织中的某些管理层次，这不仅可以克服等级链产生的种种弊端，而且极大地提高了旅游服务的效率。管理层次的减少，一方面可以降低管理成本；另一方面管理层与员工的沟通交流将变得更加顺畅，信息的传递效率也可以改善，所有员工都可以共享顾客的信息，为旅行社的个性化服务提供依据。同时员工的自主意识也能得到更大限度的发挥。扁平化的组织结构最大幅度地把中间层次削得很薄，更有利于旅行社贴近市场，高层管理者也有更多机会接近顾客，了解顾客的信息，以便做出合理的决策。

三、建立顾客导向的旅游服务组织结构的保障措施

1. 部门之间的平衡

旅行社各部门间有明确的分工，因此必然会形成不同的利益主体。但对顾客而言，并不会去详细了解企业内部的关系，他们认为提供服务的每一位员工都是代表企业，因此顾客评价服务质量是针对旅行社这个整体。这意味着旅行社在组织结构设计中必须考虑整体效应而不是局部的利益，所以部门之间的平衡就显得非常关键。若片面强调某一部门，必然会形成服务资源分配的不均衡，导致不同部门间的冲突，会直接影响服务质量。例如，片面强调营销部门的职能，旅行社的整体营销效果就会大打折扣，员工在和顾客接触中产生的营销效果也会减弱。

2. 对顾客的需求做出迅速的反应

在服务现场，员工与顾客的互动会产生各种问题，甚至引起顾客的投诉，有的是因为服务不够完善引起的，例如，顾客入住酒店，发现枕头的高度不符合自己的要求，会向酒店提出改进的要求；有的是顾客对企业服务不够熟悉，以致误

项目1 旅行社的设立

会所引起的;有的是对旅行社的服务设施设备以及员工的服务态度不满引起的。总之,不管基于何种原因,旅行社都应对顾客的需求做出迅速反应,哪怕是顾客对企业服务的误解,也要有所反应,这是对顾客负责的态度。要实现迅速的应答,组织结构要以灵活性、弹性和适应性为基础,全面提高组织结构的运作效率。

3. 每个员工随时准备为顾客提供服务

顾客在服务过程中碰到任何问题,都会向最接近的员工提出,哪怕这个员工并不能为他提供服务,因为顾客对企业的服务程序并不了解。例如,酒店中的顾客要去银行,但他不知道如何才能到达,便可能向离他最近的员工询问,这个员工也许是工程部的维修工。同样,顾客的抱怨,甚至投诉也会选错服务对象。因此不管是哪个部门的员工都要随时准备为顾客提供服务,即使是后台的员工,或者是管理者,这是由顾客的整体评价原理所决定的。这种以顾客为导向的服务原则,显然要求组织结构不再局限于传统的分工,而要赋予员工更多的自主权。

4. 管理者应转变角色

传统的组织结构使管理者成为发号施令者和监督者,他们把服务过程中发生的问题都归结于员工,因此管理者只有组织赋予的权威,而缺乏成员的认可。以顾客为核心设计的组织结构,管理者的地位和作用发生了重大的变化,部分的权利已经移交给员工,传统的角色也相应地改变了,管理者应当经常深入一线,发现服务现场出现的问题,及时给予解决。同时加强与员工的沟通与交流,帮助他们解决实际的困难,管理者实际上已成为员工的指导者。另外,管理者要承担起倡导员工进行学习的风气,自己不仅要做出表率,加强各方面的学习和修养,而且要为员工创造条件。

资料来源:张文莲,赵丽华. 旅行社构建顾客导向旅游服务组织结构初探[J]. 科教文汇,2009(6),218-219

任务5 旅行社人员管理及招聘

任务目标

人员是旅行社运行的前提,也是旅行社可持续发展的根本。招聘合适的工作人员,并对相关人员进行合理的职业生涯规划以及日常工作管理,是旅行社的重要管理任务之一。通过本任务的实施,熟悉旅行社人员招聘的主要途径,能够制定初步的人员管理条例,为日后的旅行社管理奠定基础。

任务引入

李冰的旅行社已经初步规划好部门设置及企业目前的人员需求,申办旅行社的准备工作也在进行中,为自己的旅行社补充人员成为李冰接下来的首要任务,如何才能找到需要的人员?如何才能有效的管理下属,最终实现企业的经营目标?

任务剖析

对李冰而言,组织结构的初步构想只是搭了一个架子,企业的运营需要人员的充实。首先,旅行社需要通过多种渠道找到符合企业要求的人才。此外,人员管理是企业经营中非常重要的环节,一家期待良好发展的企业,应该有完善的管理制度,因此,制定旅行社的人力资源管理制度对于旅行社而言是非常重要的,通过制度约束人、教育人、激励人。

实训任务发布

实训任务7:制定本旅行社的人力资源管理制度

学生工作任务书7		
实训任务7:制定本旅行社的人力资源管理制度	任务性质	小组任务
任务完成时间	50分钟	
任务描述 1. 制定本旅行社的人力资源管理制度 2. 制度内容应包括组织结构、人员岗位分布、人员薪酬制度、人员考勤制度、人员奖惩制度等 3. 成果以A4纸打印或手写	考核标准 1. 内容涵盖人员结构及岗位分布、人员薪酬、考勤、奖惩等 2. 人力资源管理方案符合本企业的实际情况,方案完善、可行 3. 人员薪酬制度、考勤制度、奖惩制度符合企业特征,与行业大环境相一致,符合市场原则	

示范案例

示范案例1-13 ××旅行社有限公司人力资源管理制度

总 则

1. 遵守公司所有规章制度及工作守则,如有违反将按罚则处理。
2. 保持仪容仪表端庄整洁、言谈举止优雅大方。
3. 出入办公室不得大声喧哗、唱歌、吹口哨。进入他人办公室、办公区应有礼貌或先示意。如进入时,对方正在讲话,要稍等静候,不要中途插话或打断。

4. 工作时间不串岗、抽烟、睡觉、饮酒，不互相搭讪攀谈、说笑、搬弄是非，不打与工作无关的闲聊电话，通话要简明扼要。

5. 不吵闹、斗殴、扰乱秩序。严禁看与工作无关的书籍、杂志，不做与工作无关的事，工作中应通力协作，具有团队精神。

6. 单位内与同事应点头行礼以示致意。

7. 与上司、同事、客户握手时用普通站姿，并目视对方目光，大方热情、不卑不亢。

8. 工作时间办公桌上不摆放与工作无关的物品，保持桌面整洁，维护企业整体办公形象。

9. 未经同意不得任意翻阅不属于自己负责的文件、公函或随意翻看同事的文件、资料等。

10. 接听电话应先问候，并自报公司。对方讲述时应留心听，并记下要点，通话结束时礼貌道别。

11. 服从上级安排，如有不同意见，应婉转相告或以书面陈述，一经上级主管决定，应立即遵照执行，不得无故拖延。

12. 尽忠职守，保守商业机密。维护公司声誉，不做任何有损公司荣誉的行为。

13. 爱护公物，不浪费、不化公为私，不得将所保管的文件、财物等私自携出或外借。因过失或故意使公司财物、利益遭损害时，应负责赔偿。

14. 不得收受任何馈赠、挪借财物、假借职权、营私舞弊。

15. 不私自经营或兼任所在单位以外的职业，不得对外擅用公司名义。

16. 执行公务时，应争取工作时效，不得畏难、拖延或积压。严格遵循本职岗位业务程序，对所承办公务的执行情况须有复命制，做到善始善终。

17. 工作时间不得擅离职守，当日事务应当日办理完毕。

18. 公司职员在递交文件时，要将正面文字对着对方的方向。

19. 注意提高自身品德修养，切忌不良嗜好。

20. 对待客人、来宾应保持热情、谦和、礼貌、诚恳友善的态度，对待客人委托的事项应周到机敏处理，不得草率、怠慢对方或敷衍、搁置不办。

21. 与客人有不同意见时，不允许大声争吵，须保持冷静，做好解释工作。当其询问公司有关业务及人员情况时，如涉及商业秘密的，应婉言谢绝，非本职范围内的，不得信口开河。

22. 在履行职务时，不得擅自越权处理有关事务。属本职业务范围内的事务须对外签署时，应事先通报部门经理及公司授权批准后方可签署；非本职务范围的业务，须通知有关部门处理。

23. 公司各部门办公室人员（或加班）下班时，应关闭所有灯具、空调、电脑设备等电源开关，紧锁房门后方可离开。因上述原因而造成损失的，将追究其责任，并赔偿损失。

24. 电话管理制度：①严禁使用办公电话打私人电话；②非业务需要严禁上班时间上网；③接听电话要快，必须使用普通话，吐字要清晰，语气要适中；④接听用语："您好！××旅行社。"⑤要耐心细致地回答顾客提出的问题；⑥要认真做好电话来访记录，明确记录访客电话、出游意向、时间、人数、工作单位及其他特殊要求，并立即向业务经理汇报。

考勤管理制度

一、总则

为了加强员工的出勤管理，严肃公司的工作纪律，保证公司正常的工作秩序，特制定本制度。

二、本制度的适用范围：公司全体成员

三、考勤管理的部门：××负责公司考勤管理

四、考勤管理的原则：实事求是，准确及时，严格纪律，重在管理

五、考勤制度的内容

（一）考勤记录

1. 公司实行月考勤制度，每月为一个考勤周期。作息时间由公司统一规定，以总经理通知为准。

2. 员工考勤实行上班点名制度，即每日上班时间由考勤人员对全体工作人员出勤情况进行检查，认真填写考勤表，不得无故涂改，一天两次。门市部以电话点名方式，总公司值勤人员打电话过去，门市部人员不要接听，然后用门市部电话打过来，作为出勤依据。

3. 员工上班期间如因公外出，须在"外出登记表"上登记，由所属部门领导签批，并保持联系畅通，否则纪律检查一经发现视为旷工。

4. 如员工上班前需提前办理公务或临时紧急出差，来不及在公司"外出登记表"上登记，可回来后补填并由部门主管签批，如下午外出办理公务下班后来不及赶回，可补填并由部门主管签批。凡未按该程序执行，事后隐瞒真相而补签"外出登记表"的一律视为无效。

5. 公司各部门人员如因公出差，需填写"外出登记表"由所在部门领导签字，报总经理批准后，财务部备案，以计考勤。

6. ××负责对考勤情况进行监督，包括对考勤员考勤记录的监督和对员工上班期间的纪律监督。

7. 上班10分钟后，考勤员须对出勤人员进行检查、核实，如发现问题及时做出相应处理。

8. 员工外出办理业务前，须向部门负责人申明外出原因及返回时间。否则，按外出办私事处理。

9. 公司所有人员须先到公司报到后，方可外出办理各项业务。特殊情况需经部门负责人签批报给××，否则按旷工处理。

10. 迟到、早退或擅离职守30分钟以上、60分钟以下者，以半天旷工论处。迟到、早退或擅离职守60分钟以上者，以旷工一天论处。

11. 公司员工迟到、早退、旷工，按下列规定处理。

（1）迟到（早退）一次，扣发工资5元；一个月迟到（早退）累计超过3次（含3次）者，扣发工资10元/次，并通报批评。

项目1　旅行社的设立

（2）旷工一天，扣发两天工资。连续旷工3天或全年累计10天者，视为自动离职或做开除处理。

12. 每月10日前，财务部将考勤汇总统计据此核算工资交总经理审批后发放。

（二）病事假

1. 员工因病、事请假须填写"请假单"，一天以内（含一天）由所在部门经理签准，一天以上总经理批准。"请假单"经审核批准后须报财务部存档。

2. 原则上公司不受理口信、电话请假，若情况特殊，须先以口头方式请假，事后补填"请假单"，按请假程序办理。

奖惩管理办法

一、总则

为保障公司各项规章制度的贯彻落实，建立有效的激励与约束机制，营造积极进取的环境，惩处违规违纪的行为，特制定此办法。

二、适用范围

对公司员工日常行为综合管理的奖惩，其他单项奖惩规定如与本办法有相抵触之处，则按本办法执行。

奖惩管理的原则：奖勤罚懒、奖优罚劣、鼓励争先、鞭策后进。奖惩管理的主管为×××。

1. 上班迟到每次罚款5元，每月超过3次每次罚款10元。

2. 早退、中途离岗每次罚10元，无故旷工每次罚20元，每半个工作日按一次计算，每月旷工3次以上予以辞退。

3. 请假根据实际天数每天扣除10元，无请假条按旷工计算。

4. 考勤、打扫卫生不负责任者每次罚款20元。

5. 损公肥私、索要小费、私拿回扣、私自接团带团、泄露公司机密、损害公司利益者，每次罚款1000～10000元，情节严重者追究其法律责任。

6. 所有人员得到团队信息后必须立即向计调部汇报，以计调部记录为准。第一信息费按团队毛利润8%提成，业务费用按团队毛利润8%提成。不汇报者每次罚款100元。

7. 持证导游出团补助为30元每天，无证每天补助20元。不含餐团队每人每天补助25元。游客写感谢信到公司，每次奖励该带团导游50元现金。导游所有索道费一律不给予报销。

8. 不服从直接管理人员安排，消极推诿或公开抵抗者每次罚款50元；在公司争吵不听劝阻者，争吵双方均罚款100元。

9. 每月工资领取80%，余额年终根据任务完成比例结算，超额完成任务者奖励超额部分的10%，全年完成任务50%以下者予以辞退，财务、计调每月工资领取100%。出差赴县城（必须有总经理签字）报销交通费，每人每天补助住宿费10元、餐费10元。因公务到外地出差（必须有总经理签字）每人每天补助住宿费40元、餐费30元。

10. 每年业务额第一名且毛利润超过5万元，公司奖励2000元现金；每年业务额第二名且毛利润超过5万元，公司奖励1000元现金；每月除管理人员以外的员工业务毛利润最高且完成任务者，公司奖励100元现金。

11. 向公司提出合理化建议并行之有效者，每次奖励100元现金。

12. 公司适时对人员进行考核，不合格者予以辞退；任劳任怨，不计得失，表现优秀者年终给予奖励，根据工龄工作每满一年在原工资的基础上涨5%～10%。

示范案例1-14　××旅行社人员报酬管理制度

为稳定旅行社员工队伍，并逐步建立合理的薪酬体系，提高服务质量，结合旅行社现状和其行业特点，制定旅行社各级人员薪酬待遇制度如下。

一、计调员薪酬

一般管理人员和外联人员的工资由基本工资、绩效工资、考勤责任效益奖3部分构成。

1. 基本工资：800元，试用期期间工资为600元，试用期时间为1～2月。
2. 绩效工资：企业订单按照纯利润的2.5%提取业绩奖励，个人订单按纯利润的30%提取业绩奖励。绩效工资当月以汇款为基准，当月兑现。
3. 每月考勤责任效益奖按当月和年度考核情况发放，并可视经营情况调整。

二、导游薪酬

1. 专职导游基本工资600元/月。兼职导游无基本工资。
2. 地接团队：专职导游带团无带团费用，加景点按照50%提取报酬。兼职导游出团按照50元/天给予报酬，加景点按照50%给予报酬。
3. 组团团队（专职）：全程陪同导游原则上按照每日80～120元标准给予报酬，具体多少视团队利润和线路情况而定。

三、司机薪酬

司机报酬按照实际季节的车辆租赁费用支付。

重点说明：导游和司机进购物商店的停车等费用，旅行社不予收取。

任务实施

实施步骤

（1）各小组确定本旅行社的部门设置及人员配置情况。
（2）学习参考案例，讨论并确定本旅行社的考勤制度。
（3）讨论并确定本旅行社的薪酬制度。
（4）讨论并确定本旅行社的奖惩制度。
（5）形成完整的××旅行社人力资源管理制度。

项目1 旅行社的设立

学生小组任务成果书（NO.7）			
实训任务7：制定本旅行社的人力资源管理制度		任务性质	小组任务
小组任务成果名称	旅行社人力资源管理制度成果书		
本旅行社的组织结构及人员分布情况			
本旅行社的考勤制度			
本旅行社的薪酬制度			
本旅行社的奖惩制度			
注：成果以A4纸打印或手写			

 实训任务发布

实训任务8：制定本旅行社的人员招聘规划并制作一份人员招聘海报

学生工作任务书8			
实训任务8：制定本旅行社的人员招聘规划并制作一份人员招聘海报		任务性质	小组任务
任务完成时间		35分钟	
任务描述 1. 确定本旅行社人员招聘的年度规划 2. 年度规划应包含人员的招聘需求（数量、质量、规划），人员招聘的主要途径，招聘时间安排等，招聘规划成果以A4纸打印或手写 3. 从年度规划需要招聘的职位中选取一个，制作一份人员招聘海报，海报需描述岗位职责，岗位要求，薪酬等		考核标准 1. 年度计划合理、符合企业实际和行业行情 2. 人员招聘途径可行，时间安排合理 3. 招聘海报对岗位职责描述准确到位全面、岗位要求符合行业实际和本企业的经营要求、真实可行，没有夸大，也没有缩小 4. 海报设计有创意，能展示有效信息		

 示范案例

示范案例1-15 ××旅行社人员招聘规划

××旅行社成立于2010年7月1日，为更好地实现企业规划目标，为企业发展培育精英人才，特制定2010—2011年度人员招聘规划。

一、人员需求情况

本旅行社刚刚成立，人员方面存在很大缺口，但考虑业务尚未完全展开，大量招人会带来人员成本上升,因此,对重要岗位所需人员尽快招聘到位,对于辅助岗位所需人员采取由管理层兼任形式暂时过渡。本年度急需人员包括计调岗,3人;外联岗,2人;内勤岗1人。考虑企业实际情况,所有岗位急需人员必须为业务熟练人员,对工作有热情,能胜任加班,有良好的社会资源,具有较强的抗挫折能力。

二、人员招聘途径

本企业的人员招聘因为需求量小,计划通过行内专业人士推荐、主动向兄弟企业寻找合适人员两种形式,以便最大程度地降低成本并找到合适人选。待企业规模壮大后,则考虑与旅游院校合作,安排学生实习,从中考察适用人选,以重点培养的方式进行。

三、人员招聘时间安排

因企业发展需要,急需人员的招聘定在7月15日—8月15日进行,通过一个月的时间尽快招到合适的人员上岗。在所需人员尚未上岗之前,上述岗位职责暂由本社管理人员兼任。未来企业人员的培养和招聘定在每年的五六月份,具体时间结合各高校的实习时间而定。

示范案例1-16 海南××旅行社有限公司招聘信息

招聘职位	人力资源部主管	工作地点	海南省海口市
学历要求	大专	工作经验	2年以上
年龄要求	28~35岁	工资待遇	1000~3000元

职位描述
1. 编制公司人力资源规划
2. 负责公司人员招聘工作,迅速组建公司项目团队,做好人才储备
3. 建立健全公司人力资源管理制度,有效实施
4. 建立公司人力资源管理信息系统,为公司重大人力资源管理决策提供参考依据

职位要求
1. 人力资源管理、行政管理或相关专业专科以上学历
2. 受过现代人力资源管理技术、劳动法规等方面的培训
3. 从事人力资源管理或人事管理事务工作2年以上
4. 能够独立解决人事管理实际问题,具有较强的计划、组织、协调能力和人际交往能力,能熟练使用办公软件

项目1　旅行社的设立

示范案例1-17　四川×××旅行社有限公司招聘信息

招聘职位	电话销售	工作地点	四川省成都市
学历要求	高中以上	工作经验	无
年龄要求	30岁以下	工资待遇	面议
职位描述 1. 通过电话或上门拜访推广宣传×××旅行网的商旅服务（机票、酒店订购、旅游、签证等）。 2. 开发新客户，创造业绩。			
职位要求 1. 30岁以下，高中以上学历；热爱销售工作，成功欲望强烈。 2. 形象气质佳，具备良好沟通能力。 3. 有丰富的销售经验或同行经验优先。 4. 有上进心，勤奋好学，悟性好，吃苦耐劳。			

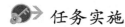 任务实施

实施步骤

（1）各小组讨论确定本旅行社本年度人员需求情况。
（2）确定本旅行社人员招聘途径。
（3）确定本旅行社具体的招聘时间。
（4）绘制本旅行社人员招聘海报。

学生小组任务成果书（NO.8）			
实训任务8：制定本旅行社的人员招聘规划并制作一份人员招聘海报		任务性质	小组任务
小组任务成果名称	旅行社人员招聘规划成果书		
本旅行社的人员需求情况			
本旅行社的人员招聘途径			
本旅行社的人员招聘时间			
××职位人员招聘海报	另行附页		
注：招聘规划成果以A4纸打印或手写			

 总结提高

一、旅行社人力资源管理的内容

旅行社人力资源管理的内容一般包括下述方面。

（一）制订科学、合理的人力资源计划

人力资源部门要针对旅行社的经营目标，结合旅行社目前的人员状况，研究旅行社发展对人力资源需求的数量和标准，做好旅行社人力资源数量的预测和质量评估，并制定人力资源开发的计划。人力资源开发计划不仅应涵盖新员工的招聘和培训，还应该包括对老员工的培训和提高，充分挖掘员工潜能，确保旅行社目标的顺利实现。

（二）招聘、选拔员工

人力资源部门应按照旅行社人力资源开发的计划和相关部门的岗位，对不同员工的基本素质、专业知识、专业技能和操作能力进行考核，在旅行社内部或外部招聘或选拔员工，尽可能达到人与岗位的最佳结合。

（三）建立科学的绩效评估体系

人力资源部门应该按照旅行社的业务性质和岗位要求，制定相应的考核和奖惩制度，以此作为科学地考核和评估员工的工作绩效的标准，并作为员工提升、调职、培训和奖励的依据。人力资源管理部门应对旅行社各岗位工作进行认真的分析和评估，制定科学的、完善的绩效评估体系，对员工的工作有量化的评价标准，确保旅行社员工的工作得到公正的评价。

（四）建立完善的薪酬福利制度

人力资源部门应根据国家和地方相应的劳动法律、法规及旅行社的具体情况，建立科学的薪酬福利制度，以有效地激励员工的工作积极性。完善的薪酬福利制度应尊重员工的劳动成果，让员工的付出获得合理的回报，同时，还应考虑充分调动员工的劳动积极性，通过有效的物质刺激来提高员工的主观能动性。

二、旅行社人员招聘的流程

旅行社人员招聘的流程要经过3个阶段。

（一）制订人员招聘计划

人员招聘计划是旅行社在认真分析人力资源供求状况的基础上，通过分析与预测企业内部岗位空缺及合格员工获得的可能性，制定的关于实现员工补充的一系列工作安排。人员招聘计划一般要考虑下面几个方面的内容。

1. 人员招聘的对象和数量

根据旅行社业务发展的需要及岗位职责的要求确定招聘对象和招聘的数量。

2. 确定招聘的标准

对岗位要求和岗位职责有清楚的描述，对人员素质有限制条件，以保证找到合格

的、高素质的员工。

3. 确定招聘的途径

人员招聘的途径一般有两种：内部招聘和外部招聘。

4. 确定招聘的时机

旅行社内部招聘一般由人力资源部灵活掌握。旅行社外部招聘一般应选择适当的时间，如大学生毕业前，或社会上劳动力资源非常丰富的时候。

（二）员工招聘

员工招聘是按照招聘计划中确定的时间、地点有序进行的。

1. 内部招聘的途径

（1）提拔晋升：从内部提拔一些合适人员来填补职位空缺是常用的方法，它可以使旅行社迅速从员工中提拔合适的人选到空缺的职位上。内部提升给员工提供了机会，有助于鼓舞士气，稳定员工队伍。

（2）工作调换：也称平调，它是指职务级别不发生变化、工作岗位发生变化，是内部人员的另一种来源。工作调换可以提供给员工从事旅行社内多种相关工作的机会，为员工今后提升到更高一层职位做好准备。

（3）工作轮换：工作轮换一般用于中层管理人员，在时间上往往较长，一般用于有潜力员工在各方面积累经验，以便于提升到更高的职位上去。

2. 外部招聘的途径

（1）广告：通过报纸杂志、广播电视等媒体形式，面向社会公开招聘员工。其优点是选择范围较为广泛，影响力较大，传播速度快，反馈信息较快。缺点在于耗费资金较多，时间消耗多，应聘人的社会背景复杂。

（2）熟人介绍：在岗位出现空缺时，由旅行社内部人士介绍熟人，经过测试合格后录用。员工或朋友推荐的人才一般可信度较高，又可节省费用和时间，同时也利于激励员工，体现企业对员工的信任。但这种做法的不足之处在于容易形成非正式群体，选用的人员面较窄，容易出现任人唯亲的现象。

（3）网络招聘：旅行社在互联网上发布招聘信息，吸引各类专业人员。这种做法的好处是成本低，见效快，招聘范围广，应聘人员素质高，适用于招聘中层管理人员。

（4）院校招聘：大中专毕业生是旅行社招聘的主要对象，他们在学校受过专业训练，在职业技能、个人素质等方面比较符合旅行社的用人要求。

（5）中介机构：通过专门的劳务或人才市场向社会招聘企业所需的员工，也是旅行社人员招聘的主要途径之一。

旅行社经营实务

（三）员工录用

经过各种途径吸引来的应聘者，要经过考核才能择优录用。应聘人员的考核是根据旅行社的用人条件，经过初试、笔试、面试、体检4个环节对应聘者进行全面考察。根据考察的结果进行权衡，选拔出企业认同的优秀人员，正式聘任。不同规模的旅行社对员工录用的环节有所不同，大型旅行社对应聘者的考察相对完善，多数中小型旅行社对应聘者的考核相对简单，主要经过初试和面试环节就可进入工作岗位。

> **知识拓展**
>
> 1. 阅读方澜主编的《旅行社经营管理》一书，该书于2008年由上海财经大学出版社出版，了解该书中关于旅行社人员管理及招聘的相关内容。
>
> 2. 阅读李可撰写的小说《杜拉拉升职记》，该书于2007年由陕西师范大学出版社出版，学习小说中杜拉拉的职场生存之道。

延伸阅读

港中旅的用人之道

中国港中旅集团公司暨香港中旅（集团）有限公司的前身是中国早期银行家陈光甫先生于1928年4月在香港设立的香港中国旅行社，1952年移交中央人民政府，先后隶属中华人民共和国华侨事务委员会、国务院侨务办公室管理，主要经营旅游及其相关货运和仓储业务。改革开放以后，港中旅逐步发展成长为以旅游业为主、多元化经营的企业集团，并于1985年10月注册成立香港中旅（集团）有限公司，1992年11月香港中旅国际投资有限公司（股票代码：308）在香港联交所挂牌上市。1999年，按照"政企分开"的精神，港中旅由中央直接管理，现为国务院国资委监管的53家特大型国有重要骨干企业之一。

港中旅在其80多年的发展过程中，一直重视人才的引进和培育，人才是港中旅集团能够保持持久生命力的重要原因之一。

1. 港中旅的人才理念

员工是公司的宝贵财富，员工和公司的成长互相促进。我们重视每一个员工，也希望我们的员工认同我们的文化，热爱我们的工作。我们为你提供的不仅仅是一份工作，而是一份事业，一个能让你充分发挥特长、才智和创造力的舞台。相信明天就在自己手中！

2. 港中旅的人员培训

（1）理念：集团历来重视员工的培训发展工作，始终坚持把员工培训作为保证集团各项事业顺利发展的基础性工作和人才队伍建设的重要内容，服务于集团的整体发展战略。培训发展是集团构建学习型组织,确保人才竞争优势的重要保障,也是人力资源管理中一项战略性工作。

(2)内容:集团的培训体系由课程体系、师资体系以及运营体系3个子体系构成,并由5条核心主线贯穿,指导各项培训工作的开展,即推进文化传承、推进战略执行、推进管理提升、推进个人发展和推进业务增长。在课程体系方面,集团秉承"实战、实效、实用"的原则,以领导力开发为核心,逐步开发和完善五大系列课程:企业文化系列、战略前瞻系列、能力提升系列、职能管理系列以及行业发展系列。集团根据员工所处的不同职业发展时期设计安排相应的培训发展课程。

(3)方式方法:集团也在不断创新培训的方式方法,在传统的集中面授、讲座形式基础上,创新引入了小班授课、分组研讨、情景模拟、角色扮演、行动学习、参观考察、轮岗实习、网上学习、推荐书目阅读等多种手法进一步增强培训的针对性与实效性。

集团于2009年已开通面向全集团广大员工的 E-learning 线上学习平台,让员工随时随地都能享用到集团统一的培训资源。目前平台上已设有企业战略、领导艺术、市场行销、人力资源、财务、审计、法律、沟通、时间管理、商务礼仪等课程。

为提高集团的自主培训能力、健全管理人才培养长效机制、加强集团管理实践积累和推广,集团于2010年开始着手筹建集团自有的培训基地。紧紧围绕集团发展战略,从集团管理人才队伍的现状出发,立足发现人、培养人、造就人,以领导力开发与培训为核心,大力宣导和推行行动学习、团队学习、平等学习、务实学习,为集团源源不断地培养和打造具有强烈的事业心、责任感,对搞好国有企业有信心,对集团事业可持续发展有决心,具备世界眼光、战略思维和综合领导能力的优秀管理人才。

希望我们为你提供的不仅仅是一份工作,而是一个成长发展的机会,一份能够实现自我价值的事业,一个能让你充分发挥特长、才智和创造力的舞台。

3. 港中旅的员工福利

集团薪酬福利以吸引、激励和保留优秀人才,帮助集团多元化战略目标的实现为指导,自2005年开始进行内部薪酬改革以来,集团薪酬福利体系在实践中不断完善。

集团逐步建立起一套针对各业务板块的、符合集团多元化特点的市场化、多通道薪酬体系,在建立长效激励、非物质激励及多层次福利保障体系方面,均取得实质性进展。

随着集团的快速发展,集团将进一步完善收入分配方式,创新激励机制,为全体员工提供全面而富有竞争力的薪酬福利待遇,促进企业与员工的和谐共同发展。

资料来源:港中旅官方网站 http://www.hkcts.com/index.html

任务6 旅行社设立条件及流程

任务目标

旅行社申请设立是旅行社运营的前提。只有了解了旅行社的设立流程及设立条件才能保证申请设立工作的顺利进行，保证日后旅行社运营的实现。通过本任务的实施，学生应该熟悉申请设立旅行社的基本条件，熟悉申请设立的流程，能够完成设立申请书及可行性研究报告的填写。

任务引入

李冰的旅行社创建工作目前已进入尾声，万事俱备，只欠东风。所有的准备工作已经完成，最后需要的是去北京市旅游局完成申报工作。旅行社申报需要准备哪些材料呢？

任务剖析

旅行社设立的审批工作由各地的旅游行政主管部门完成。李冰需要准备申报旅行社所需的旅行社设立申请书、可行性研究报告、资信证明、旅行社章程，填写营业场所和设施设备情况表、管理人员资格审核备案表等，去市旅游局提交申请，并等候审批结果。

实训任务发布

实训任务9：填写××市申请设立旅行社技术报告书

学生工作任务书9		
实训任务9：填写××市申请设立旅行社技术报告书	任务性质	小组任务
任务完成时间	50分钟	
任务描述 1. 填写申报旅行社技术报告书 2. 完成设立申请书、交纳质量保证金承诺书、填写营业场所、设备情况表 3. 提交可行性研究报告 4. 提交旅行社章程 备注：成果以A4纸打印或手写	考核标准 1. 按时提交全部材料 2. 所填写内容无明显错误 3. 可行性研究报告内容真实、分析到位、文句通畅、格式规范 4. 旅行社章程与企业设立方式相匹配，内容完善、文句通畅、格式规范	

项目1 旅行社的设立

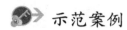 示范案例

示范案例1-18 北京观光旅行社申请书

```
                    旅行社设立申请书
   北京市   旅游局：
兹有
_____李明_____
申请在
         北京市朝阳区惠新西街×号惠新苑×号楼××室
设立一家
         □国际旅行社
         ☑国内旅行社
旅行社中文名称为：
                    北京观光旅行社
英文名称及缩写为：
                 Beijing sightseeing travel service
该旅行社采取
                    有限责任公司
方式设立，主要投资者及其投资额、出资方式为：
    1. 李明  50%   25万元人民币   现金
    2. 王二  30%   15万元人民币   现金
    3. 胡三  20%   10万元人民币   现金
总投资额为   50   万元人民币。
    特此申请，请按规定审批。
                              申请人签章：李明
                              2009年5月18日
```

示范案例1-19：验资报告

　　　　　　　　　　　　　　　××会师（××××）验字第　号

北京观光旅行社有限责任公司（筹）：

　　我们接受委托，验审了贵公司（筹）截至2009年5月12日申请设立登记的注册资本实收情况。按照法律法规以及协议、章程的要求出资，提供真实、合法、完整的验资资料，保护资产的安全、完整是全体股东及贵公司（筹）的责任。我们的责任是对贵公司（筹）注册资本的实收情况发表审验意见。我们的审验是依据《独立审计实务公告第1号——验资》进行的，结合贵公司（筹）的实际，我们在验资过程中实施了检查等必要的审验程序。

　　根据有关协议、章程的规定，贵公司（筹）申请登记的注册资本为50万元（大写伍拾万元整）人民币，由股东李明、王二、胡三于2009年4月20日前一次性缴足。经审验，截止2009年4月20日，贵公司（筹）已收到全体股东缴纳的注册资

本，合计人民币 50 万元（大写伍拾万元整）。股东以货币出资 50 万元整（大写伍拾万元整）。

本验资报告供贵公司（筹）社情办理设立登记及据以向全体股东签发出资证明时使用，不应视为是对贵公司（筹）验资报告日后资本保全、偿债能力和持续经营能力等的保证。因使用不当造成的后果，与执行本验资业务的注册会计师及本会计师事务所无关。

附件一：注册资本实收情况明细表
附件二：验资事项说明
附件三：验资机构《企业法人营业执照》复印件

×× 会计师事务所（签章）

地址： 　　　　　　　　　　　　中国注册会计师
电话： 　　　　　　　　　　　　×××（签章）
传真： 　　　　　　　　　　　　×××（签章）

示范案例 1–20　交纳旅行社质量保证金承诺书

____北京市____ 旅游局：

兹有 ____李明____

保证：本报告申请设立的旅行社获得批准后，将按《旅行社管理条例》等规定，交纳旅行社质量保证金 ____10____ 万元。

申请人签章：李明
2009 年 5 月 18 日

示范案例 1–21　营业场所和设施设备情况书

营业场所情况表

营业面积	120 平方米	用房来源	租赁	租期	2 年
地　址	北京市朝阳区惠新西街×号惠新苑×号楼××室			邮编	××××××
提供单位证明和意见	北京市朝阳区惠新西街×号惠新苑×号楼××室是我个人私有用房，面积 120 平方米，现同意租借给北京观光旅行社有限责任公司（筹）使用。 单位盖章：××× 2009 年 4 月 8 日				

项目1 旅行社的设立

设施设备情况表

名称	单位	数量	价值（万元）	备注
电话	部	3	0.050	
传真机	部	1	0.030	
计算机	台	3	1.600	
合计			1.680	

示范案例1-22　管理人员资格审核备案表

姓名	李明	性别	男	出生年月	1975年1月	照片
民族	汉	文化程度	大学本科	专业	旅游管理	
参加工作时间		1998年7月				
从事主要工作		旅行社经营管理				
职称	中级导游	证书名称及号码		中级导游员资格证×××××××		
身份证号码	××××××××××××××××			联系电话	××××××××××	
任职资格证书号码	旅行社经理资格证×××××××			颁发机关及时间	国家旅游局2001年3月	

从事旅游及相关工作经历	起止年月	工作单位	职务
	1998.7—2000.4	北京××旅行社	导游
	2000.4—2002.1	北京××旅行社	计调
	2002.1—2005.1	北京××旅行社	国内部经理
	2005.1—2009.7	北京××旅行社	副总

示范案例1-23 北京观光旅行社章程

北京市观光旅行社有限责任公司章程

第一章 总 则

第一条 依据《中华人民共和国公司法》（以下简称《公司法》）及有关法律、法规的规定，由李明等3人共同出资，设立北京观光旅行社有限责任公司（以下简称公司），特制定本章程。

第二条 公司依法在北京市工商行政管理局登记注册，取得法人资格，公司经营期限20年。公司为有限责任公司，实行独立核算，自主经营，自负盈亏。股东以其出资额为限对公司承担责任，公司以其全部资产对公司的债务承担责任。

第二章 公司名称和住所

第三条 公司名称：北京观光旅行社有限责任公司。

第四条 住所：北京市朝阳区惠新西街×号惠新苑×号楼××室。

第三章 公司经营范围

第五条 公司经营范围：以公司登记机关核定的经营范围为准。

第四章 公司注册资本及股东的姓名（名称）、出资方式、出资额

第六条 公司注册资本：50万元人民币。

第七条 股东的姓名（单位名称）、认缴及实缴的出资额、出资方式如下。

股东一：李明，以货币方式出资25万元，占注册资本的50%。

股东二：王二 以货币方式出资15万元，占注册资本的30%。

股东三：胡三 以货币方式出资10万元，占注册资本的20%。

第五章 公司的机构及其产生办法、职权、议事规则

第八条 股东会由全体股东组成，是公司的权力机构，行使下列职权。

（一）决定公司的经营方针和投资计划。

（二）选举和更换非由职工代表担任的董事、监事，决定有关董事、监事的报酬事项。

（三）审议批准董事会（或执行董事）的报告。

（四）审议批准监事会或监事的报告。

（五）审议批准公司的年度财务预算方案、决算方案。

（六）审议批准公司的利润分配方案和弥补亏损的方案。

（七）对公司增加或者减少注册资本做出决议。

（八）对发行公司债券做出决议。

（九）对公司合并、分立、解散、清算或者变更公司形式做出决议。

（十）修改公司章程。

（十一）其他职权。（注：由股东自行确定，如股东不作具体规定应将此条删除）

第九条　股东会的首次会议由出资最多的股东召集和主持。

第十条　股东会议由股东按照出资比例行使表决权。（注：此条可由股东自行确定按照何种方式行使表决权）

第十一条　股东会议分为定期会议和临时会议。

召开股东会会议，应当于会议召开15日以前通知全体股东。（注：此条可由股东自行确定时间）

定期会议按时召开（注：由股东自行确定）。代表十分之一以上表决权的股东，三分之一以上的董事，监事会或者监事（不设监事会时）提议召开临时会议的，应当召开临时会议。

第十二条　股东会议由董事会召集，董事长主持；董事长不能履行职务或者不履行职务的，由副董事长主持；副董事长不能履行职务或者不履行职务的，由半数以上董事共同推举一名董事主持。

董事会或者执行董事不能履行或者不履行召集股东会会议职责的，由监事会或者不设监事会的公司的监事召集和主持；监事会或者监事不召集和主持的，代表十分之一以上表决权的股东可以自行召集和主持。

第十三条　股东会议做出修改公司章程、增加或者减少注册资本的决议，以及公司合并、分立、解散或者变更公司形式的决议，必须经代表三分之二以上表决权的股东通过。（注：股东会的其他议事方式和表决程序可由股东自行确定）

第十四条　公司设董事会，有董事3人。设董事长1人，由董事会选举产生。董事长每届任期3年，任期届满，连选可以连任。

第十五条　公司设经理，由董事会决定聘任或者解聘。经理对董事会负责，行使下列职权。

（一）主持公司的生产经营管理工作，组织实施董事会决议。

（二）组织实施公司年度经营计划和投资方案。

（三）拟订公司内部管理机构设置方案。

（四）拟订公司的基本管理制度。

（五）制定公司的具体规章。

（六）提请聘任或者解聘公司副经理、财务负责人。

（七）决定聘任或者解聘除应由董事会决定聘任或者解聘以外的负责管理人员。

（八）董事会授予的其他职权。

第十六条　公司设监事1人，由股东会选举产生。监事任期3年，任期届满连选可以连任。

第六章　公司的法定代表人

第十七条　董事长为公司的法定代表人，任期3年，由选举产生，任期届满，可连选连任。

第七章　股东会议认为需要规定的其他事项

第十八条　股东之间可以相互转让其部分或全部出资。股东向股东以外的人转让股权，应当经其他股东过半数同意。股东应就其股权转让事项书面通知其他股东征求同意，其他股东自接到书面通知之日起满 30 日未答复的，视为同意转让。其他股东半数以上不同意转让的，不同意的股东应当购买该转让的股权；不购买的，视为同意转让。

经股东同意转让的股权，在同等条件下，其他股东有优先购买权。两个以上股东主张行使优先购买权的，协商确定各自的购买比例；协商不成的，按照转让时各自的出资比例行使优先购买权。

第十九条　公司的营业期限 20 年，自公司营业执照签发之日起计算。

第二十条　有下列情形之一的，公司清算组应当自公司清算结束之日起 30 日内向原公司登记机关申请注销登记。

（一）公司被依法宣告破产。

（二）公司章程规定的营业期限届满或者公司章程规定的其他解散事由出现，但公司通过修改公司章程而存续的除外。

（三）股东会决议解散或者一人有限责任公司的股东决议解散。

（四）依法被吊销营业执照、责令关闭或者被撤销。

（五）人民法院依法予以解散。

（六）法律、行政法规规定的其他解散情形。

第八章　附　　则

第二十一条　公司登记事项以公司登记机关核定的为准。

第二十二条　本章程一式 3 份，并报公司登记机关一份。

股东签字、盖公章：　　　李明　　王二　　胡三

2009 年 5 月 12 日

任务实施

实施步骤

（1）小组讨论，填写申报旅行社技术报告书。

（2）填写设立申请书、交纳质量保证金承诺书、营业场所、设备情况表。

（3）讨论并撰写可行性研究报告。

（4）讨论并撰写旅行社章程。

（5）提交北京市申报旅行社技术报告书全套材料。

备注：成果以 A4 纸打印或手写

项目1　旅行社的设立

学生小组任务成果书（NO.9）		
实训任务9：填写××市申请设立旅行社技术报告书	任务性质	小组任务
小组任务成果名称	申报旅行社技术报告书	
完整填写《××市申报旅行社技术报告书》，完成全部内容。提交可行性研究报告、旅行社章程等，成果以A4纸打印或手写		

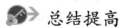　总结提高

一、设立旅行社的条件

根据国务院颁布的《旅行社管理条例》、国家旅游局颁布的《旅行社管理条例实施细则》以及《旅行社质量保证金暂行规定》中对旅行社设立条件的相关规定，旅行社的设立需具备一定的条件。

（一）固定的营业场所

营业场所是旅行社业务活动的所在地，有固定的营业场所是指要有足够的经营用房。旅行社的经营场所可以是自有产权，也可以向他人或其他单位租借使用，但租赁期不应少于一年。

（二）必要的营业设施

必要的营业设施是旅行社进行业务活动的物质基础，具体是指要有足够的传真机、直线电话、电子计算机等办公设施。设立国际旅行社还需要有业务汽车等交通工具，以保障旅游业务的顺利和有效实施。

（三）经营管理人员

申请设立旅行社，必须有经培训并持有省、自治区、直辖市以上人民政府旅游行政管理部门考核颁发的经理人员资格证和相应人员配备。《旅行社管理条例实施细则》第十一条规定："设立国际旅行社，应当具有下述任职资格的经营管理人员：①持有国家旅游局颁发的《旅行社经理任职资格证书》的总经理或副总经理一名；②持有国家旅游局颁发的《旅行社经理任职资格证书》的部门经理或业务主管人员三名；③取得会计师以上职称的专职财会人员。"第十二条规定："设立国内旅行社，应当具有下述任职资格的经营管理人员：①持有国家旅游局颁发的《旅行社经理任职资格证书》的总经理或副总经理一名；②持有国家旅游局颁发的《旅行社经理任职资格证书》的部门经理或业务主管人员一名；③取得助理会计师以上职称的专职财会人员。"

（四）注册资本

注册资本是指旅行社向政府的企业登记主管部门登记注册时所填报的财产总额，包括

流动资金和固定资金。设立国际旅行社，注册资本不得少于150万元人民币，设立国内旅行社，注册资本不得少于30万元人民币。年接待旅游者10万人次以上的国际旅行社和国内旅行社，可以申请设办不具有法人资格的分社，国际旅行社每增加一个分社，需要添加注册资本75万元人民币，国内旅行社每增加一个分社，需增加15万元人民币。

（五）质量保证金

根据我国现行规定，申办旅行社必须向旅游行政管理部门交纳质量保证金。经营入境旅游业务的国际旅行社须向旅游行政管理部门交纳旅游质量保证金60万元，经营出境旅游业务的国际旅行社需向旅游行政部门交纳质量保证金100万元，同时经营出入境旅游业务的国际旅行社需交纳质量保证金160万元；国际旅行社每增加一个分社，需增交质量保证金30万元；国内旅行社申请设立时，需向旅游行政管理部门交纳质量保证金10万元；国内旅行社每增加一个分社，需增交质量保证金5万元。

二、旅行社的设立程序

旅行社是一个实行业务许可制度的行业，旅行社的设立需先到旅游行政管理部门审批，获得经营许可，再到工商行政管理部门登记注册，办理营业执照。具体说来，旅行社的设立需要经过5个步骤。

（一）申请设立

申请设立旅行社，应向所在地的省、自治区、直辖市旅游行政管理部门提出申请，并提交相关申报材料。需要提交的材料主要有以下几种。

（1）旅行社名称确认。设立旅行社，应向所在地的工商行政管理部门办理名称确认，确认本旅行社将用名称没有被占用，可以使用，领取工商行政管理部门出具的企业名称预留通知书。

（2）设立申请书。设立申请书应包括旅行社的类别、中英文名称及缩写和拟设地；企业形式、投资者、投资额和出资方式等。

（3）设立旅行社可行性研究报告。可行性研究报告主要从设立旅行社的市场条件、设立旅行社的资金条件、设立旅行社的人员条件以及受理申请的旅游行政管理部门认为需要补充的其他问题等。

（4）旅行社章程。旅行社章程应阐明旅行社的经营宗旨、运行方式和经济实力，规定旅行社在各方面应该遵循的原则。

（5）旅行社经营管理人员的相关证明。需提交旅行社经理、副经理的履历表和《旅行社经理资格证书》以及企业助理会计师等会计人员的会计证。

（6）验资证明。旅行社可采用两种方式进行验资：①银行验资。旅行社申办人将货币资金汇入有关银行的账户上，由银行出具书面的验资证明及资本金入账凭证的复印件；②其他机构验资。由注册会计师、会计师事务所、审计师事务所对旅行社的资本金进行验证，然后出具书面的验资报告。

（7）经营场所证明。旅行社的经营场所可以为自有或租赁两种形式。如果经营场所

项目1 旅行社的设立

为自有资产,申办人应当向旅游行政管理部门出具产权证明或使用证明;如果经营场所为租用他人或单位的资产,申办人应向旅游行政管理部门出具不短于一年的租房协议。

(8) 经营设备情况证明。经营设备的证明包括投资部门出具的经营设备使用证明或由商业部门开具的具有申办人名称或该旅行社名称的发票和收据。

(9) 旅行社质量保证金承诺书。旅行社需要提交获准成立后依照国家有关规定交纳旅行社质量保证金的承诺书。

(二) 部门审核

申请设立国内旅行社,应向所在地的省、自治区、直辖市旅游行政管理部门提出申请,旅游行政管理部门根据相关规定进行审批。申请设立国际旅行社,应向所在地的省、自治区、直辖市旅游行政管理部门提出申请,受理申请的旅游行政管理部门应当在收到符合规定的旅行社设立申请书之日起的30个工作日签署审查意见,报国家旅游局审批,国家旅游局应当在收到申请书之日起的30个工作日内做出批准或不予批准的决定,向申请者正式发出批准文件或不予批准的决定,并通知受理申请的旅游行政管理部门。

(三) 领取《旅行社业务经营许可证》

审批同意的旅行社,申办人可以持质量保证金交纳发票及复印件去旅游行政管理部门领取《旅行社业务经营许可证》。

(四) 工商行政管理部门注册登记

申请人在收到《旅行社业务经营许可证》的60个工作日内,持批准文件和许可证到所在地工商行政管理部门办理企业注册登记手续,领取营业执照。营业执照的签发日期为旅行社的成立日期。

(五) 办理税务登记

旅行社应在领取营业执照30个工作日内,向当地税务部门办理开业税务登记,申请税务执照。办理时应向当地税务部门领取统一的税务登记表,如实填写各项内容,经税务机关审核后,发给税务登记表。税务登记结束后,旅行社可根据营业执照刻制公章,开设立银行账户,申领发票,开张营业。

知识拓展

1. 登录国家旅游局网站 http://www.cnta.gov.cn/,了解我国《旅行社条例》、《旅行社管理条例实施细则》、《旅行社质量保证金暂行规定》等相关规定,熟悉旅行社设立的相关内容。

2. 登录北京市旅游局网站 http://www.bjta.gov.cn/,了解北京市旅游局对申报旅行社的相关规定和业务受理流程。

3. 登录中青旅网站 http://www.aoyou.com/,了解中青旅门店的选址原则。

延伸阅读

王正华和他的春秋旅行社

王正华和春秋旅行社的成功，其实是一种专注于平民经济的成功。

1. 创办6家企业

1981年，时任长宁区遵义街道党委副书记的王正华，接到一个艰巨的任务——解决返城知青就业问题。那是一个风云渐起的历史时刻，改革开放的政策之手开始拍打无数个满怀激情、跃跃欲试的灵魂。办企业！37岁的王正华热血沸腾。

借政策东风，王正华一口气办了汽车修理厂、客运公司、货运公司和旅行社等6个企业。王正华告诉记者："那个时候根本不知道什么叫产权，但我知道你拿谁的钱、谁就有资格来管你。我不希望婆婆太多，所以6个企业里没有一分钱来自国家投资，都是我们自筹资金。"

第一是报名费和培训费用，这笔费用成了企业的第一笔流动资金；第二是借款，当时，国家有政策，安排一个知青就业可以借款500元，王正华借了一部分钱，但很快就还上了。

就这样，王正华从零开始办起了自己的企业。那个时代，恰恰给了有头脑的人一个绝佳的机会：凡是能够生产出来的东西，都能够卖出去。

经历了3年的商界打拼，王正华的汽车修理厂不仅业务红火，甚至东拼西凑造出来了第一辆货车；客运公司每天有40辆车往来于上海和扬州之间；货运公司每天有70笔生意，这些成功带给了王正华前所未有的成就感。他发现自己敢想敢做的性格更适合做企业。不惑之年，他下定决心辞职下海。

王正华的这个想法，不仅招致家人的强烈反对，组织上也再三挽留，但他心意已决。最后组织上开出条件：要走可以，但6个公司只能带走1个。

这是一道必须赌上身家命运的选择题。

在机关工作了近20年，王正华家里的日子依然过得清苦，他拿不出更多的钱转战商海，更容不得丝毫的失败。在那几个闷热难耐的仲夏夜里，父母妻儿都已熟睡，王正华却盯着天花板难以入眠，太多的思绪在他脑海里翻腾、缠绕、延伸。

把汽车修理厂做上规模，便可升级为汽车装配厂，再做大就是汽车制造厂，这个诱人的梦想却需要大量的资金来实现，而货运、客运同样需要高额投入。他在脑海里连连画叉。

相比之下，旅行社的资金门槛最低，而且能够让他定下心来的是，他此时已经找到了一个绝佳的旅游市场突破口并迎来了增长的势头。于是，在脑海里，他在旅行社后面画上了一个勾，从此，他的命运就与这个叫"春秋"的旅行社绑在了一起。

2. 创建春秋品牌

1981年的秋天，上海常刮大风。长宁区中山公园的小亭子旁，王正华呆立着，任凭大风卷着落叶刮在脸上，他觉得有些无助。

项目1 旅行社的设立

这个小亭子就是最初的春秋旅行社，它的第一单生意是上海到苏州的一日游。"那次准备组织40个人去苏州，结果花了很长时间，只卖了20张票，卖的钱还不够包车费，亏得要命"。王正华对记者回忆道。

当时，由于经济水平的限制，国内旅行社的主要客源为单位团体游，散客旅游少之又少，然而团体游的生意几乎都被中旅、国旅等国有旅游公司瓜分，哪里还有剩羹留给初闯旅游业而缺乏经验的王正华！第一年春秋的营业额仅仅1万元。

王正华突然觉得：春秋旅行社就像这座被马路四面封锁的中山公园，在国有旅游公司的围堵下，已成孤岛。

但是，怎么突围，王正华却没有一丝头绪。

他开始四处寻找，寻找一条活下去的道路。一方面，他四处寻访一些从事旅游业的老前辈，这些老前辈将新中国成立前完全市场化的运作经验倾囊相授，让他了解到，散客旅游在完全市场化的旅游业极具潜力。

另一方面，在那个资讯不发达的年代，他渴望从书本中获取旅游业的知识，开阔自己的视野。他打听到杭州大学一位欧洲留学归来的教员，编纂了一本关于旅游业的书并油印成教材，他便四处托人到杭州大学找到了这本《世界旅游业及其哲学》。如同找到了武功秘籍，他通宵研读，不仅习得国外先进的旅行社运作模式，还得知，在发达国家成熟的旅游业市场里，散客旅游才是真正的市场主流，占了市场份额的85%以上。

无论是中国的市场历史，还是西方的市场实践，都指向了同一个目标——散客市场。"随着中国社会经济的发展，必将会有越来越多的人选择自费旅游。被国有旅游巨头忽视的，正是未来的市场主流！何不在此出手！"茅塞顿开的王正华激动万分，他坚定地攥紧"春秋"的拳头，狠狠地砸在了散客市场上。

当时，越来越多的人开始摆脱单位统一组织的旅游，追求个性化旅游，散客的市场份额越来越大。找对了路的春秋随即迎来增长，第二年营业额猛增至64万元，第三年则达到120多万元。当几个国有旅游巨头回过神来时，王正华早已带领春秋跑在了前面，春秋的旗帜已插遍了上海滩。

3. 建设自有网络体系

1994年，美国第三大商务旅游公司罗森布鲁斯的副总裁前来拜会王正华。听了王正华的经营理念后，美国人说："你的理念跟我们100多年前的创始人老罗森一样。"

王正华笑着回答："因为我们都是同一个老师教出来的。"

美国人顿时傻了眼，"老罗森死了100多年，你们怎么可能是同一个老师？"

王正华说："这个老师，是市场！"

这一年，王正华50岁。也正是在这一年，春秋一举登上了全国旅行社第一的宝座。打江山易，守江山难。如何能保持春秋的领先优势？国外先进的运作模式告诉王正华：在散客市场，旅行社不应是"集中式"的航空母舰，而应是"分散式"的联合舰队。分社的分布广度决定了旅行社能做多大、多强。

王正华分两手织网，开创了中国旅游业的先河。

他一手建立电脑网络体系，在其他同行依旧采用手工操作预订时，春秋国旅率先采用电脑进行联网操作，实时高效、准确无误。

另一手运用国外已经很普遍的代理商模式，通过优厚的佣金制度来吸引中小旅行社加盟。在每一项旅游产品里，王正华坚持"拿小头"原则：只拿利润的10%、其余90%归代理商。

而在管理机制上，国内旅行社通行的做法是水平管理，即导游掌握旅游链上的多种资源，大权在握致使违规行为屡禁不止。王正华则采用的是垂直管理，成立独立的导游、采购、旅游线路和监督等职能部门，结构上的调整加强了高层对各部门的管控。

这是一场极为艰难的扩张，每到一处，春秋都会遭到当地对手的残酷打压。"那几年每年投入500万~700万元在设立分社上，几乎把全年的利润都撒到全国各地了，投了上千万元，却迟迟不见盈利。每年最怕就是开职工代表大会，不好交代啊！"

当时一些员工批评道："利润不用来发福利、升待遇，全拿去开分公司了！""你们都是好大喜功！你们都是梦想主义者！"这些话深深刺痛了王正华。

既然事实已经证明了正在走的是一条正确的路，王正华显然没有理由因为暂时的困境而止步。他一面苦口婆心地说服员工，一面顶着压力继续扩张。

成功的曙光没有让王正华挨得太久。3年后，他苦心打造的"分散式"联合舰队开始显现威力，仅上海地区门店的月营收，就呈现出60%~70%的增长速度。

电脑网络体系使得春秋的网络时刻保持灵敏；佣金制度使得春秋的网络越织越大；垂直管理保证了网络的健康发展。至今，春秋形成了一张"上海50余家门店、全国31家分社、3000余家代理商、3000余个电脑网络终端"的大网，不断地从全国各地"网罗"散客资源。

当游客规模越大，包酒店、包车、包飞机的数量就越多，付出的单位采购成本就远远低于其他旅行社。规模效应保证了春秋国旅稳坐于旅游业的王座，也让王正华有足够的底气去想一些以往不敢想的事情。

当时，国航的国际航班有一个国内航段，一架380人的航班到了上海后，会下来200多个旅客，而后这个航班就空着200多个座位飞去北京。

王正华找到国航的市场部经理问："200多的空位不是白白浪费了吗？你把这个空位卖给我怎么样？我给你市场价的1/3！"

经理顿时傻掉了，"市场价的1/3！哪有这么弄的！"

王正华解释道："飞机空位你什么都得不到，一个座位800块的市场价，我白送两三百元给你，何乐而不为呢？"

经理思忖再三，认了王正华的理，但也提出了条件：每个月必须卖5000张票！

王正华一算，每月5000张，一天200张，在春秋国旅的网络中，上海到北京每天就有500多人的量，这笔买卖完全能做！结果，低价所引爆的需求大得出人意料，第二个月的销量就突破了15000张！

4. 改造公司体制

"任何一个时代，大到一个国家、一个民族，小到一个部落、一个企业，都需要一种精神、一种信仰，带领千百人去完成既定的目标。"这句动人心魄的话，出自春秋的内部学习文件。

2002年，春秋国旅的外部扩张已经步入正常轨道，要将公司再提升一个台阶，就必须对内部进行改造。恰逢旅游局领导发出了信号：旅游业需要多种产权，也可以有私有制企业来把市场蛋糕做大。一场股份制改造在春秋国旅适时而生。

其实，早在1990年代，王正华就已经开始研究企业体制改革。他甚至还起草了一份"全员持股计划"的报告，兴冲冲地跑到北京，把报告交给当时负责全国体制改革的高层领导，收回来的报告上赫然写着"很好"两字，但没有具名落款。他说，如果有落款，他一定会将这个计划运用在春秋国旅上。

由此可见，改制对于王正华来说，并不是谋取私利的工具，而是调动员工积极性，给公司注入活力的法宝。作为创始人并毕其20年心血于春秋的王正华，即使绝对控股51%也无可厚非，但他最终敲定的方案是，自己控股20%，5%给长宁区政府，65%分给23位高管，余下10%分给一些老员工。至今，公司内部股东已扩增至近90人，越来越多的部门领导和骨干成为公司股东。此外，春秋还派发了400多个只有分红权而没有所有权的干股，以奖励优秀的普通员工。

王正华对记者说：春秋的资金实际上是干部和员工们一起创造和积存起来的，是每个春秋人奋斗的果实。这样分配股权的目的是，创造一个"管理层为大家谋利益、大家信任管理层"的企业文化氛围。

利益的激励属于经济学范畴，而精神上的鼓舞和凝聚则是王正华的平民经济学中一个极为重要的理论。王正华告诉记者，他是一个老党员。如今的春秋设有两个党委、一个党总支和十三个党支部，把骨干发展为党员，把党员练就成骨干。于是，一种千金难易的精神，透射出信仰的光辉，照亮了春秋人奋勇前进的征程。

一次，由于一时拿不到票，300多名旅客滞留北京，情势十万火急。现任美国分公司总经理的黄静当时正负责北京片区，由于休产假刚回到上海。按公司规定，此事应该由黄静回北京解决，但她要是走了，才生下来一个多月的孩子就得断奶。王正华本想找其他人顶替黄静，但思来想去最后发现，其他人都没有把握能解决好此事，非得在北京工作的黄静不可。

可是，一想到要断奶的孩子，王正华就开不了口，他陷入了左右为难的矛盾中。谁料黄静得到消息，立马从家里赶到办公室主动请缨，要求立刻去北京。

王正华对她说："这不是开玩笑的，你的孩子怎么办？"

黄静语气坚决地回答："这样危急的情况，只有我去才能解决，我非去不可！"

再三推诿不过，王正华答应了她，随即便到她家里去看望她的孩子。黄静抱着熟睡的婴儿说："公司出现危急情况，我如果不去，会后悔一辈子，不给孩子吃奶，我或许也会后悔。"听着黄静的话，看着襁褓中的孩子，王正华的眼泪刷地流了出来。

旅行社经营实务

在后来的干部会上，王正华对大家说，这个孩子刚刚出生就为公司做了奉献，我们要永远关心这个孩子，要给这个孩子最好的生活和教育环境，在场的人无不为之动容。

王正华说，春秋人的心，掏出来都是赤诚的。春秋公司属于一群用热血写春秋的人。

5. 开创春秋航空公司

经过了股份制改造的春秋，焕发出了向上发展的力量。纵观欧美市场，王正华发现旅行社向上的发展路径有3条：普遍流行的高端展会旅游之路、美国运通的金融之路和德国途易的航空之路。结合中国国情，王正华判定航空之路最为可行。

实际上，交通费用在旅游成本中占了50%～70%的重头比例，对此许多旅行社无能为力，使得旅游产品的价格空间有限。如果能成立一家航空公司，就能够将旅游产业链上的交通环节牢牢抓在手中。

王正华随即率队出国考察了许多欧美的航空公司，其中以"廉价航空"闻名于世的美国西南航空进入了他的视野：一方面，中国地广人多，对航空交通的需求很大，只是机票价格较高，屏蔽了很大一部分的市场需求，廉价航空在中国必然大有可为。另一方面，廉价航空不但可以使春秋的旅游产品具有巨大的价格优势，而且还可提升春秋旅游的品牌形象。而春秋旅游每年包机3000架次、客座率99%的惊人数据，也能降低春秋航空的运营风险。

一个整合产业链上下游、极具互补性和联动效应的"旅游+航空"大图景，在王正华的脑海中浮现了出来。

2003年年末，电信、民航和铁路等垄断行业向民营企业敞开了大门。紧接着，2004年1月，在国务院的新闻发布会上，时任民航总局局长的杨元元说道："关于低成本航空公司在中国怎么实现，大家还有不少议论。但目前在中国有一些民营企业和大型旅行社，已经向民航总局提出关于低成本航空的申请，民航总局准备同意他们开始筹备。"

听到这里，王正华激动得心都快蹦出来了。他知道，杨元元局长提到的大型旅行社就是春秋！兴奋之中，他仿佛已经看到：在春秋的大旗下，刀枪如林，万马嘶鸣，一支精锐的廉价轻骑兵部队，只待他一声号令，便如洪水般冲向国内航空市场。

2004年5月，春秋航空公司成立，王正华大胆地喊出了"廉价航空"的口号，轰动了中国航空业。韩亚航空中国部的总经理告诫王正华：要做好连亏7～10年的准备。韩亚航空只有大韩航空一个对手，都苦苦熬了9年才盈利。而春秋却要面临如狼似虎的东航、上航等巨头。

3架A320、8000万元注册资本，王正华没有思前想后、考虑太多，而是无所畏惧地果断出击。299元、199元、99元，甚至1元，春秋航空的廉价之矛直刺对手的软肋，这些前所未有的低价，如同一颗颗重磅炸弹，对中国航空市场进行着地毯式轰炸。

低廉的票价立刻吸引住了大家的眼球，但也引来了不少争议。2006年12月底，春秋航空被曝出，因在上海—济南航线推出1元机票，济南市物价局向春秋开出15万元罚单。

王正华并不惊慌，"我们要给政府改革、改变价格的时间，而不是硬要在山东

66

项目1 旅行社的设立

的事件上断个是非"。他一边向民航总局和发改委做汇报,一边与济南市物价局沟通解释,最终得到了相关部门的理解,化解了这场危机。而春秋航空则借此成为了全国媒体"镁光灯"的焦点,更多的消费者认识了这家敢于推出"一元机票"的民营航空公司。

临回上海时,山东物价局的同志打趣地对王正华说:"这次你要谢谢我们,免费为春秋做了一次极具轰动性的广告。"

一度高高在上的对手们再也坐不住了,纷纷起来指责王正华是价格屠夫,低成本运作实为低于成本运作,廉价航空就是恶性竞争。

处于风口浪尖、被对手口诛笔伐的王正华毫不客气地予以反击:"正是因为票价高,很多平民百姓都望尘莫及,让更多的人能够坐上飞机,这才是平民大众的航空、民生的航空。我要做的,就是'人人都能飞'!"

6. 坚持低成本领先战略

开航8个月,盈利1000万元;2006财年,盈利3000万元;2007财年,盈利8000万元。春秋航空的神奇速度,不仅让韩亚航空中国部的总经理大跌眼镜,就连汉莎航空、美国联邦航空和新加坡航空等国际航空巨头都认为是天方夜谭。

廉价轻骑兵的马蹄真有如此之快?这个谜团只有在春秋航空的客机上,才能被完全解开。

乘坐春秋航空的飞机,是一种非常特别的体验。

办理登机牌的工作人员会观察旅客的行李,重量超过10千克或体积超过0.044立方米的,必须付费托运。走进春秋客机的机舱,旅客们会发现两名空姐加两名空少的空乘组合,这种组合不仅能做好服务,还兼任了安全员,节省了人力成本。

飞行期间,春秋航空除了一瓶350毫升的矿泉水,不提供其他的免费餐饮,由此免除了客机上的厨房设备,减轻了载荷,还为空乘们腾出了时间,以施展另一项才能。

在春秋航空的第一堂空乘培训课上,王正华告诉空姐空少们:要把自己磨炼成为一流的推销大师!在他看来,两三个小时的飞行对于旅客是乏味的,但这正是最容易集中吸引旅客注意力的时候,也就是向他们推销产品的黄金时间!

春秋航空的空乘除了向旅客兜售诸如薯片、饼干之类的零食,还推销飞机模型、空姐丝巾、运动水壶和数码产品等商品。

"六一节马上到了,买一架飞机模型送给家里的小朋友,一定会让他们开心。"

"春秋航空是唯一出售空姐丝巾的航空公司。一条漂亮大方的空姐丝巾,绝对是在座的男士们送给心上人的绝佳礼物。"

这样直抵心窝的推销,使旅客们很难捂住自己的钱包,这便成了春秋航空一条独辟的收入来源。"将来我们甚至可以卖汽车、卖房子。"一个空中商城的大构想已经在王正华的脑海里酝酿。

针对春秋航空的差异化服务,有对手嘲笑道:目前国内航空公司的刚性成本占80%,可控成本只占20%,而春秋航空的差异化服务只能让可控成本降低4%~5%,这对于真正意义上的低成本运营无异于杯水车薪。

王正华自有锦囊妙计——"两高、两低、两单"的策略。

"两高"是指高客座率和高飞机利用率。其他航空公司机票贵,即使平均客座率只有60%~70%,还是可以保持盈利。春秋航空虽然票价低,但平均客座率高达95%,而且客机每天比其他航空公司的多飞两个小时,从而降低了单位飞行时间内的飞机租赁成本,最后算下来,春秋航空也能赚钱。

"两单"是指单一机型和单一舱位。春秋的客机型号全部采用A320,以减少因为不同机型带来的额外的地面设施、维修和飞行员培训费用。春秋的客机上取消了头等舱,统一为经济舱,座位数由原来的160座提高到180座。

"两低"是指低营销费用和低管理费用。国内几乎所有的航空公司都离不开中航信覆盖全国300多个城市、全球50余个城市的网络系统,每年要向其缴纳高昂的费用。在民航总局的鼓励下,王正华决心打破中航信的垄断。他的底气来自于春秋国旅那张遍及全国的大网,密布于全国的这些网点同时可以兼作航空售票点,为春秋开发自己的航空票务系统奠定了坚实的基础,仅此就省下了上亿元的票务代理费。

每一处拧干成本的细节浇注在一起,便铸成了一面固若金汤的低成本之盾,将强势对手的疯狂反扑死死挡下,也为廉价之矛的攻击注入了强大的力量。王正华的廉价轻骑兵从此"市场得意马蹄轻"。

资料来源:周云成,曹一方. 25年春秋创业史. 王正华的平民经济学. 商界,2009年

项目评价

【知识/技能评价】

旅行社的设立是旅行社运营的开始,是旅行社一切业务开展的前提。项目一6个任务的设计,实现了由感性到理性,由简单到复杂,由单一任务到综合任务的过渡。通过任务一的完成,学生可以从感性方面了解旅行社的基本情况,对旅行社运营的市场环境有基本认知,为学生后面任务的完成奠定认知基础。二、三、四、五任务的完成,使学生可以初步训练申请设立旅行社的一些相关准备工作,包括旅行社名称、设立形式、主营业务、选址、组织机构设置、人员管理规范等内容,为旅行社申请设立奠定基础。任务六是综合性任务,是在前5个单项任务基础之上的整合,在前述5个任务基础之上,学生可以顺利完成旅行社设立申请的全部工作。

通过项目一的实施,学生可以熟悉旅行社申请设立的流程及我国对旅行社设立的相关法律法规,能够填写相应申报文件,熟悉旅行社各部门的职责,为后续项目的实施奠定知识和技能基础。通过实训方式,初步积累旅行社工作的实际技能和相应知识,为日后独立申请设立旅行社进行预演。

【总结提高】

任务名称:×××项目一自我评价。

任务要求:学生总结个人在项目个人任务及小组任务中的表现和收获、发现的不足,撰写项目一自我评价报告。字数:300~800字。

任务性质:个人任务。

2 旅行社线路设计与操作

学习目标

知识目标：了解旅游资源采录的内容方式及流程；了解旅游产品品牌设计程序；熟悉旅游线路设计的原则、流程；熟悉旅行社产品采购的概念、内容；掌握旅游产品的含义、构成、种类以及特征。

能力目标：能够客观、全面地评价旅游线路的优劣并提出改进建议；能够将思维导图运用于工作中；能够完成简单旅游线路以及品牌的设计；能够通过多种渠道获取工作所需的旅游资讯。

素质目标：培养学生对事物的基本判断力以及总结归纳能力、沟通能力、开拓能力；培养学生的发散思维和合作意识；培养学生做事认真、踏实的风格。

旅行社经营实务

项目导读

旅行社线路设计和操作是旅行社经营的灵魂。旅行社只有具有优质的旅游线路才能够吸引旅游者。旅游线路的设计要具备几大基本要素,包括旅游交通、住宿、餐饮、游览观光、娱乐项目、购物项目、导游服务、旅游保险等;同时要特色鲜明,合理定价,线路安排合理,遵循线路设计的基本原则。由于旅游产品无形性等特点,旅行社更需建立良好的旅游品牌。旅游产品的采购也是线路设计和定价的重要环节。旅游线路设计和操作是学生要完成的主要任务内容。

任务7　旅行社线路的构成要素

任务目标

旅行社线路设计是旅行社经营的核心。旅游交通、旅游住宿、餐饮、游览观光、娱乐项目、购物项目、导游服务和旅游保险是旅行社线路设计的几大基本构成要素。旅行社线路设计要包含这几大基本要素,同时线路设计要考虑市场需求、成本、安全、交通、内容、合理性等各个方面,也要具备鲜明的特色。

任务引入

李冰申办的旅行社已经通过北京市旅游局的审批,获得了旅行社业务经营许可证。李冰去工商局办理了营业执照,旅行社可以正式营业了。开业之初,制作本旅行社的旅游产品,也即旅游线路成为首要任务。旅行社线路应包含哪些内容呢?

任务剖析

学习《旅游学概论》后,大家了解到旅游的六大基本要素是食、住、行、游、购、娱,在设计旅游线路时,也要考虑到饮食、住宿、旅游交通、旅游吸引物、旅游购物及娱乐等。但是现在随着旅游业的发展和旅游者的日趋成熟,旅游产品的形态日趋多样化,这对旅游线路设计者提出了更高的要求,在设计旅游线路时要深度挖掘旅游者的需求,遵循旅游线路设计的基本原则。对于初入行者,学习其他旅行社的成熟线路,是比较快的切入产品制作的方式。

 实训任务发布

实训任务10:考察本市两家旅行社的旅游线路,评价优劣并提出改进建议

学生工作任务书10			
实训任务10:考察本市两家旅行社的旅游线路,评价优劣并提出改进建议		任务性质	小组任务
任务完成时间		45分钟	
任务描述 1. 从小组成员所调研的旅游线路中任选两条进行评价 2. 分析线路的构成要素、线路设计的特色 3. 评价线路设计的优劣,并对线路设计的不足之处提出改进建议 4. 成果以A4纸打印或手写		考核标准 1. 用图或表的形式清晰表明两条线路的构成要素 2. 能够捕捉到线路设计的特色 3. 优劣的评价以及改进建议应该全面、客观,考虑市场需求、成本、安全、交通、内容、合理性等各个方面	

 示范案例

示范案例2-1 "武夷山、厦门、泉州、崇武古城单飞六日游线路"分析

一、线路概况

日期	行程	景点	交通	用餐	住宿
D1	北京/武夷山	北京西乘Z59次17:38火车硬卧赴武夷山	火车	×××	火车
D2	武夷山	早上08:35抵达,游览九曲全景、纵观云海奇观的武夷山第一峰——天游峰:半云争胜——云窝、幽微碧玉——茶洞、仙凡真境——接笋峰、丹运翠屏——隐屏峰,下午乘竹筏畅游九曲溪漂流(含)、仿宋古街、朱熹纪念馆	汽车	×中晚	武夷山

续表

日期	行程	景点	交通	用餐	住宿
D3	武夷山/厦门	早餐后游览一线天、风洞、螺丝洞、语儿泉、神仙楼阁、虎啸岩八景、定命桥、坡仙带、集云关、法语悬河、普门兜。晚乘18:04火车硬卧赴厦门	火车	早中×	火车
D4	厦门/惠安/泉州	早上06:20抵达厦门，早餐后乘车赴惠安，游崇武古城、惠和石雕、惠安女、游开元寺、东西双塔，后赴泉州（车程时长2小时）晚上名牌一条街自由活动	汽车	早中晚	泉州
D5	泉州/厦门	早餐后赴厦门游鼓浪屿、万国建筑、日光岩（含）、百鸟园、郑成功纪念馆、南普陀寺、船游金门、外观厦门大学、黄金海岸环岛路、港仔后沙滩自由活动、龙头街自由活动、晚上中山路自由活动	汽车	早中晚	厦门
D6	厦门/北京	早餐后游览鳌园、集美学村，后乘11:55飞机返京，结束愉快的旅程	飞机	早××	家

参考报价：2808元/人（返程机票按5折核算，按实际票面，多退少补）

出团日期：2008年1月28日

服务标准：

　　＊住宿：三星或同级酒店双人标准间（如出现单男或单女，需补单人房差或合住3人间）。

　　＊用餐：4早7正，正餐八菜一汤，10人一桌。

　　＊交通：去乘火车硬卧，返程飞机，武夷山—福州火车硬座，空调旅游车。

　　＊导游：优秀导游服务＋全程陪同。

　　＊门票：行程中所有景点首道门票，含漂流及日光岩门票，船游金门票。

　　＊保险：旅行社责任险＋旅游意外保险（保额154000元/人）。

不含：

　　行程中未注明之景点门票、个人消费，航空保险（客人可自愿购买）。

友情提示：

　　（1）福建一年四季均为旅游季节，常年平均气温17.9摄氏度。

　　（2）请携带换洗衣物、随身药品、防晒霜、太阳镜、雨具、拖鞋、照相机等用品。

　　（3）旅游期间请看管好自己的贵重物品，听从导游安排。

　　（4）应选择当地人光顾的市场和商店购物。

　　说明：本行程游览的次序可能因具体情况所改变，但游览的景点，服务标准不变；因人力不可抗拒因素造成行程延误或变更所产生的费用，原则上由客人自理；行程中勿脱团活动，如遇国家政策性调价，核收差价；客人请携带有效身份证原件，儿童请携带户口本原件登机！

二、线路分析

（一）构成要素

武夷山、厦门、泉州、崇武古城单飞六日游线路构成要素

旅游交通	火车硬卧、飞机、空调旅游车
旅游住宿	三星或同级酒店双人标准间
旅游餐饮	4早7正，正餐八菜一汤，10人一桌
游览观光	武夷山、厦门、泉州、崇武
娱乐项目	厦门港仔后沙滩
购物项目	泉州名牌一条街、龙头街、中山路
导游服务	优秀地接导游服务、全程陪同导游
旅游保险	旅行社责任险、旅游意外保险

（二）产品特色

该线路包含了餐饮、住宿、交通、景点、娱乐、购物、导游、保险等各个方面，因而属于全包价旅游产品。保险齐全，体现了安全第一有保障的原则；交通、住宿安排合理，服务设施有保障。

（三）优缺点分析

（1）该线路总体来看，特色不是很鲜明，主题不突出，目标顾客不明确。
（2）娱乐项目安排较少。
（3）夜宿火车两夜，行程舒适度较低。

（四）改进建议

此线路应根据主要旅游吸引物的特点和不同游客的诉求，分成两到三档，并对线路中的内容进行调整；对于经济型游客，可继续保留夜宿火车的安排；对于消费较高的豪华团，可调整行程，将行程中的夜宿火车改为酒店，并增加线路中的娱乐项目，提高产品的舒适度和娱乐性。

任务实施

实施步骤

（1）小组讨论确定调研任两条线路的旅游要素。
（2）讨论线路的优点和不足。
（3）给出线路改进建议。

（4）小组顺序介绍本小组的评价结果。

学生小组任务成果书（NO.10）				
实训任务10：考察本市两家旅行社的旅游线路，评价优劣并提出改进建议			任务性质	小组任务
小组任务成果名称		旅行社线路诊断成果书		
＿＿＿＿＿线路				
线路构成要素 ||			
线路设计的优点及亮点 ||			
线路设计的不足 ||			
改进意见 ||			
附录		线路内容附在成果书后面		
＿＿＿＿＿线路				
线路构成要素 ||			
线路设计的优点及亮点 ||			
线路设计的不足 ||			
改进意见 ||			
附录		线路内容附在成果书后面。诊断成果书以A4纸打印或手写		

总结提高

一、旅行社产品的含义

所谓产品，是指任何可以提供给市场，让人们注意、获取、使用或者消费，从而满足人们的愿望与需要的东西，包括实物、服务、人员、场地、组织和概念。关于旅游产品的本质，国际上的学者已基本达成一致的结论，旅行社产品是典型的旅游产品，它以服务为主要内容，以旅游设施为依托，旅游者消费了服务后不会拥有什么实物，而是通过对旅行社产品的使用和消费来获得一次经历，满足其需要。旅行社的产品不仅仅指旅游者购买的度假和参观旅游吸引物等，而是指所有构成旅游者旅游经历的因素。因此，从旅游消费者的角度来看，旅行社产品是指旅行社为满足旅游者旅游过程中的需要，凭借一定的旅游吸引物和旅游设施向旅游者提供的各种有偿服务。在旅行社的各类产品中，旅行社线路产品是旅行社的基础产品，因常常被用来指代旅行社产品。

二、旅行社产品构成要素

1. 旅游吸引物

从广义来讲，旅游吸引物是指能够吸引旅游者到来，并引发其旅游情趣的任何事物和现象。从狭义来讲，即从旅行社产品的角度来讲，只有那些能够被旅行社在产品中开发和利用，并且能够被组合到旅行社产品构成中的事物和现象，才能被看成旅游吸引物。

旅游吸引物是旅行社产品生产的重要"原材料"，其数量、质量和吸引力是产品是否成为畅销商品的先决条件，也是旅游者能否选择该产品的决定因素。旅行社在开发和生产其产品过程中，能够利用的旅游吸引物种类很多，主要包括自然吸引物、人文吸引物和社会吸引物三大类型。

（1）自然吸引物：指以大自然造物吸引力本源的旅游资源。主要分为：①地方景观，如典型地质构造、生物化石点、名山、沙滩、洞穴、火山熔岩景观、自然灾变遗迹等；②水域风光，如海洋、湖泊、瀑布、现代冰川等；③生物景观，如古树名木、奇花异草、草原、野生动物及其栖息地、森林等。

（2）人文吸引物：指以社会文化事物为吸引力本源的旅游资源。主要分为：①古迹与建筑，如人类文化遗址、军事遗址、古城与古城遗址、现代城市与建筑、园林与景观建筑、亭、台、楼、阁、塔等；②消闲、求知与健身场所与设施，如博物馆、动物园、植物园、主题公园、体育中心、运动场馆、游乐场所、民俗风情、节日庆典、科学教育文化设施、休养、疗养与社会福利设施等；③购物场所，如市场与购物中心、庙会、著名店铺、地方产品；④特殊事件，如探亲访友、参与贸易、会议活动、学术交流、参加国际性或区域性文艺、体育活动等。

（3）社会吸引物：指旅游目的地居民的生活方式、语言交流、人际交流及特殊的社会活动等。

2. 旅游生活服务

旅游生活服务是指旅行社产品中所包含的住宿、交通、餐饮等服务内容。这些服务项目是旅游者为顺利完成其旅游活动所必需的。旅游者在选择旅行社产品时，不仅要考虑产品中所包含的旅游吸引物是否能够有助于实现他们的旅游目的，还要衡量旅游过程中的旅游生活服务能否满足他们的需要。旅行社的产品应该至少包含一部分旅游生活服务项目，也有许多产品（如全包价旅游产品）则包括了上面的全部旅游生活服务内容。旅游生活服务的质量对于整体旅行社产品的质量具有重要的影响。

3. 导游服务

导游服务包括导游讲解服务和旅行生活服务，是旅行社产品的核心内容。导游讲解服务包括旅行社的导游员在旅游活动期间为旅游者提供的旅游景点现场导游讲解、沿途讲解及座谈、访问时的翻译等内容。旅行生活服务则主要为导游员在旅游期间为旅游者提供的迎接、送行、旅途生活照料、安全服务、旅游客源地与旅游目的地之间及旅游目的地范围内各个旅游城市之间的上下站联络等项服务。由于导游员与旅游者的接触最直接和最频繁，旅游者往往通过导游员的服务来切身感受旅行社的服务质量，所以，导游服务质量的高低往往成为旅游者评价旅行社产品的关键因素。

4. 旅游保险

旅游保险是为了保障旅游者和旅行社的合法权益，促进旅游业健康发展而由旅行社购买的险种。按照国家旅游局发布的《旅行社投保旅行社责任保险规定》，旅行社从事旅游业务经营活动时，必须投保旅行社责任保险。旅行社根据保险合同约定，向保险公司支付保险费，当旅行社在旅游业务经营活动中，致使旅游者人身、财产遭受损害应由旅行社承担责任时，由保险公司承担保险赔偿的责任。除旅行社责任险之外，旅游者在参加旅行社组织的团队旅游时，可根据实际需要，直接从保险公司或有保险代理人资格的旅行社直接自愿购买旅游者个人保险。旅行社在与旅游者订立旅游合同时，应当推荐旅游者购买相关的旅游者个人保险。

三、旅行社产品的特征

旅行社产品作为一种服务产品，具备了服务产品的一般属性如无形性、生产和消费的同步性，同时也具有独特的属性，如综合性和易受影响性。

1. 无形性

旅行社产品是一种服务，服务具有无形性。不同于有形产品，对产品的质量有了初步认可之后才会做出购买行为，旅行社产品的质量好坏，在短期内是不可预见的，比如旅行社推出的"北京一日游"这个旅游产品，无人能看得见摸得着，消费者在选择时，只能通过产品的价格，他人的介绍来判断。朋友的推荐可能改变需求，产品成本的直观价格也影响需求。

2. 生产和消费具有同步性

产品的特点之一是生产出成品后可以到市场上买卖，即先生产后销售，然后再消费。而旅行社产品同一般商品不同，它的生产和消费不是分开的，而是同步的。有形产品，人们消费时可以对其进行检验，还可以享受"三包"服务，然而旅行社产品的生产和消费是在同时进行的，消费者在消费前是不可能做到像有形产品一样先检验，不满退货。

3. 综合性

综合性是旅行社产品最基本的特性，首先表现在它是由多种旅游吸引物、交通设施、娱乐场地以及多项服务组成的满足人们在旅游活动中对住、食、行、游、购、娱各方面需要的综合性产品。其次，旅游产品的综合性还表现在旅游产品所涉及的部门和行业很多，其中有直接向旅游者提供产品和服务的部门和行业，也有间接向旅游者提供产品和服务的部门和行业。

4. 易受影响性

旅行社产品的易受影响性又称脆弱性或易折性。其直接成因是旅行社产品的综合性,因为旅行社提供旅游的过程和旅游者旅游实现的过程涉及众多的部门和众多的因素。此外,旅行社产品的易受影响性还表现在旅游活动涉及人与自然、人与社会和人与人之间的诸多关系,诸如战争、政治动乱、国际关系、政府政策、经济状况、汇率变化、贸易关系以及地缘文化等经济、社会、政治、文化等因素的变化都会引起旅游需求的变化,并由此影响旅行社产品的生产与消费。

四、旅游产品形态

1. 包价旅游产品

(1) 团体包价旅游产品:15人以上组成的旅游团。一次付费,将各种相关旅游服务全部委托一家旅行社办理。包括交通、住宿、餐饮、导游、门票等。也就是说,旅游者将涉及旅游行程中的一切相关服务项目费用统包给旅行社,由旅行社全面落实旅程中的一切相关服务项目。

(2) 小包价旅游产品:也称可选择性旅游,或自助游。它由非选择部分和可选择部分组成。前者包括城市间交通(长途交通)和市内交通(短途交通)及住房(含早餐);后者包括景点项目、娱乐项目、餐饮、购物及导游服务。小包价旅游具有经济实惠、手续简便和机动灵活等特点,深受旅游者的欢迎。

(3) 零包价旅游产品:零包价旅游产品是指旅游者只跟随旅游团前往旅游目的地,到达目的地后,旅游者可以自由活动。

2. 组合旅游产品

旅游目的地旅行社根据市场需要,设计旅游线路。由客源地旅行社组织散客送到目的地,目的地将旅游者集中组团,每团人数不限。

3. 单项旅游服务产品

单项旅游服务产品包括导游、交通接送、代办票据、代办签证等。

五、旅行社产品设计的原则

1. 市场原则

(1) 根据市场需求变化的状况开发产品。

(2) 根据旅游者或中间商的要求开发产品。旅行社根据旅游者和客源产生地中间商的要求,设计出符合市场需求的旅游产品,开拓市场。

(3) 创造性地引导旅游消费。旅行社审时度势,创造性地引导旅游消费。

2. 经济原则

所谓经济原则是指以同等数量的消耗获得相对高的效益或以相对低的消耗取得相

同的效益。旅行社产品开发的经济原则，表现在旅行社产品既要价廉物美、质价相符，又要高质高价，物有所值，物超所值。这有利于产品销售，保证旅行社获取较大的利润。

3. 安全第一的原则

旅行社的产品要使旅游者在旅游过程中人身和财产安全确有保障。

4. 旅游点结构合理、布局得当的原则

（1）在条件许可的情况下，一条旅游线路应尽量避免重复经过同一旅游点。
（2）点间距离适中，一般说来，城市间交通耗费的时间不能超过全部旅程时间的1/3。
（3）择点适量。
（4）在交通安排合理的前提下，同一线路旅游点的游览顺序应由一般的旅游点逐步过渡到吸引力较大的旅游点。
（5）一般而言，不应将性质相同、景色相近的旅游点编排在同一线路中。

5. 交通安排合理的原则

交通工具的选择应以迅速、舒适、安全、方便为基本标准。在具体安排上，长途一般应乘坐飞机；交通工具的选择应与旅程的主题相结合；同时要保证交通安排的衔接，减少候车（机、船）的时间。

6. 服务设施确有保障的原则

旅游线路途经旅游点的各种服务设施必须得到保障，如交通、住宿、饮食等。这是旅行社向旅游者提供旅游服务的物质保证，缺少这种保证的旅游点一般不应考虑编入旅游线路。

7. 内容丰富多彩的原则

旅游线路一般应突出某个主题，并且要针对不同性质的旅游团确定不同的主题。例如，"草原风光旅游"、"中国美食考察旅游"等，都有自己鲜明的主题。同时，旅行社还应围绕主题安排丰富多彩的旅游项目，让旅游者通过各种活动，从不同的侧面了解旅游目的地的文化和生活，领略美好的景色，满足旅游者休息、娱乐和求知的欲望。在同一线路的旅游活动中，力求形成一个高潮，加深旅游者的印象，达到宣传自己、吸引游客的目的。

六、影响旅行社产品设计的主要因素

1. 资源禀赋

资源禀赋是一个国家或地区拥有的旅游资源的状况。与旅行社产品设计及开发有关的资源因素包括自然资源、人文资源、社会资源和人力资源等，它们是旅行社产品设计及开发的依托，影响到旅行社产品设计的类型。

2. 旅游需求

旅游需求是指旅游消费者在一定时间内以一定价格与意愿购买旅游产品的数量。旅游需求不仅与人们的消费水平有直接关系，而且也反映出旅游者的旅游兴趣。从某种意义上讲，旅游需求决定着旅行社产品开发的方向。

3. 设施配置

旅游设施的构成要素，可以分为旅游饭店设施、旅游交通设施、旅游景区景点设施和各项文体活动设施四大部分。旅游设施的数量、等级、档次、构成等对旅游产品设计有重要的影响，决定了旅游产品价格的高低和产品的等级类别。

> **知识拓展**
>
> 1. 阅读万剑敏主编的《旅行社产品设计》一书，该书于2008年由旅游教育出版社出版，学习该书中关于旅游产品设计的相关内容。
> 2. 阅读张顺道主编的《旅游产品设计与操作手册》一书，该书于2010年由旅游教育出版社出版，学习该书中旅游产品设计、操作的具体内容。
> 3. 登录北京旅游网 http：//www.visitbeijing.com.cn/，熟悉北京旅游信息，为编制北京旅游线路做准备，或登录当地旅游网，熟悉本地景区、餐饮、住宿、购物、娱乐等方面的旅游信息。

延伸阅读

中国旅行第一人——徐霞客

徐霞客（1586年1月5日—1641年3月8日）明代人，名弘祖，字振声，霞客是他的号。他出生在江苏江阴一个有名的富庶之家。祖上都是读书人，称得上是书香门第。他的父亲徐有勉一生不愿为官，也不愿同权势交往，喜欢到处游览欣赏山水景观。徐霞客幼年受父亲影响，喜爱读历史、地理和探险、游记之类的书籍。这些书籍使他从小就热爱祖国的壮丽河山，立志要遍游名山大川。15岁那年，他应过一回童子试，没有考取。父亲见儿子无意功名，也不再勉强，就鼓励他博览群书，做一个有学问的人。徐霞客的祖上修筑了一座万卷楼来藏书，这给徐霞客博览群书创造了很好的条件。他读书非常认真，凡是读过的内容，别人问起，他都能记得。家里的藏书还不能满足他的需要，他还到处搜集没有见到过的书籍。他只要看到好书，即使没带钱，也要脱掉身上的衣服去换书。19岁那年，他的父亲去世了。他很想外出去

徐弘祖

寻访名山大川，但是按照封建社会的道德规范"父母在，不远游"，徐霞客因有老母在堂，所以没有准备马上出游。他的母亲是个读书识字、明白事理的女人，她鼓励儿子说："身为男子汉大丈夫，应当志在四方。你出外游历去吧！到天地间去舒展胸怀，广增见识。怎么能因为我在，就像篱笆里的小鸡，套在车辕上的小马，留在家园，无所作为呢？"徐霞客听了这番话，非常激动，决心去远游。临行前，他头戴母亲为他做的远游冠，肩挑简单的行李，就离开了家乡。这一年，他22岁。从此，直到56岁逝世，他绝大部分时间都是在旅行考察中度过的。

徐霞客先后游历了江苏、安徽、浙江、山东、河北、河南、山西、陕西、福建、江西、湖北、湖南、广东、广西、贵州、云南16个省。东到浙江的普陀山，西到云南的腾冲，南到广西南宁一带，北至河北蓟县的盘山，足迹遍及大半个中国。更可贵的是，在30多年的旅行考察中，他主要是靠徒步跋涉，连骑马乘船都很少，还经常自己背着行李赶路。他寻访的地方，多是荒凉的穷乡僻壤，或是人迹罕见的边疆地区。他不避风雨，不怕虎狼，与长风为伍，与云雾为伴，以野果充饥，以清泉解渴。他几次遇到生命危险，出生入死，尝尽了旅途的艰辛。

徐霞客28岁那年，来到温州攀登雁荡山。他想起古书上说的雁荡山顶有个大湖，就决定爬到山顶去看看。当他艰难地爬到山顶时，只见山脊笔直，简直无处下脚，怎么能有湖呢？可是，徐霞客仍不肯罢休，继续前行到一个大悬崖，路没有了。他仔细观察悬崖，发现下面有个小小的平台，就用一条长长的布带子系在悬崖顶上的一块岩石上，然后抓住布带子悬空而下，到了小平台上才发现下面斗深百丈，无法下去。他只好抓住布带，脚蹬悬崖，吃力地往上爬，准备爬回崖顶。爬着爬着，带子断了，幸好他机敏地抓住了一块突出的岩石，不然就会掉下深渊，粉身碎骨。徐霞客把断了的带子接起来，又费力地向上攀援，终于爬上了崖顶。还有一次，他去黄山考察，途中遇到大雪。当地人告诉他有些地方积雪有齐腰深，看不到登山的路，无法上去。徐霞客没有被吓住，他挂了一根铁杖探路，上到半山腰，山势越来越陡。山坡背阴的地方最难攀登，路上结成坚冰，又陡又滑，脚踩上去，就滑下来。徐霞客就用铁杖在冰上凿坑。脚踩着坑一步一步地缓慢攀登，终于爬了上去。山上的僧人看到他都十分惊奇，因为他们被大雪困在山上已经好几个月了。他还走过福建武夷山的3条险径：大王峰的百丈危梯，白云岩的千仞绝壁和接笋峰的"鸡胸"、"龙脊"。在他登上大王峰时，已是日头将落，下山寻路不得，他就用手抓住攀悬的荆棘，"乱坠而下"。他在中岳嵩山，从太室绝顶上也是顺着山峡往下悬溜下来的。徐霞客惊人的游迹，的确可以说明他是一位千古奇人。

徐霞客在跋涉一天之后，无论多么疲劳，无论在什么地方住宿，他都坚持把自己考察的收获记录下来。他写下的游记有240多万字，可惜大多失散了。留下来的经过后人整理成书，就是著名的《徐霞客游记》。这部书40多万字，是把科学和文学融合在一起的一大"奇书"。

资料来源：编者据相关资料整理

项目2 旅行社线路设计与操作

任务8 旅行社线路的设计流程

任务目标

旅行社线路的设计既要具备几大要素,也要遵循一定的设计流程。本次任务要求学生通过绘制旅行社线路设计流程的思维导图,明确线路设计的包含要素,确定各要素设计的先后顺序,包括市场调研、确定主要旅游吸引物、线路安排和定价等几个步骤。

任务引入

通过考察其他旅行社的线路设计,李冰对旅行社线路的构成有了初步了解。但如何设计旅游线路,线路设计中各要素如何组织,线路设计的先后顺序如何?这些都是李冰需要弄明白的问题。

任务剖析

旅游线路设计的优劣关系到旅行社的盈利。由于旅游产品很容易被模仿,所以旅游者会感觉到所有旅行社的产品都很雷同。目前我国众多旅行社,尤其是中小旅行社没有自己的线路设计人员,只是一味地去模仿和抄袭其他旅行社的旅游产品。这样就使得旅行社陷入了价格战的困境。相反,国外的旅行社非常注重市场调研,在线路设计之前,通过扎实的市场调研,了解市场的整体状况和旅游者的需求,从而设计出符合市场需求的旅游线路来。这正是我国旅行社最欠缺的。李冰没有旅行社从业经验,因此需要继续进行市场调查,并向兄弟旅行社学习,尽快熟悉旅行社线路设计流程。

实训任务发布

实训任务11:绘制旅行社线路设计流程的思维导图

学生工作任务书11			
实训任务11:绘制旅行社线路设计流程的思维导图		任务性质	小组任务
任务完成时间		50分钟	
任务描述 1. 小组讨论旅行社线路设计应包含的要素 2. 梳理各要素设计的先后顺序 3. 绘制思维导图		考核标准 1. 思维导图能包含线路设计中应包含的全部要素,顺序合理 2. 思维导图清晰,具有实际使用价值	

示范案例

示范案例 2-2　博物馆营销思维导图

下面这幅图是采用头脑风暴法绘制的"博物馆营销（Museums Marketing）"思维导图（图 2-1）。整幅图形式活泼，易于理解，用枝杈的形式把博物馆营销应该把握的要点都囊括在内。

图 2-1　博物馆营销思维导图

任务实施

实施步骤

（1）各小组通过头脑风暴法，每人写出旅行社线路设计的 6 个关键环节。
（2）讨论确定旅行社线路设计的先后顺序。
（3）绘制旅行社线路设计流程思维导图。
（4）各小组顺序展示成果。

学生小组任务成果书（NO.11）		
实训任务 11：绘制旅行社线路设计流程的思维导图	任务性质	小组任务
小组任务成果名称	旅游线路设计流程思维导图	
思维导图	内容另附页	

总结提高

一、旅行社线路的类型

旅行社线路的类型有多种划分标准,主要可分为以下几类。

1. 按照线路产品包含的内容分

(1)全包价旅游线路:旅游者将涉及旅游行程中的一切相关服务项目费用统包起来预付给旅行社,由旅行社全面落实旅程中的一切相关服务项目。全包价旅游产品中的一切相关服务项目包括食、住、行、游、购、娱各环节及导游服务、办理保险与签证等。

(2)半包价旅游线路:它是指在全报价旅游的基础上扣除中、晚餐费用(即不含中、晚餐项目)的一种包价形式。半包价旅游的优点是降低了产品的直观价格,提高了产品的竞争力,也更好地满足了旅游者在用餐方面的不同要求。

(3)小包价旅游线路:也称可选择性旅游,或自助游。它由非选择部分和可选择部分构成。前者包含城市间交通(长途交通)和市内交通(短途交通)及住房(含早餐);后者包括景点项目、娱乐项目、餐饮、购物及导游服务。小包价旅游具有经济实惠、手续简便和机动灵活等特点,深受旅游者欢迎。

2. 按照旅游线路设计的起点和终点的多少分

(1)流线型线路:流线型线路只有一个起点,一个终点,旅游活动自起点开始,至终点结束。如北京—西安—上海—桂林—香港的旅游线路,是以北京为起点,香港为终点。流线型线路在针对入境旅游者的线路设计中较为多见,入境旅游者从一个城市入境,而从另一个城市出境,可以最大程度地多欣赏中国的旅游景区,避免走回头路,提高旅行效率。

(2)环型线路:环型线路的起点和终点是同一个点,从起点出发,经过一系列参观游览,最终又回到起点。如广州—桂林—西安—北京—南京—苏州—杭州—广州旅游线路,从广州出发,最后回到广州,完成全部旅行。国内旅游线路多属此类,游客由自身居住城市出发旅游,游览结束后回到居住城市。

二、旅行社线路内容

1. 旅游交通

旅游交通作为旅游业三大支柱之一,是构成旅行社线路的重要因素。旅游交通可分为长途交通和短途交通,前者指城市间交通(区间交通),后者指市内接送(区内交通)。交通工具有:民航客机、旅客列车、客运巴士、轮船(或游轮、游船)。旅行社编排线路产品时,对安排旅游交通方式的原则是:便利、安全、快速、舒适、平价。

2. 旅游住宿

住宿一般占旅游者旅游时间的三分之一。旅游住宿是影响旅行社线路质量的重要因素，销售旅行社线路产品时，必须注明下榻饭店的名称、地点、档次以及提供的服务项目等，一经确定，不能随便更改，更不能降低档次、改变服务项目。

旅行社对安排旅游住宿的原则通常是根据旅游者的消费水平来确定的，对普通旅游者而言，旅游住宿的基本要求是：卫生整洁、经济实惠、服务周到、美观舒适、位置便利。

3. 旅游餐饮

旅游餐饮是旅行社线路产品中的要素之一。旅行社对餐饮安排的原则是：卫生、新鲜、味美、量足、价廉、营养、荤素搭配适宜。

4. 游览观光

游览观光是旅游者最主要的旅游动机，是旅行社线路产品产生吸引力的根本来源，也反映了旅游目的地的品牌与形象。旅行社对安排游览观光景点的原则是：资源品位高、环境氛围好、游览设施齐全、可进入性好、安全保障强等。

5. 娱乐项目

娱乐项目是旅行社线路产品构成的基本要素，也是现代旅游的主体。许多娱乐项目都是参与性很强的活动，能极大地促进旅游者游兴的保持与提高，加深旅游者对旅游目的地的认识。

6. 购物项目

旅行社对安排购物的原则是：购物次数要适当（不能太多），购物时间要合理（不能太长）；要选择服务态度好、物美价廉的购物场所，切忌选择那些服务态度差（如强迫交易）、伪劣商品充斥的购物场所。旅行社线路产品中的购物项目分为定点购物和自由购物两种，前者是旅游者到旅行社指定的商店购物，后者是旅游者利用自由活动时间自己选择商店购物。

7. 导游服务

旅行社为旅游者提供导游服务是旅行社线路产品的本质要求，大部分旅行社线路产品中都含有导游服务。导游服务包括地陪、全陪、景点陪同和领队服务，主要是提供翻译、向导、讲解和相关服务。导游服务必须符合国家和行业的有关标准及有关法规，并严格按组团合同的约定提供服务。

8. 旅游保险

旅行社提供旅行社线路时，必须向保险公司投保旅行社责任险，保险的赔偿范围是由于旅行社的责任致使旅游者在旅游过程中发生人身和财产意外事故而引起的赔偿。

项目2 旅行社线路设计与操作

北京大潮国际旅行社旅游线路制作流程图如图2-2所示。

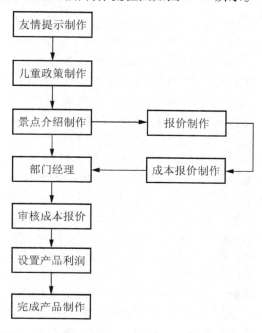

图2-2 北京大潮国际旅行社旅游线路制作流程

> **知识拓展**
>
> 1. 阅读孙艳红撰写的《旅行社旅游线路定制问题的理论分析及模型研究》一文，原文刊载于《北京第二外国语学院学报》，2006（3），了解旅行社旅游线路定制问题的理论基础和现实分析内容。
>
> 2. 阅读方澜主编的《旅行社经营管理》一书，该书于2008年由上海财经大学出版社出版，了解该书中关于旅游产品设计的相关内容。

延伸阅读

北京大学生旅游线路设计大赛

2011年11月17日，由北京市旅游发展委员会主办、北京工商大学承办的"首届大学生北京旅游线路设计大赛"在北京工商大学拉开帷幕，该次大赛是一项公益性的大学生科技活动，在京高校的在校研究生、本专科生以及外国留学生均可报名参赛。比赛以促进北京市大学生及青年旅游市场的开拓，促进高等学校旅游学科的教学改革，加强教育与产业之间的联系，激发更多大学生积极投身于北京旅游事业为目的，通过大赛培养大学生的合作意识、创新精神，扩大大学生的科学视野，提高大学生的设计策划能力、协调组织能力和实际动手能力。

北京旅游线路设计大赛参赛内容包括线路名称、设计思路、线路特色、宣传

口号、线路详尽规划与活动内容、线路注意事项、旅游费用等。大赛自 2011 年 11 月初开始筹办，历时近 2 个月。经过初赛和复赛两轮选拔，在近 200 个报名参赛队伍中，最终决出了一二三等奖。来自北京林业大学的林·石队和 BOCOS 队分别以其深厚的文化底蕴、新颖的设计理念取胜，获得本次大赛的一等奖。

  北京林业大学的林·石队以"国学初体验"为主题，设计了北京国学体验游线路。该线路确定了以大学生为目标顾客，以儒家思想的"仁、义、礼、智、信"为主旨进行呈现。落实到北京的旅游资源实体上，分别选取了"国子监"、"文天祥祠"、"智化寺"、"古观象台"、"袁崇焕祠和墓"5 个景点进行对接，确定线路的主题是"荡涤心灵——指向无限而圆满的弧线"，取意于"孔子作为儒家思想代表，他那熠熠生辉的一生值得我们孜孜不倦的探索。他十五岁立志求学，三十立足于社会，一路往上走，成就自身的修养功夫，抵达完美的地步。他的人生是一条指向无限而圆满的弧线"，确定了线路的宣传口号是"用双脚丈量国学"。国学非常抽象，如果简单地以观光方式参观上述 5 个景点，内容相近，亮点不多。该线路在设计时，在观看、欣赏之余，注重了内容的丰富的多样性以及体验的多元性，多方位调动感官体验，如国子监的观摩晨演，习练书法；文天祥祠的朗诵比赛、古树祈福和贺卡 DIY；智化寺的心灵绘图和静思 0 分享；古观象台的摄影大赛、3D 体验和星座物语；袁崇焕祠的手制花环、敬烛献歌，上述内容的设计，充分调动了人的听觉、视觉、触觉，同时以参与性方式使游客可以深度体验，增强了线路的感染力。

资料来源：首届大学生北京旅游线路设计大赛官方博客：http://blog.sina.com.cn/u/2534491930

任务 9 旅游相关资源采录

任务目标

  旅游相关资源采录是旅行社的一项重要工作，资源也即信息，对旅行社的生存影响重大。旅游相关资源采录的对象包括对旅游景区、旅游饭店、旅游购物店、旅游娱乐部门、旅游交通、旅游餐馆等，是一项繁杂但又非常迫切的工作。

任务引入

  旅游线路的制作需要有丰富的旅游相关资源支撑，对于新成立的旅行社而言，进行旅游相关资源采录是必不可少的环节，李冰面临的是，在实际设计线路前，要根据本企业的目标市场定位、旅游产品类型定位进行资源采录，以保证线路设计的顺利进行。

任务剖析

  旅游资源包括对旅游景区、旅游饭店、旅游购物店、旅游娱乐部门、旅游交通、旅游餐馆等的采录直接关系到旅游线路的制作和定价等各个方面。李冰在明确了旅游

项目2 旅行社线路设计与操作

资源采录对于线路设计的重要性后,就要着手进行资源的采录。通常旅游资源的采录是旅行社计调等主要工作人员日常的工作任务之一。通过电话名录打电话、实地调研考察都是资源采录的方式。

 实训任务发布

实训任务 12:填写旅游相关资源采录表

学生工作任务书 12			
实训任务 12:填写旅游相关资源采录表		任务性质	个人任务
任务描述 每个小组负责采录一家景区、景区周边的 1~2 家餐厅、1~2 家宾馆、1 家购物店、1 家娱乐场所及某一旅游出租车公司的相关信息,各小组由组长负责分配任务,每人负责采录 1~2 项,采集结果填写在各类《资源采录表》中		考核标准 1. 采录内容真实,为自己实地考察或电话确认的结果 2. 信息填写完整 3. 数据皆为最新数据	

 示范案例

示范案例 2-3 餐厅资源采录表

餐厅资源采录表							
餐厅名称	北京××酒楼	联系电话	010-65778473	餐标/报价 类别	报价单位:元/人		
					经济	标准	豪华
所属地域	北京市海淀区	移动电话	××××××	早桌餐	7~8	10	20
餐厅标准	社会餐馆	传真电话	010-××××××	早自助	10	15	30
接待人数	90人	邮政编码	100089	正桌餐	15	20	30
联系人	王一	结算方式	现金支付	正自助	20	30	40
职务	餐厅主管	司陪政策	16免1	风味桌餐	30	40	50
通信地址	北京市海淀区万寿路18号			风味自助	40	50	60
业务提示							
采录人姓名		旅行社总经理签名		采录日期			

示范案例 2-4　宾馆资源采录表

<table>
<tr><th colspan="5">宾馆资源采录表</th></tr>
<tr><td>宾馆名称</td><td>北京×××大饭店</td><td>季节
报价
房型</td><td colspan="2">报价单位：元/天·间</td></tr>
<tr><td></td><td></td><td></td><td>平季</td><td>旺季</td></tr>
<tr><td>所属地域</td><td>北京市东城区</td><td>标准间</td><td>300</td><td>400</td></tr>
<tr><td>宾馆标准</td><td>准五星</td><td>三人间</td><td>460</td><td>530</td></tr>
<tr><td>房间数量</td><td></td><td>大床房</td><td>350</td><td>420</td></tr>
<tr><td>床位数</td><td></td><td></td><td></td><td></td></tr>
<tr><td>联系人</td><td>李一</td><td></td><td></td><td></td></tr>
<tr><td>职务</td><td>销售主管</td><td></td><td></td><td></td></tr>
<tr><td>联系电话</td><td>010-××××</td><td></td><td></td><td></td></tr>
<tr><td>传真电话</td><td>010-××××</td><td></td><td></td><td></td></tr>
<tr><td>邮政编码</td><td colspan="2">100010</td><td>司陪政策</td><td>无免</td></tr>
<tr><td>通信地址</td><td colspan="2">北京市东城区王府井大街27号</td><td>结算方式</td><td>支票</td></tr>
<tr><td>采录人签名</td><td></td><td colspan="2">总经理签名</td><td>日期</td></tr>
</table>

任务实施

各小组成员按照组长安排，完成餐厅、宾馆、景区、娱乐、车队、购物等其中一项的资源采录工作。

<table>
<tr><th colspan="6">学生个人任务成果书（NO.12）餐厅资源采录表</th></tr>
<tr><td colspan="3">实训任务12：旅游相关资源采录</td><td>任务性质</td><td colspan="2">个人任务</td></tr>
<tr><td rowspan="2">餐厅名称</td><td rowspan="2"></td><td rowspan="2">联系电话</td><td rowspan="2">报价　　餐标
类别</td><td colspan="3">报价单位：元/人</td></tr>
<tr><td>经济</td><td>标准</td><td>豪华</td></tr>
<tr><td>所属地域</td><td></td><td>移动电话</td><td>早桌餐</td><td></td><td></td><td></td></tr>
<tr><td>餐厅标准</td><td></td><td>传真电话</td><td>早自助</td><td></td><td></td><td></td></tr>
<tr><td>接待人数</td><td></td><td>邮政编码</td><td>正桌餐</td><td></td><td></td><td></td></tr>
<tr><td>联系人</td><td></td><td>结算方式</td><td>正自助</td><td></td><td></td><td></td></tr>
<tr><td>职务</td><td></td><td>司陪政策</td><td>风味桌餐</td><td></td><td></td><td></td></tr>
<tr><td>通信地址</td><td colspan="2"></td><td>风味自助</td><td></td><td></td><td></td></tr>
<tr><td>业务提示</td><td colspan="6"></td></tr>
<tr><td>采录人姓名</td><td></td><td>旅行社总经理签名</td><td>采录日期</td><td colspan="2"></td></tr>
</table>

项目2 旅行社线路设计与操作

学生个人任务成果书(NO.12)宾馆资源采录表

实训任务12:旅游相关资源采录				任务性质	个人任务	
宾馆名称		报价 季节 房型		报价单位:元/天·间		
				平季	旺季	
所属地域						
宾馆标准						
房间数量						
床位数						
联系人						
职务						
联系电话						
传真电话						
邮政编码				司陪政策		
通信地址				结算方式		
采录人签名		总经理签名			日期	

学生个人任务成果书(NO.12)景区资源采录表

实训任务12:旅游相关资源采录			任务性质		个人任务	
景区名称		报价 项目 类别	淡季学生价	旺季学生价	淡季成人价	旺季成人价
所属地域		门市价				
联系人		旅行社合同价				
职务		结算方式		儿童政策		
邮政编码		联系电话		传真电话		
免人政策						
通信地址				业务提示		
采录人签名		总经理签名			日期	

学生个人任务成果书(NO.12)购物店资源采录表

实训任务12:旅游相关资源采录			任务性质	个人任务
购物店名称		购物品种	地域	

89

续表

学生个人任务成果书（NO.12）购物店资源采录表

联系人		职务		接待人数	
联系电话		移动电话		传真电话	
地址				邮政编码	
对象\政策	旅行社		导游		司机		全陪	
返佣类型	人头费	分比	人头费	百分比	人头费	百分比	人头费	百分比
返佣比例								
其他政策				业务提示				
采录人签名			总经理签名			采录时间		

学生个人任务成果书（NO.12）娱乐资源采录表

实训任务12：旅游相关资源采录				任务性质	个人任务
娱乐厅名称		价格\项目		单人报价	综合报价
所属地域		保龄球			
联系人		游泳			
职务		桑拿			
联系电话		卡拉OK			
传真电话		棋牌			
接待量		台球			
结算方式		会议室			
通信地址		沙壶球			
		羽毛球			
邮政编码		乒乓球			
		其他			
采录人签名		总经理签名		日期：	

学生个人任务成果书（NO.12）旅游车队资源采录表

实训任务12：旅游相关资源采录	任务性质	个人任务

项目2　旅行社线路设计与操作

续表

学生个人任务成果书（NO.12）旅游车队资源采录表					
车队名称				联系人	
联系电话				传真电话	
车型	定员	数量	日租价	公司地址	
				邮政编码	
				车队其他要求	
				采录人姓名	
				总经理签名	
				采录日期	

总结提高

旅游资源采录是制作旅游线路的重要步骤。旅游资源采录属于旅行社计调人员的职责。只有平时做好旅游资源的采录，才能设计出价格合理、安排合理的旅游线路来。

一、旅游资源采录内容

旅游资源采录内容涉及旅行社线路制作的相关环节和企业，主要包括以下几方面。

1. 旅游景区

关注本地主要旅游景区，通过多种途径获取旅游景区相关信息，全面了解景区所属地域、联系电话、对外的门市报价以及旅行社的合同价格、免入政策；了解景区门票的淡旺季价格、学生价格以及对待老年人、残疾人、儿童等的优惠政策等内容，为计调制作旅游线路做准备。

2. 旅游餐厅

重点关注景区周边餐厅及市内较大规模餐厅。全面记录餐厅名称、所属区域、联系电话，了解餐厅各种类别餐饮的不同档次的报价，获取业务联系人的电话，确定旅行社结算方式、餐厅的司陪政策以及餐厅结算方式等。

3. 旅游购物店

掌握位于景区周边及市内的、具有本地特色的旅游购物店的相关信息。记录购物店名称、所属区域、地址、联系人等信息，获取购物店对旅行社的相关优惠政策及人头费、返佣比例等信息。

4. 旅游宾馆

掌握市内及旅游景区周边地区各档次宾馆信息。获取宾馆名称、所属地域、宾馆档次、房间数量、床位数等基本信息；掌握宾馆的房型、报价、淡旺季价格政策、司陪政策、结算方式、联系人等信息。

5. 旅游车队

中小型旅行社多没有自己的车队，因此尽可能掌握本地旅游车队信息是计调人员制作线路时必须提前做的功课。通过各种途径掌握本地主要旅游车队的信息，掌握车队名称、联系人、联系电话、传真、地址、车型、定员、数量、租价等信息。

6. 娱乐资源

旅游活动中，适当的娱乐活动安排是必需的。掌握本地有特色的和大众性的娱乐资源的相关信息，记录其名称、地址、联系人、联系方式、规模大小、结算方式以及各类别娱乐资源的旅行社报价等。

二、旅游资源采录方式

旅游资源的采录有多种方式，包括以下几种：

1. 实地考察

实地考察是旅游资源采录最直接、最直观、获取信息最为真实和全面的采录方式。旅行社工作人员通过亲往旅游景区、宾馆餐厅等合作单位考察，可以获取合作单位的真实信息，对合作单位有感性判断，有利于合作的顺利进行。

2. 网络搜索

网络搜索是获取旅游信息的快速、有效途径，可以在较短时间内掌握相应信息。但这种方式因没有亲见，会出现信息不真实，图片与实际不符等现象发生。

3. 电话查询

通过电话方式获取旅游相关企业信息是旅行社工作人员常用的一种资源采录方式。可以在较短时间内获取相关企业信息，时间成本低。缺点是无法亲见，一切均由对方描述或提供，会导致企业真实产品与描述出现偏差。

4. 同业传真广告及信息发布会

通过同业广告或信息发布会的形式，可以在短时间内获取大量同业信息，提高了资源获取的效率，但也存在与网络搜索或电话调查相同的弊端。

项目2 旅行社线路设计与操作

 知识拓展

1. 阅读王扬主编的《旅行社经营管理实务》一书,该书于2009年由清华大学出版社出版,了解该书中关于旅游线路设计的相关内容。
2. 考察本地一家旅行社,了解该旅行社的旅游资源采录内容及方式。

 延伸阅读

北京礼物

北京礼物是由北京特定生产或反映北京元素、体现北京文化特点的产品,包括旅游纪念品、日常创意品、商务礼品、政务礼品、国宾礼品、艺术收藏品等。北京礼物由北京市旅游委、北京市东城区人民政府主办,建立北京礼物旗舰店,以企业经营方式运营。2010年4月28日,北京礼物旗舰店盛大开业。北京礼物旗舰店占地5000余平方米,销售8000余种30000余件具有北京特色的北京礼物。经过一年多的运作,北京礼物旗舰店已成为全国第一个探索纪念品开发的新焦点。目前,北京礼物专营店已在八达岭、圆明园、世界公园、前门大街等8家著名景区内落户,除此之外还即将入驻王府井、T3航站楼、天坛、故宫等地,销售具有统一品牌的"北京礼物"特色旅游商品。

北京市旅游局通过7年时间来完善筹备北京礼物项目,从旅游纪念品创意大赛中评选出优秀的作品,推出精品,每件商品皆体现北京文化元素。这里面既有家喻户晓的北京老字号,如红星二锅头、全聚德烤鸭、王麻子剪刀等,也有体现北京元素、北京文化特点的现代工艺品,如以鸟巢、水立方等奥运场馆为造型设计的文房四宝、以北京园林为主题的精美瓷器。在未来的商品开发和销售过程中,将继续充分体现北京特有的地域特色,以北京礼物为主题,具有中华文化、北京地域特点、景点特色、文化环境、北京名牌的代表性。同时,凡在中国境内的企业、工艺美术师、设计公司和设计师,发明人、专利持有人、手工艺制作者等均可成为北京礼物的设计者。这将吸引中国优秀的设计人参与特许商品开发与销售,积极推广中国制造的优质产品,推动民族创意产业发展。旗舰店的所在地——中华民族艺术珍品博物馆坐落于崇文区金鱼池中区,和北京城标——天坛,南北相望。在崇文区"天坛文化圈"发展战略指导下,依托"工艺美术之乡"的传统民间工艺文化底蕴,馆内集民族艺术品征集、收藏、研究、展示于一身,系统收藏了反映中国古代、近现代、当代民族艺术的珍品。其中部分作品从未面世,一大批绝品、孤品令人称奇。北京礼物旗舰店和中华民族艺术珍品博物馆交相辉映,铺展开来一幅浓墨重彩的中国工艺文化画卷,让世人眼花缭乱、目不暇接的同时,内心深处获得传统文化的滋润和灌溉。

资料来源:据北京市旅游发展委员官方网站 http://www.bjta.gov.cn/ 相关信息整理。

任务10 旅游线路制作

任务目标

旅游线路制作是设计旅游线路的主要步骤。线路完整,包含旅游线路设计的全部要素;旅游线路设计要具有特色,安排合理;景点选择、价格制定、交通方式选择、内容安排要符合旅游者的需求。这些原则和要点都要在旅游线路制作中得到贯彻和体现。

任务引入

经过上述准备,李冰对于制作旅游线路的过程已经基本清楚。这时,他的业务也开始从无到有,实现了零的突破。他的一名大学同学的父亲是单位的工会主席,计划组织单位的退休人员外出旅游,他们希望去华东五市和海南。与此同时,一家学校的学术会也来电话希望能为本校学生组织一次北京一日游。

任务剖析

制作旅游线路需要根据游客的需求,充分考虑游客的特点,将其明确提出的要求及隐含因素统统考虑进去,以保证旅游线路设计能最大程度地满足游客需求。华东五市和海南的串联,需要考虑各种交通工具的组合,中转站点的选择等因素,旅游行程中各城市安排的先后顺序对旅游产品的价格有很大的影响。北京一日游线路作为常规线路,其设计的难点是要针对不同年级学生的特点进行设计。一年级新生初来北京,对北京的知名景点会非常有兴趣。高年级学生因为已有多年学生生活,会更倾向于郊区新景点。在线路设计中应进行准确的市场定位,确定目标顾客,进而有针对性地设计北京一日游线路。

实训任务发布

华东五市空间分布图如图2-3所示。

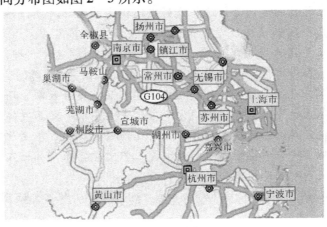

图2-3 华东五市空间分布图

项目2 旅行社线路设计与操作

实训任务 13：为老年人设计"华东五市 + 海南"旅游线路

学生工作任务书 13		
实训任务 13：为老年人设计"华东五市 + 海南"旅游线路	任务性质	小组任务
任务完成时间	60 分钟	
任务描述 1. 线路包含华东五市及海南省部分城市 2. 线路目标顾客：老年人 3. 线路周期：8~10 天 4. 线路设计要求：景点选择、价格制定、交通方式选择、内容安排等要符合老年人特点，线路设计中要有一个亮点 5. 饮食、交通等设计应能体现当地特色，景点价格、交通价格、饮食价格要求明确标注在线路中 6. 设计内容不得抄袭、复制、粘贴其他旅行社成果，线路成果以 A4 纸打印或手写	考核标准 1. 线路完整，包含线路所需的全部要素 2. 线路设计符合老年人的需求特点 3. 线路设计有特色；日常安排合理 4. 交通工具安排符合实际情况和特色原则，价格真实合理	

 示范案例

示范案例 2-5　内蒙古大草原—呼市—响沙湾——成吉思汗陵双飞五日游

一、行程安排

　　D1：上午接上海/呼和浩特 MU5157（09：50），后参观内蒙古地区最早成立的黄教寺庙——大昭寺 30 分钟。（晚餐）宿呼市。

　　D2：早餐后乘车赴希拉穆仁大草原（90km，约 1.5 小时），抵达后接受蒙古族最隆重的欢迎仪式——下马酒，中餐品尝蒙古族传统风味手扒羊肉（席间蒙古族姑娘银碗敬酒、献哈达），下午观看"男儿三艺赛"之中的蒙古式摔跤及赛马表演，比赛结束后朋友可自由骑马漫游美丽的草原（自费）、亲临蒙古族家庭做客、品尝牧民自制的奶食品，感受蒙古人传统的生活，祭拜蒙古族祭天祭祖的敖包山并体验敖包相会的乐趣，晚餐后观看民族歌舞表演或篝火晚会，夜观美丽的草原星空。（早、中、晚餐）宿蒙古包。

　　D3：踏着晨露观草原日出（晴天），品尝蒙古族式早餐后赴中国三大鸣沙山之一的国家 AAAA 级景点——银肯响沙湾（门票 40 索道 40，可自理）（320km，约 3.5 小时，游览 1.5~2 小时），沿途观"中华母亲河"——黄河、亚洲最大的火力发电9厂——达旗电厂。漫游茫茫沙海，可参加自理项目：沙漠太空球、驾车沙漠冲浪、骑骆驼等漫游沙海。体验奇妙刺激的沙漠之旅。午餐席间可自费观看鄂尔多斯婚礼表演，下午乘车赴鄂尔多斯。（早、中、晚餐）宿鄂尔多斯。

95

D4：早餐后参观国家 AAAA 景区"一代天骄"——成吉思汗陵新景区（游览 1 小时），参观气壮山河门景、铁马金帐群雕、亚欧版图、蒙古艾力、《蒙古历史长卷》等景点，这里孕育一统天下的豪情，有着神奇的蒙古民族深厚的文化底蕴，您会震撼于一代天骄争霸世界的风采，叹服于蒙古武士的所向披靡，在亚欧版图领略蒙古帝国广阔的疆域在"天下第一包"，拜谒人类历史上伟大的征服者成吉思汗。中餐后返回呼市（360km，约 5 小时）。途中游览游览城寺结合的——美岱召 30。（早、中、晚餐）宿呼市。

D5：早餐后游览胡汉和亲的象征——昭君墓（9km，游览 45 分钟），感受昭君出塞的动人故事。

参观内蒙古最大的民族工艺品生产基地——蒙亮工艺品厂，观看工艺品制作流程。后送呼和浩特/上海 MU5158（15：50/18：05）或乘呼和浩特/上海 K258（14：07/17：30）结束愉快的草原之旅！回到温暖的家！

二、草原之旅的旅游特色

旅游收获：此行程不但使您体会到苍茫大草原的风光特色，而且将感受到带响声的沙漠的自然奇景，还可以领略一代天骄叱咤风云的传奇一生，昭君出塞的历史背景及现实意义以及蒙古族人民的风土人情。

饮食收获：在蒙古高原特定的自然环境里，长期从事狩猎和游牧经济的过程中，蒙古民族用自己的智慧和技能创造了丰富的独特的饮食品：白食、红食、紫食、青食。

交通特色：呼和至草原盘山公路，途中尽览阴山美丽风光；呼和至包头 2 小时的呼包高速公路；包头至响沙湾 1.5 小时的高速公路；响沙湾至成吉思汗陵 2 小时的高速公路（见图 2-4）。

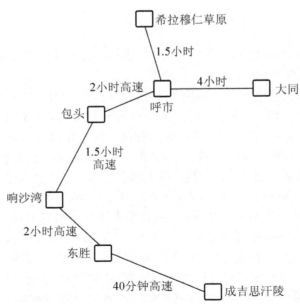

图 2-4　草原/沙漠/成陵 相对位置图

住宿特色：为了适应草原特殊的生存环境和游牧生活，古老的蒙古族人民发明了蒙古包。传统蒙古包由木材、羊毛、牛皮、驼皮、马鬃制作而成。

游览特色：蓝天白云下，感受茫茫大草原的广袤、苍凉；体验当年一代天骄叱咤风云的蒙古高原的生存方式。沙漠中可以参加各种自费项目，在沙海中骑骆驼，耳边驼铃声萦绕；乘坐刺激的沙漠冲浪车；还可以驾驶沙漠越野车驰骋在沙的海洋中。

购物特色：内蒙古地区盛产羊绒制品、鄂尔多斯羊绒衫温暖全世界；奶制品、肉制品等食品；还有蒙古式工艺品（蒙古刀、蒙古袍、小羊、小骆驼、皮画、皮制酒壶等皮制品）。

娱乐特色：蒙古族地区有歌的海洋之称，因此您可以倾听草原歌曲、蒙古长调、马头琴演奏；此外由响沙湾民族艺术团300多人表演的大型的鄂尔多斯婚礼也是此次旅游的亮点，该艺术团强大的阵容、精湛的演技、丰富多彩的节目赢得了社会各界的称赞。还有在成吉思汗陵新景区观赏元代宫廷宴舞——《圣地古韵》。

三、注意事项

由于草原骑马及沙漠中的一些自费项目带有一定的危险性，所以请游客认真倾听导游在行程中各项活动的安全操作要领及注意事项，并严格按要求操作；此外请组团社为游客购买人身意外保险，如发生意外，我社只负责协调工作。

任务实施

实施步骤

（1）小组充分考虑成本及不走回头路等因素，讨论确定华东五市加海南的城市参观先后顺序。

（2）考虑老年人身体状况和需求特点，确定游览景点、价格、交通方式等内容。

（3）饮食、交通等设计应能体现当地特色，景点价格、交通价格、饮食价格要求明确标注在线路中。

（4）各小组顺序汇报设计的华东五华东五市＋海南旅游线路。

（5）讲清设计的线路名称、线路日程安排和线路说明，线路特色，填写小组任务成果书。

（6）其他小组自由发表意见和看法，评价线路设计，给出建议。

学生小组任务成果书（NO.13）		
实训任务13：为老年人设计华东五市＋海南旅游线路	任务性质	小组任务
小组任务成果名称	华东五市＋海南旅游线路设计成果书	
线路名称		
线路日程安排		
线路说明		
注：成果以A4纸打印或手写		

实训任务发布

实训任务14：为本校学生设计××一日游旅游线路

学生工作任务书14		
实训任务14：为本校学生设计××一日游旅游线路	任务性质	小组任务
任务完成时间	60分钟	
任务描述 1. 设计当地一日游旅游线路，可根据不同城市名称替换为如北京一日游、天津一日游等 2. 线路以春游或秋游为特色，设计1~2个景点 3. 景点选择应考虑学生的需求，可通过问卷调查获取学生旅游需求信息 4. 在景区的活动应穿插集体游戏 5. 线路设计成果以A4纸打印或手写	考核标准 1. 线路设计能符合学生要求，日程安排合理，价格合理 2. 景区活动设计丰富多彩	

 任务实施

实施步骤

（1）各小组讨论线路设计的主题和特色。
（2）根据学生需求特点选择适合的景区。
（3）设计可以促进陌生学生间了解，活跃气氛的游戏。
（4）各小组顺序汇报为学生设计的北京一日游旅游线路。
（5）讲清设计的线路名称、线路日程安排和线路说明，线路特色。
（6）各小组自由发表意见和看法，评价其他小组设计的线路。

学生小组任务成果书（NO.14）		
实训任务14：为本校学生设计北京一日游旅游线路	任务性质	小组任务
小组任务成果名称	学生北京一日游线路设计成果书	
线路设计情况（景点选择、交通、用餐、景区娱乐活动设计等）		
友情提示		
注：线路设计成果以A4纸打印或手写		

项目2 旅行社线路设计与操作

 总结提高

在旅行社经营中,旅游产品的开发主要是指旅行社线路的设计。旅行社线路的设计是计调的主要工作职责。目前,我国旅行社行业中中小旅行社众多,抄袭或者是跟随其他旅行社旅游线路的现象比较普遍。一般旅行社经营者不愿意投入资金和时间来自己设计旅游线路。但是,随着旅游者的日趋成熟,旅游市场竞争的日益加剧,"搭便车"久而久之就会被市场所淘汰。因而,设计有特色、新颖,符合旅游者需求的旅游线路会逐渐成为市场的主流,这也是旅行社可持续发展的一条必经之路。

旅行社线路设计一般分为线路构思、线路编排、线路定价与报价、产品试销与线路调整四大步骤。

一、旅行社线路设计步骤

(一) 线路构思

旅行社线路构思主要是在充分市场调研的基础上,经过多次讨论和筛选确定旅游线路。

1. 市场调研

市场调研是旅游线路设计的基础。与国外发达国家旅行社业相比,我国旅行社在线路设计中往往忽视市场调研。但是市场调研却是最重要的一个环节。市场调研的主要目的就是为了了解旅游者的现实旅游需求和潜在旅游需求,确定目标市场,形成产品构思。

具体来说,旅行社线路设计市场调研包括以下几个方面:第一,外部市场环境分析,包括经济、政治与法律、科技、自然、人文;第二,内部能力分析,包括资金、人力、管理、经验和已有产品;第三,竞争对手分析,包括同行产品及报价。

市场调研的方法主要有以下几条。

(1) 实地调研法:实地考察,包括旅游目的地的景区、餐厅、饭店等各类旅游资源。

(2) 访谈法:主要包括面谈调研法、电话调研法、邮寄调研法和留置问卷调研法。

(3) 观察法:优点是被调研者心理干扰少,资料可信度高。

(4) 实验法:优点是可信度高、可靠性强、排除主观推论和臆测。

(5) 间接调研:主要是指利用各种现成的调研信息、报道等。

市场调研的技术主要包括问卷设计和抽样调查。抽样调研又分为随机抽样调查和非随机抽样调查。在旅游线路的市场调研中,往往人们需要结合几种调研方法和技术。通过发放问卷,了解旅游者的需求,实地的调研和访谈,能深入了解旅游目的地的各种信息。

2. 确定线路

在经过市场调研后,结合旅行社的主营业务及旅游者需求的分析通常会形成几个较为可行的方案,这就是最初的构思。随后就需要旅行社根据自身发展目标、业务专长和接待能力进行可行性论证,确定旅游线路的主题和名称。旅游线路的主题是旅游线路的灵魂。旅游线路的名称是旅游线路的性质、整体思路以及基本内容的高度凝结和概括。在实际操作中,需要设计者高度提炼旅游线路设计的精髓,充分展现主题所要表达的深刻内涵,同时为了吸引旅游者,旅游线路名称要力求简练、易记,主题明确。

(二) 线路编排

在确定好旅游线路的主题和名称后,就进入旅游线路编排的环节了。旅游线路编排中最重要的就是确定主要旅游吸引物。旅游吸引物的确定,也需要经过反复的论证和筛选,在难以确定的情况下,还需要进行补充调研,具体的线路编排步骤如下。

1. 统筹各资源要素

(1) 确定旅游吸引物。
(2) 根据旅游吸引物确定旅游节点。
(3) 确定住宿、餐饮、购物、文化娱乐活动、景点的具体位置、时间。
(4) 用效益比较法,以一定的交通方式把各节点合理串联形成旅游线路。

2. 制作《线路行程表》

(1) 标明线路名称。
(2) 编制线路行程。
(3) 线路行程、业务提示、友情提示、儿童政策以及景点介绍的制作。

(三) 线路定价与报价

旅行社产品的价格是旅行社经营中的一个十分重要的方面,直接影响到旅行社的利润。尤其是在我国旅行社竞争十分激烈的市场条件下,旅游线路的定价就显得尤为重要了。旅游线路的价格是指旅游经营商为旅游者提供各项服务的收费标准,它涉及旅游者的吃、住、行、游、购、娱六大方面。由于旅游者对旅游产品的消费与其他产品的消费不同,旅游者完整的旅游活动,就是在一定时间内,消费不同旅游企业提供的诸多不同产品或服务,旅游者购买旅游产品时可按其需要,购买整体旅游产品或单个旅游产品,因此旅游产品价格也分为两种形式,旅游包价和旅游单价。在旅游活动中,旅游者通过旅游零售商购买的满足其全部旅游活动所需的旅游产品的价格,称为旅游包价,包括旅游产品各单价之和再加上旅游零售商或旅游批发商的成本和利润。旅游者购买的若只是旅游活动诸多环节中的某一项或某几项的产品,这样旅游产品的价格就称为旅游单价,如旅游者单独购买的餐饮产品的价格、飞机车船票的价格、景点的门票价格等。

影响旅游线路定价的因素主要有：旅游产品成本、旅行社发展战略、旅游营销组合的其他要素、旅行社的营销目标、旅游线路的特点、旅游者的需求、竞争者的定价、汇率变化等。旅行社在定价时要综合考虑各种因素。

旅游产品定价的方法主要有成本加成定价法、目标利润定价和竞争导向定价法。

（1）成本加成定价法就是在单位产品成本的基础上，加上预期的利润额作为产品的销售价格，售价与成本之间的差额即为利润。由于利润的多少总是呈一定的比例，人们习惯上称之为"几成"，因而这种方法就称之为成本加成定价法。这种定价方法表示为：单位产品价格＝单位产品成本×（1＋成本利润率）。

（2）目标利润定价法就是根据旅游产品的总成本和估计的总销售量，确定一个目标利润率，作为定价的标准。这种定价方法表示为：单位产品价格＝（固定成本总额＋变动成本总额＋目标利润）/产品数量。

（3）竞争导向定价法是指以竞争对手同类旅游产品线路的价格为基础的定价方法。这种方法是以竞争者为中心，同时结合旅行社自身的实力、发展战略等因素的要求来确定价格。由于不同的旅行社对竞争对手有不同的判断，这种定价方法大致分为两类：率先定价法和追随定价法。

旅游产品的定价要根据不同的定价目标，选取不同的定价方法，同时还需要应用一定的定价策略和技巧。一般来说，旅行社线路的定价策略有以下几种。

（1）撇脂定价：是一种高价定价策略，是指在新线路投放市场时，在短时间内采取高价，获得高额利润的定价策略。这种定价策略适用于具有特点鲜明、不易被仿制的新旅游产品。

（2）渗透定价：是一种低价定价策略。在新产品投放市场时，以较低的价格吸引旅游者，以尽快扩大产品的销售量，获得市场份额的定价方法。

（3）心理定价策略：对价格较为敏感的消费者，认可或购买旅游产品往往是通过价格来判断的。因而就可在定价中利用旅游者对价格的心理反应，刺激旅游者购买产品或服务，常用的有尾数定价策略、整数定价策略、分等级定价策略、声望定价策略等。

（4）折扣价格策略：是指在旅游线路的销售中，旅行社的基本标价不变，而通过对实际价格的调整，鼓励旅游者大量购买自己的产品，促使旅游者改变购买时间或鼓励旅游者及时付款的价格策略，常用的有现金折扣、数量折扣、季节折扣、同业折扣和佣金。

根据市场竞争情况和企业的实际情况，在确定好合适的定价方法并使用合理的定价策略后，旅行社就可以对外报价了。

（四）产品试销与线路调整

（1）试销：线路制作出后，可先在小范围内进行试销，全面考察游客对产品的反映。

（2）调整：根据游客的反映做出调整，进一步完善线路。

如果符合市场需求，就可制作《线路宣传手册》，在更大的范围内销售旅游线路。

二、如何为北京居民设计一日游旅游线路

（1）调查需求：对于常地居北京的北京人而言，一日游旅游需求有别于外地来京游客，分析游客需求才能更好地设计线路。

（2）根据需求有效选点：景点的选择考虑需求，同时如果串联两个点，还必须考虑两个点之间的时间距离。

（3）确定线路名称、用车、用餐、出发时间、集合时间、景点时间安排、景点娱乐活动安排、沿途导游内容。

（4）设计线路的亮点。

（5）根据车、餐、门票价格，利润等制定线路价格。

（6）与目标客户沟通，听取反馈意见。

（7）组织成行。

> **知识拓展**
>
> 1. 阅读王燕撰写的《旅行社旅游线路设计剖析》一文，原文刊载于《企业技术开发（下半月）》，2009（2），学习旅游线路设计制作的相关内容。
>
> 2. 阅读吴国清主编的《旅游线路设计》一书，该书于2006年由旅游教育出版社出版，学习该书中关于旅游线路设计、制作的要点和相关内容。
>
> 3. 阅读熊晓敏主编的《旅行社OP计调手册》一书，该书于2007年由旅游教育出版社出版，学习该书中旅行社计调人员如何制作旅游线路。

> **延伸阅读**
>
> ### "寻找春天的味道"
> ### ——昌平印象之双龙山踏青
>
> 这个鸟语花香万物复苏的季节，正是出游踏青的好季节，你是否想感受一下大自然的气息呢？请跟随我们走进双龙山。
>
> 一、活动主题："寻找春天的味道"
>
> 二、踏青地点：昌平区双龙山自然风景区
>
> 三、景点介绍
>
> 景区位于昌平区长陵镇境内，自然生态环境优越，森林繁茂瓜果飘香、奇花异草有着浓郁的"野趣"，两侧山石林立、一泉中流，故有"京北小龙泉"的称号，山清水秀被誉为世外桃源和绿色果品采摘基地，在地球呼唤绿色、人类渴望森林、清新空气和绿色环境的当今世界，双龙山森林公园成为人们旅游、观光、度假、感受自然的绝佳去处。
>
> 四、组织成员
>
> 管理系教师、旅游管理专业学生（以小组形式进行参观每组组长是带队负责

人,负责游玩过程中的纪律。(共14组)

五、计划流程

(1) 7:50 全体老师和学生教一楼前集合,8点准时出发前往目的地。

(2) 8:45 左右到达目的地,15分钟上厕所时间并由老师说一天的行程安排、照集体照熟悉景点等。

(3) 9:00—11:00 开始游览。

特色介绍

① "平方米耕耘":每小组可认领一棵树,在指定的位置栽树,种下春天的希望,同时为大自然增添了一抹绿色。收费为一棵树20元(每个组种下一棵树)。

② "开心农场":每个人可以体验在地里做农活的感受,从选种到挖地到种植到施肥体验农活的快乐,可以种花生、土豆等一些农产品收费为20元每人。

(4) 11:00—13:00 午餐时间。

(5) 13:15—14:45 为自由活动时间(可自由参观景点,3点在大门口集合抵达学校)。

六、午餐亮点

你是否还没有体验过集体做饭吃饭的感受?你是否还没有亲手做过饭?这一板块的主题叫做"我家厨房",体验在大自然中集体比拼厨艺的感受。主要内容有以下两方面。

(1) "包饺子":每个小组提供做饭的所有工具和所需要的材料如面粉等,有两种馅儿,一种是肉的一种为素,餐标10元每人。

(2) "农家饭":每组提供八菜一汤材料,餐标为20元每人。

注:酒水自带、餐具可自带也可用消毒餐具1.5元每人。

七、特色项目设计

1. "夺宝奇兵"事先在景区埋藏好标志,并藏在隐蔽的地方,如果哪个人在游玩过程中发现了标志并获得精美小礼品一份。

2. "我们的青春不散伙"在午餐结束后,拿出准备好的生日蛋糕,有两个寓意,第一给所有4月份过生日的老师和同学庆生,第二因为即将面临小实习,两年的大学生活即将告一段落,这是最后一次集体活动,所以想用蛋糕表示我们的青春永远不会褪色,我们的大学时光永远铭记在心。

3. 互动游戏:

"背人过梅花桩"景点里有一处是梅花桩,每个小组选出两个队员进行PK赛,一个人背另外一个人过梅花桩,并由1名老师负责计时哪个小组用时最少获得精美礼品,14个小组取前3名。(这个游戏难度不是很高,能够通过此游戏体现出两个人的默契,和团结协作的能力)

"抱团团"游戏说明:分两次进行,一班所有同学先进行,由老师喊数字,比如老师喊出5,就需要同学以最快的速度5个人抱在一起,被孤立的就视为淘汰,最后决出获胜者。这个游戏做起来会有很大的趣味性,体现每个人的敏捷的速度和团结力。

八、费用

门票费用：学生 10 元，教师 20 元。

午餐费：选择性的待定，10 元或 20 元。

种树、种农作物：二选一，20 元（树为 20 元一棵，每小组一棵，农作物为每人 20 元，这两项体验活动可以自己选择）。

蛋糕、游戏的奖励礼品、夺宝奇兵的奖励礼品（每人 5 元）。

九、其他注意事项

（1）每小组要有自己的口号或队歌也可做一面小旗标有自己旅行社的名字，这是团队象征的一个表现。

（2）所有参加人员穿合身舒服的服装，水和零食自带，并每组准备垃圾袋，以防垃圾乱丢，造成环境破坏。

（3）每个小组用相机或手机拍下在景点的游玩活动记录，游玩后每个人写游后心得体会。

（4）学校摄像全程拍摄，留下活动记录。

（5）所有参加人员注意安全。

资料来源：北京交通职业技术学院 2008 级旅游一班左爽同学"北京一日游"策划方案。

任务 11　旅行社产品采购与谈判

任务目标

旅行社产品的采购和谈判是旅行社产品设计和定价的重要保证。旅行社产品的采购大体分为集中采购和分散采购两种。一些业务量比较大的旅行社通常会与旅游目的地的有关单位合作，每年集中采购一次住宿或景区门票等。旅游同业会也会为集中采购搭建平台。对于业务量相对较小的旅行社或新开业的旅行社，大多采用分散采购的形式。无论是集中采购还是分散采购，都要与采购单位签订协议书或者确认书，以避免产生不必要的纠纷。

任务引入

旅游线路制作的同时，为保证线路设计中涉及的食、住、行、游、娱、购等要素的实现，旅行社需要与相关旅游企业签订合同，确认购买。李冰面临的正是要购买华东五市＋海南以及北京一日游线路中涉及到的相关产品要素。

任务剖析

旅行社产品的采购包括交通服务、住宿服务、餐饮服务、参观游览服务、娱乐服务、购物商店、保险服务等。李冰在设计和制作华东五市＋海南以及北京一日游线路时，就需要购买线路的相关产品要素。旅行社产品采购包括集中采购和分散采购两种方式。李冰经营的是一家小型旅行社，实力较弱，因而采用分散采购的方式较为合理。

实训任务发布

实训任务 15：采购××一日游旅游产品

学生工作任务书 15			
实训任务 15：采购××一日游旅游产品		任务性质	小组任务
任务描述 1. 根据学生××一日游线路设计的内容，采购景区、旅游大巴、餐馆、娱乐、购物等相关企业的产品 2. 填写与上述单位的产品采购确认单		考核标准 1. 内容填写完整 2. 采购要素价格合理、真实	

示范案例

示范案例 2-6　××国旅出票确认单

TO：　　×××国际旅行社　　　　FAX：0472-6657855
FROM：　北京××国旅　　　　　FAX：010-8466788
您好！

贵社<u>王伟</u>等<u>19</u>人已确认参加我社组织的<u>澳新十二日游</u>，出发日期：<u>2010 年 8 月 15 日</u>；该团出票在即，请和客人确认不会变更行程和出发日！确认后我社立即出票，此票不能退票、更名、改期，不能如期参团将有全额损失。如确认不及时将无法保证客人如期出行。

请保证客人在澳新使馆无任何不良记录，无澳新拒签史，并且送签资料绝对真实。如因提供资料不真实而导致拒签，所产生的签证及机票损失我社概不承担。

特此声明！并请回传！

谢谢合作！

北京××国旅

示范案例 2-7　山东××旅行社住房确认单

TO：××旅行社/小贺	FROM：山东××国际旅行社　王一	
TEL：020-××××××	TEL：0531-×××××××	FAX：0531-×××××××
FAX：020-××××××	DATE：2010-2-3	PAGES：1
RE：2 月 9 日香港定房		

尊敬李总：

　　你好，现定房计划如下，请查阅。

日期：2月9日1晚，10日退房

酒店：山景仕德福

姓名：孙一

价格：450元/间×1晚＝450元

付款方式：预付

请回传并告知酒店地址、电话、地铁出口等信息。

任务实施

实施步骤

（1）各小组由组长组织，分别完成北京教师一日游的相关旅游产品采购。

（2）汇总采购的结果，填写北京一日游各类采购确认单。

（3）各小组汇报各类采购的采购要点和理由。

学生小组任务成果书（NO.15）			
实训任务15：采购北京一日游旅游产品		任务性质	小组任务
小组任务成果名称		北京一日游旅游产品采购成果书	
详细填写各类采购确认单			

北京_____旅行社景点确认单

TO：	FROM：_____旅行社	
TEL：	TEL：	FAX：
FAX：	DATE：	PAGES：
RE：		

_____（景区）您好！

　　已确认___人参加我社组织的_____一日游旅游线路，出发日期：___年___月___日；该团出团在即，现和贵景区预订门票___张，其中成人票___张，___元/张，学生票___张，___元/张；付款方式为_____。

　　请回传并告知景区地址、交通等信息。

北京_____旅行社餐厅确认单

TO：	FROM：_____旅行社	
TEL：	TEL：	FAX：
FAX：	DATE：	PAGES：
RE：		

_____（餐厅）您好！

已确认_____人参加我社组织的_____一日游旅游线路，出发日期：_____年____月_____日；该团出团在即，现和贵餐厅预订_____人团队餐，团餐_____人/桌，餐标_____元/人；付款方式为_____。

请回传并告知餐厅地址、交通等信息。

北京_____旅行社用车确认单

TO：	FROM： _____旅行社	
TEL：	TEL：	FAX：
FAX：	DATE：	PAGES：
RE：		

_____您好！

已确认北京_____旅行社_____人参加我社组织的_____一日游旅游线路，出发日期：_____年_____月_____日；现预订_____辆_____座_____客车，于_____日早_____在_____接游客；付款方式为_____。

请回传并告知车牌号码、司机电话等信息。

总结提高

一、旅行社产品采购的概念、内容、方式和原则

（一）旅行社产品采购的概念

采购是指在需要的时间和地点，以最低成本、最高效率获得最适当数量和品质的物资或服务，并及时交付需要部门使用的一门科学。旅行社产品采购是指旅行社为组合旅游产品而以一定的价格向其他旅游企业或与旅游业相关的其他服务行业和部门购买旅游服务项目的行为。旅行社购买的服务项目是旅行社产品必要的组成部分。

（二）旅行社产品采购的内容

旅行社产品采购的内容包括交通服务、住宿服务、餐饮服务、参观游览服务、娱乐服务、购物商店、保险服务等。

（三）旅行社产品采购的方式

旅行社产品采购主要采取两种方式，即集中采购与分散采购。采用何种采购方式受各旅行社的业务量、实力等因素的影响。

1. 集中采购

集中采购是旅行社以最大的采购量去争取最大的优惠价格的一种采购方法。

集中采购的主要目的是通过扩大采购批量，减少采购批次，从而降低采购价格和采购成本。集中采购方式主要适用于旅游温、冷点地区和旅游淡季。

2. 分散采购

分散采购也是旅行社采购活动中经常使用的一种采购方式。一种是所谓近期分散采购，就是一团一购的采购方式。第二种是分散采购就是旅行社设法从许多同类型旅游服务供应部门或企业获得所需的旅游服务。

（四）旅行社产品采购的原则

1. 供给保证原则

旅行社产品是一种综合性产品，它主要由采购自其他企业的旅游服务项目构成。如果采购不能保证供给，就会影响旅行社的经营工作。

2. 质量保证原则

旅行社在采购各项目旅游服务时，不仅要保证需求的量的满足，还要保证其购买的旅游服务具备理想的质量。

3. 成本领先原则

旅行社不能做到低成本的采购，即实现成本领先的原则，就会大大降低旅行社的竞争力。

二、旅行社的计调服务

（一）计调的含义

旅行社的计调业务有广义与狭义之分。

从广义上讲，旅行社计调业务既包括计调部门为业务决策而进行的信息提供、调查研究、统计分析、计划编制等参谋性工作，又包括为实现计划目标而进行的统筹安排、协调联络、组织落实、业务签约、监督检查等业务性工作。

从狭义上讲，计调业务主要是指旅行社在接待业务工作中为旅游团安排各种旅游活动所提供的间接服务，包括安排食、住、行、游、购、娱等事宜，选择旅游合作伙伴和导游，编制和下发旅游接待计划、旅游预算单等，以及为确保这些服务而与其他旅游企业或有关行业和部门建立合作关系等。因此，计调又是被比作旅行社的命脉，是提供旅游服务的核心业务。

（二）计调的作用

计调部在旅行社中处于中枢位置。因为计调业务连接内外，牵一发动全身，视为神经。一般而言，计调是指为落实接待计划所进行的服务采购，以及为业务决策提供信息服务的总和。关于计调的位置:以现有的外联体制为例,计调业务随旅行社业务的发展而发展。综上所述,计调在旅行社运转中的作用日益突出,但是,无论是哪一种外联体制,都具有如下共同特点。

(1) 计调业务是旅行社经营活动的重要环节。旅行社实践的是承诺销售,旅游者购买的是预约产品。旅行社能否兑现销售时承诺的数量和质量,旅游者对消费是否满意,很大程度上取决于旅行社计调的作业质量。计调的对外采购和协调业务是保证旅游活动顺利进行的前提条件,而计调对内及时传递有关信息又是旅行社做好销售工作和业务决策的保障,因此,计调业务是旅行社经营活动的重要环节。

(2) 计调业务是旅行社实现降低成本的重要因素。旅游产品的价格是旅游产品成本和旅行社利润的加和,因此,降低旅游产品成本决定了旅行社利润增长的空间以及市场份额的占有。旅游产品的成本通常表现为各旅游供应商提供的机(车)位、客房、餐饮、门票等的价格,计调部门在对外进行相应采购时,应尽量争取获得最优惠的价格,以降低旅游产品总的成本,这也就意味着旅行社利润的增加。另一方面,旅游产品成本的降低,保证了旅行社在激烈的市场竞争中获得更多的市场份额。计调业务虽然不能直接创收,但降低采购价格无疑对旅行社的营业额和利润的实现具有重要意义。

(3) 计调业务的范围依旅行社的规模和发展不尽相同,但对外采购服务,包括变更后的采购,以及对内提供信息服务都是旅行社计调业务的基本内容。所谓对外采购服务是按照旅游计划,代表旅行社与交通运输部门、酒店、餐厅和其他旅行社及其他相关部门签订协议,预定各种服务,满足旅游者在食、宿、行、游、购、娱等方面的需求,并随着计划的变更,取消或重订。所谓对内提供信息,是把旅游供应商及相关部门的服务信息向销售部门提供,以便组合旅游产品;做好统计工作,向决策部门提供有关旅游需求和旅游供应方面的信息。计调业务实际也就是旅行社的经营内容。

(4) 计调业务承担着极为繁重的工作任务。它包括采购、计划、团控、质量、核算等内容。通常人们只是概括地讲到采购和计划作业,更多地从基本原则和实践意义做出阐述,而忽视了计调作业的技巧、策略以及可操作性。

(三) 计调的信息业务

计调包括对外对内两大业务,就对内提供业务信息而言,除向外联部提供旅游供应商及相关部门的服务信息,以便组合旅游产品外,主要是向旅行社决策部门提供有关旅游需求和旅游供应信息,而这又是通过做好统计工作实现的。

决策离不开信息,旅游市场的动向、旅行社的实际运转情况等,这些内容只有经过科学的综合分析处理,才能成为有价值的情报。统计工作是对经济活动数量方面的分析和管理,是达到认识经济现象的性质及其规律性的重要手段。旅行社计调部统计工作涉及客源的统计和各采购单位情况的统计,它并不是简单的收集、整理,更重要的是进行定量分析和定性分析。

1. 客源统计

客源统计是计调统计的工作的重要环节,其目的在于分析现状、找出问题,以便进一步确定目标市场的经营策略。客源统计通常以一个旅游年度或淡旺季时段为统计单位，统计内容包括以下方面。

(1) 接待人数、人天数：反映旅行社综合接待能力。

(2) 人均天数：反映产品性能并作为单位盈利的依据（人天均）。

(3) 团均人数：该指标尤为重要，它反映团队（特别是组团）的单位成本，人数越多则费用越低。

(4) 国家和地区客源分布统计：用于发现主要客源市场。

(5) 客源流向、流量：与组团中的市场导向有极大的相关，同时作为采购服务的依据。

2. 采购统计

采购单位情况统计，目的在于一是及时发现问题，提高采购质量。二是为争取最优惠价格提供依据。统计内容有以下两方面。

(1) 房、餐情况：根据使用情况决定续用或取消采购。

(2) 接待社情况：根据接待质量、客人投诉决定续用或更换。

三、旅行社采购的实施

(一) 旅行社与大交通部门的合作

1. 具体业务

(1) 向交通部门申请建立合同关系，签订正式经济合同书，确定合同量，然后领取合同书。

(2) 与交通部门经常保持联系，及时领取最新价格表和时间表。

(3) 将各种票务的规定了解清楚，然后进行整理、打印，再分配给外联部门，并报审计和财务备案。

(4) 财务部门协商，设计，印制报账单。

(5) 与外联部门协商，设计，印制预定单。

(6) 根据接待计划，实施订票、购票。

(7) 明确接票手续和报账程序。

2. 注意事项

(1) 订票时，注意路线，季节的不同价格，儿童票价优惠百分比。

(2) 在取机票或再确认机票时，千万别忘了带齐有关证件。

(3) 在订火车票时，内、外宾的票价和座位的类别的不同要注意。

(4) 如经常遇到接待的旅游团在火车途中用餐，就应与铁路部门设计、印制《外宾在列车上用餐专用结算单》，方便导游人员工作。

(二) 旅行社与汽车公司的合作

1. 具体业务

(1) 草拟"用车协议书"并打印。

（2）根据国家行政管理部门规定的用车收费标准，与各旅游出租汽车公司洽谈旅游团（旅游者）用车事宜，对大、小车、行李车、道具车等。

（3）将签约汽车公司名称、日夜值班电话、调度联系人姓名整理列表，附有关规定或说明打印后分发给各接待部门。

（4）将用车协议书副本报审计、财务备案。

（5）设计、印刷"用车预订单"、"用车变更/取消通知单"与外联部协商后，明确其使用方法。

（6）根据接待计划或订车单实施订车，并将车号、车型、司机姓名和报到时间、地点转告接待部陪同人员。

（7）明确核账程序，由财务部门按期统一向签约单位结账付款。

2. 注意事项

（1）在订车时，注意准确计算距离与时间，尤其是交通高峰时间，要留有必要余地，以防万一。

（2）在订车时，还应注意在旅游团实际人数上留有必要余座，尤其是欧美旅游团的游客，身高体宽。

（3）如按实走公里计价，需注意超标用车，特别是小车。如按日拨交通计价，需注意提醒车队或司机满足客人的合理要求，避免不合理的节约。

（4）提醒车队或司机，结算用的行车单上应注明团名、行车路线及陪同人员签名。

（三）旅行社与住宿部门的合作

1. 具体业务

（1）根据外联部门预报的年客流量、客源的层次、住宿要求与外地和本地的饭店洽谈业务，并实地考察饭店的环境、设施及服务等，签订合作协议书及经济合同等。

（2）把以上各项内容了解清楚，整理列表，并打印后发给外联部门报审计、财务备案。

2. 注意事项

（1）订房时，如有重点团队或旅行社代理人团队，就是团中有 VIP 客人，旅行社应事先通知饭店销售部或营业部在其客房内摆放鲜花或水果等。

（2）对旅游团体需要举行小型欢迎仪式，或需挂欢迎横幅的，应事先征得饭店同意，并在指定地点举行，避免影响饭店的正常营业。

（四）旅行社与餐饮部门合作

1. 具体业务

（1）先实地查看餐馆的地点、环境、卫生设施、停车场地、单间雅座、便餐和风味菜单等，并签订有关经济合同与协议书等。

（2）与财务部门协商印制和打印专用的《餐饮费用结算单》。

（3）将下列有关内容整理列表打印分发给接待部并报财务部备案。

（4）与业务部协商，设计、印制一些订单。

（5）根据接待计划或订餐单，将用餐地点、联系人姓名转告接待部门或陪同人员，以便搞好接待工作。

（6）根据《餐饮费用结算单》，与财务部门共同进行复核，并由财务部门定期统一向签约餐馆结算付款。

2. 注意事项

（1）选择餐馆时，餐点不宜过多，应少而精，而且要注意地理位置的合理，尽可能靠近机场、码头、游览地、剧场等，避免因用餐来回往返多花交通费。

（2）订餐时，及时把旅游者的特殊要求转告餐馆，避免造成不愉快和尴尬。

（3）提醒餐厅，结算用的《餐饮费用结算单》上，必须有陪同人员的签字。

（五）旅行社与游览部门合作

1. 具体业务

（1）与旅游单位就以下内容进行洽谈，并签订协议书及经济合同书。

（2）与签约单位协商印制结算用的《参观游览券》。

（3）有关签约单位的规定整理列表，打印后分发给接待部并报审计、财务备案。

2. 注意事项

（1）旅游单位在结算用的《参观游览券》上必须有导游的签字，否则无效。

（2）一家旅行社还应与游览单位附属的服务部门和相关服务公司建立合作关系，签订合作协议书以方便旅游团的游览和导游服务工作。

（3）一家旅行社还应与旅游单位内的餐饮供应点建立合作关系，解决旅游团参观游览过程中的冷热饮料的供给服务。

（六）旅行社与参观部门的合作

1. 具体业务

（1）与旅游团（旅游者）经常要求参观的单位（政府部门，大、中、小学校，少年宫，幼儿园，研究所，医院，工厂，街道，农会等）进行初步联系，了解旅游团（旅游者）来访参观或进行专业交流座谈的收费标准以及参观单位的有关规定和要求（接待时间、最少人数限制数等）。

（2）将参观单位、上级批准单位的名称、电话、联系人或科室，对外开放的项目和专业、收费标准等整理列表，打印后分发给各部门，并报审计、财务备案。

（3）通过外联部（团入境前）或陪同（团入境后）了解旅游团（旅游者）的参观要求、访问对象、交流项目等。

（4）按旅游团（旅游者）的要求，与参观单位的外事部门进行联系，将所接待的旅游团（旅游者）团名、人数和所了解的上述情况通报给参观单位，确定会见、参观或交流的时间、地点及翻译问题。

（5）如有宴请、互赠礼品、宴会致词等要求，规格高低视国际惯例安排。

（6）按照参观单位的要求，在参观后付给参观费。

2. 注意事项

（1）安排参观单位时要不影响其正常工作。

（2）注意保守国家及参观单位机密。

（七）旅行社与商品购物店部门合作

1. 具体业务

（1）根据国家及地方旅游行政管理机构的有关规定，与定点商店签订协议书。

①对导游带旅游团（者）前来购物的优惠政策；②旅行社参加商店的股份或投资；③明确旅行社应尽的义务及经济收益上所占的比例。

（2）本着兼顾国家、集体、个人3方面利益，又注意鼓励多劳多得的原则，制定内部分配政策和奖励措施。

（3）将所签约的商店名称、导游带旅游团（者）购物手续、附属的有关规定打印后，分发给接待部。

（4）与财务部和接待部协商后，设计、印制《购物结算单》，并明确使用方法。

（5）由财务部按所签协议书上的规定从签约商店领取劳务费或按股分红，然后根据旅行社内部分配政策对各方实行奖励。

2. 注意事项

（1）不得与商家协同欺骗旅游者。

（2）遇有危害旅游者利益的情况要维护旅游者。

（八）旅行社与娱乐行业的合作

1. 具体业务

（1）与娱乐单位就以下事宜进行合作洽谈，并签订协议书。

（2）将下列事宜整理列表，打印后分发给接待部，并报审计、财务备案。

（3）随时与娱乐单位保持联系，有新节目上演时，了解节目内容，索取节目简介并通报接待部。

（4）与外联部协商后，设计、印制一些单子，并明确其使用方法。

（5）根据接待计划或订票单，实施订票并把订票情况如实转告接待部或陪同人员。

（6）财务部按协议统一结账或一次一报。

2. 注意事项

（1）安排娱乐项目的单位要安全、防水、防盗。

（2）安排的娱乐项目要健康。

> **知识拓展**
>
> 1. 阅读熊晓敏主编的《旅行社OP计调手册》一书，该书已于2007年由旅游教育出版社出版，学习该书中关于旅行社如何采购旅游产品的相关内容。
>
> 2. 登录北京大潮国旅网站 http：//www.dachao.com.cn，了解其在线路制作、旅游产品采购等方面的相关经验。
>
> 3. 登录计调网 http：//www.jidiao.net，学习计调人员管理旅行社产品采购与谈判的相关知识。

延伸阅读

沃尔玛经营模式对旅行社的启示

沃尔玛是全球最知名的零售企业之一，其"天天低价"的经营理念已经深入人心，不过沃尔玛奉行的低价策略要求产品质量必须符合沃尔玛的要求，绝不允许以低质来获取低价。沃尔玛之所以能够实现低价与高质的完美结合，主要原因是：①直接订货，全球大规模采购，以低进价支持低价；②设计开发自有产品品牌，扩大利润空间，提高利润率。其成功的经营模式对旅行社有许多借鉴意义。

旅行社在某种程度上也具有零售性质，其主要业务就是面向所有的旅游供应商，把不同区域、不同等级的产品组合在一起来销售，因此旅行社业与零售业的经营模式类似。购买旅游线路是旅游者的消费行为，也是旅游者选择旅行社的门槛，因此低价策略也是旅行社所奉行的竞争策略。但旅行社的低价同时也带来了低质问题。很显然，靠低质量维持低价格的策略是一种短视行为，通过改善经营管理、降低运营成本的方式才值得旅行社借鉴。

一、低价高质保障

旅行社设计的线路产品不仅需要大规模、反复的采购，而且还需要对采购的产品进行设计，以达到最佳组合。相比零售业而言，虽然操作流程更繁琐，但旅行社提供的产品质量不完全受供应商限制，产品组合创新也是旅行社提供高质产品的重要来源。因此，旅行社要达到低价高质的目标，可以从以下两方面着手。

（1）把好采购质量关。对于旅行社而言，这也相当于原材料的采购。旅游过程中任何一个环节的质量都会直接影响到旅行社提供的旅游产品质量，但旅行社所采购的原材料不仅包括旅游设施、工具的使用权，还包括其所有者所提供的服务。因此，旅行社在采购时不仅要比较酒店的住宿条件，餐厅的用餐环境和菜品，乘坐交通工具的舒适度和用时，景区的基础设施和资源等级，旅游购物店提供的产品质量等有形实物质量，还要凭借经验和感知来衡量这些旅游供应商所能提供的服务质量。

（2）产品组合创新。组合创新是旅游产品创新的主要方式，既能降低成本，又能提高体验质量。随着旅游供应商对高科技产品的不断引用，旅行社产品组合的选择范围更广。如IBM最新推出的"数字客房"，增加了入住酒店的娱乐性，对高端消费者的吸引力更大；大规模运用高科技产品的主题公园的不断开发，更提高了景区类别的丰富度；不断提速的旅游交通工具也极大地方便了旅游者的出行。随着这些原材料产品的不断丰富和质量的提高，旅行社所设计出的产品组合体验质量也会随之提高。

二、创造自有品牌

旅行社设计开发的旅游线路无法像制造业产品一样申请产品专利，可模仿性较高，而且旅行社作为中间商，其利润主要来源于产品差价，利润率非常低。旅行社是否也可以拥有自己的产品呢？

项目2 旅行社线路设计与操作

　　行业间的相互交叉和渗透使得旅行社逐渐边缘化，旅行社这个旅游零售超市除了代理销售大量的旅游产品外，也可以参与到供应商的生产经营中，开发自有产品品牌的商品（PB）。PB商品是针对零售业而提出来的，指零售企业通过搜集、整理、分析消费者对某类商品的需求特性信息，提出新产品功能、价格、造型方面的设计要求，自设生产基地或者选择合适的生产企业进行加工生产，最终由零售企业使用自己的商标对该产品注册，并在本企业销售的商品。因此，本文将旅游自有品牌商品定义为：旅行社通过搜集、整理、分析消费者对吃、住、行、游、购、娱的不同需求，提出产品体验价值、价格等方面的要求，通过参与到旅游供应商的生产经营中，或为其提供决策依据，最终由旅行社独家代理产品或实行企业控股。

　　旅行社相比旅游供应商，对消费者的需求敏感性更强，因此在需求信息资源上享有一定的优势，但是如何将这些信息资源转化为能够满足消费者需求的产品是旅行社创造自有产品品牌的关键。在与旅行社密切合作的旅游供应商中，酒店最有可能实现与旅行社的联合。拥有稳定客源的旅行社可以根据企业特定消费者群体的偏好，通过控股或收购方式，对没有形成品牌的酒店进行客房改造和包装或提升酒店的附加值，从而形成旅行社自有品牌。如北戴河附近有很多价格低廉的疗养所，这些疗养所装修简单，规模较小，但是地理位置优越，其前身大多是国有企业老员工退休疗养之处，因此为老年人服务的经验较丰富。每逢夏季，很多旅行社与这些疗养所签订协议，要求预留一定数量的房间接待老年游客。但是，老年游客与来此疗养的老年人对吃和住的要求毕竟还有差异，疗养所提供的设施和服务未必完全满足游客需求，有时甚至引起投诉。因此，旅行社可通过收购或控股的方式，直接参与到疗养所的日常经营中。这样，旅行社不仅可以为疗养所提供稳定的客源，而且可以在"住"这个环节享有物美价廉的资源优势。

　　资料来源：中国旅游新闻网，陈琴，沃尔玛经营模式对旅行社的启示。（http://www.ctnews.com.cn/lybgb/2010-06/14/content_750497.htm）

任务12　旅行社品牌设计

任务目标

　　品牌即产品铭牌，用于识别产品的代码、记号，它可以给拥有者带来溢价、产生增值，是一种无形的资产，它的载体是用以和其他竞争者的产品或劳务相区分的名称、术语、象征、记号或者设计及其组合，增值的源泉来自于消费者心智中形成的关于其载体的印象。近几年，随着旅游者的日趋成熟，众多旅游者开始选择品质团，而不单单选择价格。在这样的市场情况下，旅行社只有打造出自己的旅游产品品牌才能走得长远。如北京大潮国旅推出的"酷玩之旅"夏令营品牌，北京新华国旅推出的"世界之窗"品牌，中国国旅推出的"环球行"等都深受旅游者的欢迎。

任务引入

通过前面的线路设计,李冰对旅行社的产品设计和行业现实有很多感悟。虽然进入旅游行业并不久,但李冰认为,旅行社目前的价格战并非长远之策,旅行社之间相互模仿旅游产品,行业价格战越演越烈,使旅行社和旅游者都深受其害。一个旅行社要想在竞争中取胜,有自己的品牌是非常重要的,借助品牌的力量,可以把低价竞争变为高品质、高利润的竞争,这是旅行社业的良性竞争。因此,李冰希望通过努力让自己的旅行社最终也可创建一个品牌。

任务剖析

品牌设计是旅行社可持续发展的主要途径。李冰希望通过努力让自己的旅行社最终也可创建一个品牌,目标明确,愿望良好。接下来,李冰就要通过市场的调研等,明确旅行社产品品牌设计的要点和步骤,学习市场上成功的旅行社产品品牌设计案例,了解竞争者的产品线路和品牌设计情况。然后设计符合自己旅行社旅游线路的旅行社产品品牌。

实训任务发布

实训任务16:设计一个旅行社产品品牌

学生工作任务书16		
实训任务16:设计一个旅行社产品品牌	任务性质	个人任务+小组任务
小组任务完成时间	40分钟	
任务描述 1. 个人任务:课下完成 (1)结合本旅行社的特点和产品定位,为本旅行社设计一个品牌 (2)制定品牌名称、标识、标识内涵、品牌所面对的目标顾客群 (3)为该品牌设计1~2条旅游线路,成果以A4纸打印或手写 2. 小组任务:课上完成 (1)充分讨论并吸收小组成员的品牌设计理念,结合本旅行社的特点和产品定位,最终确立本旅行社的品牌 (2)制定品牌名称、标识、标识内涵、品牌所面对的目标顾客群 (3)为该品牌设计产品,体现为1~2条旅游线路 (4)制作该品牌宣传文案 (5)品牌设计成果以A4纸打印或手写	考核标准 1. 个人任务考核 (1)品牌设计符合市场需求、企业特色和产品定位 (2)品牌名称、标识设计有创意,简洁大方,内涵丰富、寓意深刻 (3)品牌产品设计与品牌相匹配 2. 小组任务考核 (1)融合了小组成员优秀的设计理念,不是某一个人设计作品的原版 (2)品牌设计符合市场需求、企业特色和产品定位 (3)品牌名称、标识设计有创意,简洁大方,内涵丰富、寓意深刻 (4)品牌产品设计与品牌相匹配 (5)宣传文案设计新颖,对品牌的阐释到位,能产生良好的宣传效果	

项目2　旅行社线路设计与操作

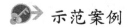示范案例

示范案例2-8　深圳国旅新景界品牌及线路品牌设计

1. 深圳国旅设计背景

我国旅行社普遍存在"小、散、弱、差"的状况，市场竞争秩序混乱，习惯于承包方式的经营者无暇顾及企业的品牌和长远利益，旅游者常怨声载道。旅游市场低层次的营销竞争，使得市场普遍存在的问题是价格混乱、盲目压价、服务质量差，两者形成恶性循环，导致消费者对旅行社的信任危机。旅行社的营销和品牌意识较弱，产品、服务同质化现象严重，产品研发不细，游客个性化需求得不到满足。

传统的旅行社多以部门为经营单位，业务小而全，长于拉客户，代理无差异的产品和服务，典型的方式是，一家旅行社下有几十个承包部门或个人。大家都做同样的业务，甚至互相压价争取同一个客户，导致的结果是，千军万马都挤在同一座独木桥上，这就是"大众化和成本导向"，而其他需求却因各种原因而鲜有人问津，价格越做越烂，消费者并没因此而说好，该投诉的照投诉。

旅行社普遍存在的问题深圳国旅也同样存在，市场上"××国旅"的品牌已经泛化；在这种背景下，经过对市场的周密调查和分析，针对行业自身的特点和存在的问题，深圳国旅决定推出"新景界"品牌战略，在激烈、低层次且无序的竞争环境下，导入品牌战略，走出一条自己的路来。

2. 品牌名称、标志及内涵

1）名称：新景界

新景界源于"新境界"，它带给消费者的是和以往"到此一游"、"走马观花"完全不同的经历和感受，是每一次都有新发现的、一生难忘的旅游体验，是人性化、个性化的旅游，是旅行社业一道全新的风景线。

2）标志及内涵

新景界标志由鲜亮的红色和热烈的桔黄色组成，从整体上看简洁大气，具有强烈的现代感，与其他同业旅行社标志相比具有鲜明的识别性。视觉印象记忆最深的是"眼睛"，它紧紧地抓住了人的注意力。其实旅行就是要用眼睛和心去体验最真的美景和境界，新标志锐利灵动地表现了人们对新景界的美好憧憬和热切向往。

新景界标志细看还象导游带领着团队，在队伍的前面用手搭凉棚的手势眺望远方，眺望那美丽的新景界，恰到好处地表现了深圳国旅新景界核心宣传口号："一起放眼新景界"！标志中的英文是"EACHTRAVEL"，这也是新景界的网址名称，它强调深圳国旅新景界关注每一次旅行，新景界的每一次旅行都是一生难忘的体验，每一次旅行都是个性化产品和人性化服务的标志。整个标志设计视觉冲击力强，动感十

足，充分体现了新景界朝气蓬勃，积极奋进，志向高远，富有冲劲的企业活力和精神状态以及立志创建中国新型现代旅行社的坚定信念！

新景界的品牌定位为"新时代，人性化的专业旅游"，其内涵为"以新的服务理念、服务模式和崭新的形象展现在社会面前，提供高品质和富有特色的产品和服务，既是传统意义上的旅游服务企业，又是新型旅游文化的创造者、开拓者和传播者，更是现代生活方式的创造者：它强调人性的自由、自在、自我，强调对生态环境和特色文化的保护，强调人与自然的和谐新境界，强调生活的质量和品味，推崇积极向上的生活态度；它既充分尊重人，更强调大自然生态环境，注重人和自然的沟通，激发人的灵性和潜力，从心创造有意义的人生体验"。所谓"人性化"，即以人为本，处处从顾客的需求出发，一切为顾客着想，并以具体行动落实于各个服务细节。这是新景界的核心。举个例子，同样是去桂林旅游，有的旅行社为了直观上的低价，处处想办法降低成本，游客千里迢迢慕名而来，却为了省钱让他仅游半小时漓江，这是非人性化旅游。反之，处处设身处地为顾客着想，让其所到之处，看到最有最价值的景点，游漓江就要游完全程，不虚此行，哪怕是多花一点钱，这是人性化旅游。前者的焦点在简单的价格上，后者的焦点在对旅游价值的需求上，看似一个小差别，但在本质上是完全不同的。"千名长者温馨结伴港澳游"，成功之处就在于一点点：整个的产品设计是站在做子女的角度去想的，哪怕是口岸和交通工具的选择。重要的是，游客从细微之中看到企业是一家值得信任的处处为游客着想的旅行社，这可以带来不可估量的回报。长久的、坚持的理念以及相应的行动铸就成功的品牌！

3. 新景界下的线路品牌介绍：丽江假期

策划背景

原来的丽江线一直不愠不火，从年初一开始深圳航空公司开通了"深圳—丽江"航线，但久推不兴，每次航班都寥寥无几不到10个人，航空公司压力颇大。深度旅游营销网和深圳国旅敏锐地捕捉住这一商机，经过周密策划的"丽江假期"在深圳一炮打响迅速形成热潮，现在深航每天都有直飞班机，在推广阶段班班爆满，30%的人都是走"丽江假期"倡导的特色自由行，其他旅行社也借势推出普通团线着实沾了不少光。

策划思路

对旅行社来说"怎样捕捉商机"、"有效整合资源"、"准确产品定位"、"如何一炮打响"是一整套高难度的组合拳，那具体怎样才能获得拳路心法呢？回到深航为丽江直航伤脑筋的阶段，哪家旅行社都不敢顶着压力上马这个项目。如果没有对市场的十足把握，谁敢担风险联合推广？万一推广没有效果，或反应不明显怎么办？问题千头万绪，究竟从何入手呢？

首先要敲定与深航联合推广后的利益保障，因为这是问题的关键。整合多方面的资源，而且还要多方共赢，实在难能可贵，需要经过反复磋商最终达成约定。

紧接着需要深度踩线。

旅行社应该怎样卓有成效地踩线呢？

项目2　旅行社线路设计与操作

深度策划公司和深圳国旅立刻多方联系丽江市政府、旅游局、深圳航空公司和地接旅行社，派出深圳电视台、报纸特约撰稿人专程赴丽江一地做为期一周的线路考察。在出发之前，策划团队已经运筹帷幄，有了一些基本的想法，沉在丽江是为了从各个角度来完善方案。

经过深度调查，策划团队成竹在胸，觉得完全可以把丽江作为云南旅游一个新的辐射中心，把丽江做成深度半自助旅游的典范，把丽江游做成一种新旅游的代表，开创"丽江游"模式的先河。在营销策略上继续沿用"深呼吸一次，足足回味一辈子"的策略，让游客把自己在丽江放下，在古城找个院子发呆，尽情享受丽江最古朴、最悠闲、最自在、最深刻的旅行体验，感受最超然的生活方式，顿悟"活在当下"的人生哲学（不同心态的人去丽江沉下来住几天，都能找到共同的心灵家园，感受生命的"香格里拉式"生存境界）。

策划实录

线路需要一个响亮的品牌名称，深度公司构想了上百个名字，最后挑选为中性的"丽江假期"，主要是考虑到批发和通俗易懂的因素，标志中他们运用了至今还活着的纳西东巴象形文字——"伴"字，整个轮廓又像云南的特色房子，一整块又像一个印章便于在批发时给其他特约旅行社栏内加盖，总之"丽江假期"品牌标识给人留下深刻的印象。

确定了线路品牌，核心产品的成型是又一关键。

在产品层面，他们以丽江为中心，把所有"丽江——××"的线路做成精短切片，供游客任意组合选择，把丽江游做成一个有多种选择的线路套餐，以"半自助游"作为推广的核心亮点（因为丽江古城特别适合自助游），给游客多一点自由，并提供最实用、最丰富的丽江旅游资讯，倡导"周末到丽江去度假"的流行，并策划构想了一系列特色旅行团。

（1）三八节主推"千名太太游丽江"，探访女儿国，张扬远古的女性社会地位。

（2）节后主推"万老寻古丽江行"，倡导"丽江是老人一生中必游的地方"的观念，因为丽江是最适合人类居住的环境之一，丽江有中国最杰出的老人代表——宣科，丽江有很多长寿老人，丽江是老人梦想一生的世外桃源。

（3）对青年男女推"深圳情旅，丽江有约"，把未婚青年的"旅游+交友"推向一个新的浪漫境地。对已婚男女推"千古不变丽江情怀"，并以玉龙雪山作为见证。

（4）专门针对白领阶层推出的高档线路——周末偷闲白领度假团。

（5）针对喜欢特种旅游发烧友，推出"徒步虎跳峡"、"壮观三江并流"、"寻源中甸香格里拉"、"攀越哈巴雪山"、"迪庆生存挑战"、"版纳雨林历险"等系列探险线路。

（6）推专门的丽江摄影团，通过摄影比赛拉动旅游。

（7）针对英语爱好者推出"English talk in lijiang!"纯英语情景对话团、纯自助的丽江游线等线路。

在价格方面还要周密考虑防御广州直飞丽江的价格竞争，尽可能把价格控制在低于从昆明到丽江的价格范围内。

在渠道方面有效控制深圳周边和港澳地区的批发渠道。

在促销方面以三八为由头,扩大声势拉大团,推丽江泸沽湖"寻访女儿国"线路和首届女子云南探险团。

在广告诉求上会强化"丽江"与"周庄"、"阳朔"等地的比较,让消费者有更多的感性认识。

对每一个团都宣传"保护丽江生态环境"的责任意识和一些相关的活动,争取借此通过新闻炒作,尽可能花少的钱达到更大的宣传效应。

在《深圳特区报》或《晶报》上开辟"1001游丽趣事"专栏,广泛征集1001种游丽江的方式和奇趣体验,让消费者自己去发现丽江的闪光点,让各种各样的心态、心情、目的在丽江都能反映出千奇百怪的丽江体验,最后将所有征稿汇编成册出版发行,发给每一位丽江游的客人,使策划团队成为丽江旅游的资讯权威。

这些策划思路丰富多彩,首先切入的是"丽江假期"深度半自助游,它结合观光团的便利和自由行的自主的优点,以当地人最生活的方式去体验丽江最深刻的真实,穿街巷、住客栈、泡酒吧、尝风味、听古乐、烤太阳、晒月亮……这样的自由行一经推出,在市场上立竿见影。这主要是因为这个自由行与其他自由行有所不同,"丽江假期"给每位客人赠送《丽江自游人》书一本;在机场有接机,游丽江古城有专人协助;住宿有民居客栈、度假村、星级酒店多种选择;除机票、住宿外,其他费用均由游客实额自付,旅游品质由自己掌控。

广告文案鉴赏

被誉为"世界文化遗产"的古城丽江是"世外桃源"的圣地,她以"一座雪山一座城,一条江水一个湖"的神秘感性,召唤着人们在旅游中所寻找的那份返璞归真的心灵渴求,多少人为之流连忘返,心醉神迷。

丽江的水来自高原雪水,比日渐商业化的周庄的水更清亮、更原始;探寻香格里拉的洛克博士曾在丽江住了27年,因此这里的老外街更具底蕴和特色;丽江又是原始文明保存最完整至今仍流传的古城,所以堪称是活着的"庞贝古城"。

您不妨去丽江沉下来住几天,尽情享受丽江最古朴、最悠闲、最自在、最深刻的旅行体验,感悟"活在当下"的人生哲学。

在丽江,这个离梦想更近的地方,深呼吸一次,足可以回味一辈子。

在推广方面,联同丽江旅游局一起在深圳召开新闻发布会,在新闻的层面取得了非常有利、非常权威的报道,再加上深圳国旅、丽江旅游局、深圳航空公司联合的四分之一版广告,将广告信息的传达和视觉效果的震撼一次做足做到位。

示范案例2-9　非常香港品牌设计

2002年7月3日《中国旅游报》上刊登了一则标题为"今年非常吃香"的广告,由香港×旅推出"非常香港"系列——"童年到香港"亲子游和"香港探索"夏令营两大品牌产品,立刻引起很多旅行社的关注……这就是深度公司为"香港×旅"策划的品牌案例,非常值得有志于发展品牌化经营的旅行社借鉴。下面主要介绍"香港探索"夏令营的相关策划。

项目2　旅行社线路设计与操作

"香港探索"夏令营（专为15～18岁中学生而设计）

广告口号：我们是改变的一代！

六七月份正是夏令营的旅游旺季，初、高中学生是庞大的市场，学生家境富裕的大多出国游学，家境一般的参加国内门类多样的夏令营，稍差一点的参加当地的夏令营活动。对准备在暑期参加存放令营的学生调节器，香港夏令营是一个空缺，而且去香港也算是一次出境，花钱也不是很多。所以香港夏令营值得做。

策划的子品牌名称是"香港探索"夏令营，因为目前夏令营产品很多，本着易于传播、接受的原则，想把它做成香港夏令营的代表，引入了"探索"的概念，把整个旅行看做是一个探索和学习的过程。"香港探索"夏令营与普通的夏令营不同的是更注重提升学生素质和培养其独立探索的实践能力，让学生在观念和能力上都获得受益终生的改变。

策划团队在差异化产品设计方面仍然颇为用心，首先让学生参加探索训练（即领袖力团队拓展训练），先学习和掌握探索方法和技巧以及培养团队意识和精神，并准备在日后的探索科技日、探索文化日、探索实践日行程中把所学到的运用起来，尤其是探索实践日（探索香港的一天定向活动）让学生们形成互相竞争的团队小组，每个组都有不同的课题，探索一天后晚上要做分享和汇报演讲，让学生的各方面能力都有不同程度的锻炼和提高。

在宣传推广方面策划团队首先考虑的是《南方都市报》，因为《南方都市报》整个报纸的定位是"改变"，口号是"改变使人进步"，所以他们积极与《南方都市报》联系合作推广，甚至"香港探索"夏令营的推广口号也与其一致，用"改变使人进步"，将"香港探索"夏令营纳入到《南方都市报》自身推广活动的一部分，突显探索旅行改变学生的观念、习惯、素质、能力等方面，真正彰显"改变使人进步"的精髓。

在整个项目运作中，策划团队同样是用最专业的服务精神给地接社、组团社提供了整套的营销方略和运作规范，其中包括不同尺寸、不同套色的报纸广告、软性文章通稿、FAQ问答规范、推广操作指引方案和充足的折页等宣传资料。

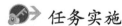 任务实施

◆ **个人任务实施**

各小组成员利用课下时间思考并完成个人任务成果书。

学生个人任务成果书（NO.16）			
实训任务16：设计一个旅行社产品品牌		任务性质	个人任务
个人任务成果名称	旅游产品品牌设计方案		
内容包括品牌名称、品牌标识、品牌标识内涵、品牌目标顾客、品牌下线路设计（1～2条）等 注：成果以A4纸打印或手写			

121

◆ **小组任务实施**

实施步骤

（1）各小组充分讨论并吸收小组成员个人任务结果，结合本旅行社的特点和产品定位，最终确立本旅行社的品牌。
（2）确定并制作品牌名称、标识、标识内涵、品牌所面对的目标顾客群。
（3）为该品牌设计产品，体现为1~2条旅游线路。
（4）制作该品牌宣传文案。
（5）小组展示成果。
（6）其他小组点评并给出建议。

学生小组任务成果书（NO.16）			
实训任务16：设计一个旅行社产品品牌		任务性质	小组任务
小组任务成果名称	旅游产品品牌设计方案		
内容包括品牌名称、品牌标识、品牌标识内涵、品牌目标顾客、品牌下线路设计（1~2条）、品牌宣传文案等 注：成果以 A4 纸打印或手写			

 总结提高

一、旅行社产品品牌的定义与构成

1. 旅行社产品品牌的定义

旅行社产品品牌是指旅行社向旅游者所展示的、用来帮助旅游者识别旅游产品的某一名词、词句、符号设计或它们的组合。

2. 旅行社产品品牌的构成

旅行社产品品牌由品牌名称、品牌标记和商标构成。

品牌名称指的是品牌中可以用语言表达的部分，包括文字与数字，通常是识别产品的唯一标志。没有品牌名称，生产者无法识别自己的产品。对消费者而言，品牌名称是产品的基本组成部分，品牌名称可以简化购买过程，降低交易费用，保证一定的质量，并成为消费者自我表现的凭借物。从长期来看，也是旅行社培养顾客忠诚的有效途径之一。

品牌标记是指品牌中非文字或者数字表述的部分，通常是图案或标记。

商标是指依法注册的标记，表明注册者对特定品牌或品牌组成部分具有唯一使用权。

二、旅行社产品品牌的必要性

品牌对于生产者和消费者都有重要意义。旅游消费品市场是一个高度的信息不对称市场。对旅游者来说，由于旅行社产品的无形性，旅游者无法像使用有形产品那样事先检测消费对象；而且由于旅行社产品的综合性，也导致了旅游者搜寻旅游产品信息的成本较高。因此无论对于生产者还是旅游者来说，旅行社产品品牌的建立都有重要意义。

1. 对于生产者来说

（1）可以对自身产品进行分类，系列中区分于一般产品或其他不同产品。
（2）品牌一旦形成有助于他们培育回头客并在此基础上形成顾客忠诚。

2. 对于旅游者来说

（1）能帮助旅游者识别、选择和评价不同生产者的产品，从而解决"信息不对称"问题。
（2）可以帮组游客识别、选择和评价不同旅行社生产的产品。
（3）以通过诸如品牌方式让游客获得心理上的满足和优势。

三、旅行社产品品牌设计的程序

（1）分析自身旅游产品的特征。
（2）了解市场竞争状况。
（3）设计品牌：特色鲜明、简洁明了、适应文化特征。
（4）测试品牌。
（5）推广品牌。
（6）检测及调整。

四、中国旅行社品牌现状

当前中国旅行社业正处于分工体系的调整阶段，分工体系呈现出不断分化的局面，既有少数规模较大、实力强的主要经营联团、组团等批发业务的旅行社，也有一部分小社、新社专门经营地接或代理其他旅行社收客等旅游零售业务，但大多数旅行社没有明确的定位和分工，更没有自己的特色和品牌。可以说，中国旅行社品牌现状非常值得担忧，就品牌意识来说，与我国工业、商贸、信息业等产业相比，旅行社业在品牌意识的觉醒和品牌建设的操作方面，可以说已经大大落后，驰名商标几乎没有。被认定为中国驰名商标的以工业品牌居多，而服务业品牌则相对较少，尤其是旅游业就更少了。重庆餐饮业在品牌连锁发展方面做得不错，小天鹅、秦妈、陶然居等，值得学习。

要让游客"认旅行社去旅游"，像选择品牌家电一样选择旅游产品，旅行社有稳定的服务质量，形成质量稳定的旅游产品，必须树立诚信，游客才能对旅行社品牌产生信赖。现在的问题是，很多旅行社的报价都不透明，不管哪家旅行社，游客都必须睁大眼睛去分辨哪些团是"零团费"、"负团费"，哪些是真正的"酬宾"。诚信从何而来？品牌又怎么能建立起来。

比如说，现在的旅游广告满天飞，许多都是"某某国旅"、"某某中旅"，其实就是"地名加国旅或中旅"。对国旅总社或中旅总社这样的大社而言，无形中加大了品牌风险，因为只要有一家国旅或中旅出了事，消费者就会对整个国旅系统或中旅系统不信任；对"某某国旅"或"某某中旅"来说，长期以来自己对品牌做的投资都将成为别人的资产，说到底就是没有自己的品牌。

2006年，"广之旅"被中国国家工商总局商标局认定为"中国驰名商标"，成为全国地方旅行社中第一个"中国驰名商标"，创造了我国旅游业发展史上又一个里程碑。驰名商标意味着良好的声誉、巨大的消费者号召力以及强劲的市场竞争力，它不仅是企业的"金字招牌"，在一定程度上更是一个地区的"名片"。一个地区驰名商标的多寡，代表着这个地区经济竞争力甚至综合竞争力的强弱。"广之旅"被评为中国驰名商标，不仅显示了企业过硬的质量和过人的服务水平，更折射出在品牌商标管理意识上的领先地位。因此，广之旅获认"中国驰名商标"，对服务行业争创中国驰名商标起到了标兵作用。

五、旅行社业品牌认知误区

未来旅行社之间的竞争实质就是旅行社品牌的竞争。但做品牌就是做广告吗？做品牌就是简单包装吗？旅行社的品牌就是企业名称吗？有多少旅行社有属于自己的品牌？旅行社的产品线路也有品牌吗？旅游线路品牌也能注册吗？旅行社到底如何做品牌？

这些问题对旅游从业人员来说，既熟悉又陌生，既困惑又无奈。旅行社业对品牌认知普遍存在着以下误区：一是Logo，就是品牌，很多旅行社管理者分不清Logo（商标）或Slogan（口号）与品牌之间的关系，认为只要将一个名字或图案到管理部门注册就成了品牌。其实二者不是同一个概念，标识和口号只是品牌传播的工具之一，品牌的内涵远远大于它们。有些旅行社竟在毫无创新的旅游线路上加上一个连自己都说不清其含义的图标，而后自定义为"品牌旅游产品"。二是名牌就是品牌，把名牌看作品牌是人们常见的认识误区。其症结在于将品牌知名度狭义地理解为品牌的全部，从而忽视了品牌认同的根本是品牌具有良好的美誉度。没有美誉度的支撑，名噪一时的"泡沫"品牌，终将成为过眼云烟。曾在央视"各领风骚三两年"的秦池等"标王"早已销声匿迹。从某种角度来说，名牌在消费者心目中的生命力远远脆弱于品牌。三是做品牌就是做CIS。CIS（企业识别系统）有利于品牌形象的塑造，是塑造品牌的一种途径。本质上，CIS是为企业形象服务的，是为企业战略服务的，是企业形象的操作系统，而企业形象并不完全等同于品牌形象，只是品牌形象的一个方面。四是品牌缺乏定位，任何企业只能满足一部分消费群体，任何产品都只能满足一部分人的某种需求。虽然专家一再呼吁旅行社要专业化，但就目前而言，大多旅行社企业都没有进行市场细分，专业经营的旅行社少之又少，它们不甘心将品牌只定位于一个层面，而是认为"大小通吃"乃为上策。殊不知，"眉毛胡子一把抓"，到头来只能是

项目2　旅行社线路设计与操作

"竹篮打水"。在商品信息泛滥的今天,"多点"宣传不仅浪费资源,而且会让顾客对品牌特征感到迷惑。成功的品牌无一不是得益于清晰的定位。五是评比出品牌,一些旅行社企业对各类评奖乐此不疲,认为消费者会把某某奖项作为是实力品牌的标准。其实,这种观念早已滞后,随着消费者观念逐渐理性化和成熟化,获奖已成为影响他们购买决策的一个次要因素。仅靠评奖而成为强势品牌是自欺欺人,因为选票不在评委手中,选票是消费者手中的货币。

知识拓展

1. 王燕．旅行社旅游线路设计剖析［J］．企业技术开发（下半月），2009 (2)．
2. 2006 完美假期旅游线路设计大赛，http：//www.visitcq.net/Html/Article/ZX/XW/57543182135.html
3. 加大旅游产品开发力度培育特色旅游线路品牌，http：//www.jlsina.com
4. 国际品牌酒店与粤旅行社合作高端旅游降价5成，http://www.visitbeijing.com.cn/lvyouxl/zuixindt/121628.htm
5. 中国旅游品牌设计的战略高度，http：//www.chinacity.org.cn/cspp/lypp/51887.html
6. 旅行社行业现状、问题及发展趋势（九），http：//www.blogchinese.com/37984/viewspace-987320.html
7. 旅行社怎么做品牌营销 http：//www.cotsa.com/News/T-9276
8. 深度旅游营销网 http：//www.kfcts.com.lvyou114.com/Site/4315.htm
9. 北京大潮国旅 http：//www.dachao.com.cn
10. 深圳国旅新景界 http：//www.eachtravel.com/
11. 旅游研究网 http：//www.cotsa.com/

延伸阅读

品牌的由来

品牌的英文单词 Brand,源自古挪威文 Brandr,意思是"烧灼"。人们用这种方式来标记家畜等需要与其他人相区别的私有财产。到了中世纪的欧洲,手工艺匠人用这种打烙印的方法在自己的手工艺品上烙下标记,以便顾客识别产品的产地和生产者。这就产生了最初的商标,并以此为消费者提供担保,同时向生产者提供法律保护。16 世纪早期,蒸馏威士忌酒的生产商将威士忌装入烙有生产者名字的木桶中,以防不法商人偷梁换柱。到了 1835 年,苏格兰的酿酒者使用了"OldSmuggler"这一品牌,以维护采用特殊蒸馏程序酿制的酒的质量声誉。

在《牛津大辞典》里,品牌被解释为"用来证明所有权,作为质量的标志或其他用途",即用以区别和证明品质。随着时间的推移,商业竞争格局以及零售业形态不断变迁，品牌承载的含义也越来越丰富，甚至形成了专门的研究领域——品牌学。

品牌是用来识别生产或销售者的产品或服务的。品牌拥有者经过法律程序的认定，享有品牌的专有权，有权要求其他企业或个人不能仿冒、伪造。这一点也是指品牌的排他性，然而我们国家的企业在国际竞争中没有很好地利用法律武器，没有发挥品牌的专有权，近年来我们不断看到国内的金字招牌在国际市场上遭遇的尴尬局面："红塔山"在菲律宾被抢注，100多个品牌被日本抢注，180多个品牌在澳大利亚被抢注，……人们应该及时反省，充分利用品牌的专有权。1994年世界品牌排名第一的是美国的可口可乐，其品牌价值为359.5亿美元，相当于其销售额的4倍。到1995年可口可乐的品牌价值上升到390.50亿美元，1996年又上升为434.27亿美元。

中国的品牌创造虽起步较晚，但国内的名牌发展较为迅速，像云南红塔集团的"红塔山"，大连的三山浦海产集团，浙江杭州的娃哈哈，山东青岛的海尔，四川绵阳的长虹集团等知名品牌也价值不菲，以1998年评估为例："红塔山"的品牌价值为386亿元人民币，"海尔"的品牌价值为245亿元人民币。品牌创立后，在其成长的过程中，由于市场的不断变化，需求的不断提高，企业的品牌资本可能壮大，也可能缩小，甚至某一品牌在竞争中退出市场。品牌的成长由此存在一定风险，对其评估也存在难度，对于品牌的风险，有时由于企业的产品质量出现意外，有时由于服务不过关，有时由于品牌资本盲目扩张、运作不佳，这些都给企业品牌的维护带来难度，对企业品牌效益的评估也出现不确定性。

资料来源：编者据相关资料编辑整理。

项目评价

【知识/技能评价】

本项目的学习，通过两条旅游线路的构成要素分析、绘制旅游线路设计思维导图等几个任务的递进练习，重在训练学生能够客观、全面地评价旅游线路的优劣并提出改进建议；能够将思维导图运用于工作中；能够完成简单旅游线路以及品牌的设计；能够通过多种渠道获取工作所需的旅游资讯。培养学生的发散思维能力和团队合作意识等。学生在几个任务的完成和实施中，切身感受旅行社线路下设计的要点和步骤，掌握旅行社工作的核心。

【总结提高】

任务名称：×××项目二自我评价

任务要求：学生在完成项目二各项任务、分享其他小组成果基础上，全面总结个人在项目两个人任务及小组任务中的表现和收获，发现不足，撰写项目二自我评价报告。字数600~800字。

任务性质：个人任务

3 旅行社线路销售与签订旅游合同

学习目标

知识目标：了解旅行社前台电话接待的主要工作内容；了解旅游广告的含义、特点和方式；熟悉旅游宣传单销售的特点和主要工作内容；熟悉旅游产品销售的渠道以及促销；掌握旅行社电话销售的工作流程；掌握旅游媒介销售的原则和要点。

能力目标：能够回答并处理客人提出的常见问题；能够自主搜集电话信息进行电话销售；能够设计简单的网络和报纸销售广告。

素质目标：培养学生的随机应变能力、语言表达能力、沟通能力、换位思考能力；培养学生的礼仪规范和合作意识；培养学生的主动性和独创性。

旅行社经营实务

项目导读

旅行社线路的设计和操作是旅行社经营的灵魂。旅行社线路的销售是旅行社经营的核心任务。如果旅行社的产品销售不畅,那么旅行社就难以维持正常的经营,更谈不上盈利。因而旅行社线路销售对于旅行社的正常运转起着至关重要的作用。旅行社前台接待、旅游宣传单销售、电话销售、旅游广告等旅游媒介销售都是旅行社线路销售的常用有效方式。与旅游者签订旅游合同,是旅行社线路销售的最后环节。

任务13　前台接待的工作内容

任务目标

旅行社的前台接待人员代表着旅行社的形象。客户无论是致电旅行社还是直接到旅行社咨询,前台接待人员都是旅游者接触的第一位旅行社工作人员,这也是给旅游者留下第一印象的员工。前台接待人员给旅游者留下的第一印象在旅游者心目中往往可以模糊替代旅行社的形象,因此,前台接待人员的工作非常重要。

任务引入

产品的设计与销售是密不可分的。李冰在实践中认识到销售对于产品的重要性,他认为前台接待是旅行社对外销售的直接渠道,因此,培养合格的前台接待人员是非常重要的。作为一名前台接待员,她应具备何种素质,又该如何做好自己的本职工作呢?这也是李冰不断思考的问题。

项目3 旅行社线路销售与签订旅游合同

任务剖析

电话接待和面对面的现场接待都是旅行社前台接待的主要方式和内容。李冰需要认识到,作为旅行社的前台接待人员一定要注意礼貌礼仪,用语规范,应善于察言观色,洞察旅游者需求;其次,前台接待人员应要熟悉旅行社的产品、线路,对旅行社新近推出的线路、特价线路、特色线路,旅游目的地的基本信息、风土人情等信息要非常熟悉,这样才能在回答旅游者咨询时游刃有余,并对旅游者进行针对性的推荐,赢得游客信任。

实训任务发布

实训任务17:电话接待模拟

学生工作任务书17			
实训任务17:电话接待模拟		任务性质	小组任务
任务完成时间		40分钟	
任务描述 计划参加北京一日游的某教师打来电话,询问一日游的一些问题,如当日的行程安排,吃什么,价位多少,玩什么,娱乐活动,小游戏都有些什么等。小组内部,两人为一组,分别扮演某教师和前台接待人员,完成角色扮演。每个组随机抽取两人,组间合作,完成角色扮演			考核标准 1. 前台接待人员的礼貌礼仪到位 2. 前台接待人员对线路内容及北京市旅游相关资源非常熟悉,能机智准确地回答教师问题

示范案例

示范案例3-1 前台电话接待开场白

(1)"您好,这里是×××旅行社门市部,我是×××,请问,我能为您做什么吗?"

(2)—"请问你们的主管王先生在吗?"

—"对不起,王主管现在不在,请问怎么称呼您?"

—"我姓张,我是他的一个客户,有一件事要咨询他,他什么时候回来?"

—"非常对不起,张女士,王主管可能在短时间内回不来,如果方便,请留下您的电话和您所要办理事务的简要内容,以便他回来后及时回电给您,您看这样好吗?"

—"我的电话是××××××××。"

—"张女士,方便留下您的全名吗?"

—"好,我的全名是张××。"

——"还有什么可以帮您的吗?"
——"没有了,我等王先生电话。"
——"好的,张女士,我一定及时将您的电话转告给王主管,谢谢您来电。再见。"
（3）您好这里是"××国旅,很高兴为您服务"。

任务实施

（1）各小组领取旅行社线路资料,小组成员学习相关资料。
（2）各小组抽取给定场景和角色,进行前台电话接待的角色扮演

学生小组任务成果书（NO.17）			
实训任务 17：电话接待模拟		任务性质	小组任务
小组任务成果名称	旅行社前台电话接待模拟		
成果形式：角色扮演			

实训任务发布

实训任务 18：现场接待模拟

学生工作任务书 18			
实训任务 18：现场接待模拟		任务性质	小组任务
任务完成时间			
任务描述 根据事先发放的线路信息,自主通过多种途径收集与该线路有关的资料。按照教师给定的情景进行组内活动,完成组内角色扮演。而后,每个组随机抽取两人,组间合作,完成组间角色扮演		考核标准 1. 前台接待人员举止大方、用语礼貌 2. 接待人员有敏锐的观察力,能从客人的言语、动作、表情以及语气语调中了解他们的心理,判断他们的需求。接待人员能够为客人准确机智的解答线路有关问题 3. 接待人员的解答能够激起客人的兴趣		

示范案例

示范案例 3-2　前台现场接待模拟示范

一、背景材料

线路名称：浪漫天堂—巴厘岛 4 晚 6 天（新航—正去夜回）

项目3　旅行社线路销售与签订旅游合同

天数	行　　程	餐食	住宿
D1	北京→新加坡→巴厘岛　　参考航班 SQ811　0845/1510 转 SQ946 1640/1910 搭乘新航豪华客机经新加坡转机飞往素有"世外桃源"之称的巴厘岛。通关后，由穿着巴厘岛传统服装少女为您献花，欢迎您来到巴厘岛	—	巴厘岛酒店
D2	南湾水上活动中心—洋洋断崖—库塔海滩—金巴兰海鲜烧烤 酒店早餐后往海滨戏水胜地南湾，这里海阔天蓝，海滩洁白细软，在此悠闲地漫步戏水，可自费编织黑人辫子，或驾水上摩托车、拖拽伞等水上活动，度过一个难忘的海滨休闲日。午餐后往洋洋断崖，俯瞰印度洋的海水清澈见底。景色宏伟，气象万千。之后往世界各地游客最向往的库塔海滩，可在此游泳或冲浪。晚餐于金巴兰海滩品尝风味炭烤海鲜餐，让您感受巴厘岛星空之夜的海滩浪漫情调	早/中/晚	巴厘岛酒店
D3	乌布艺术村之旅—金塔马尼火山—海神庙 早餐后专车前往金塔马尼火山风景区，途经世界闻名的木雕发祥地——马斯木雕村。巴厘岛居民可说从小接触雕刻艺术，以特有的雕刻风格享誉海外。接着参观处理过程极为繁复，需9道程序的蜡染工艺。午餐享用印尼风味自助餐，欣赏素有"巴厘富士山"之称的巴杜尔火山美景。下午前往乌布市场，这里有很多非常有特色的小店，来自世界各地的客人都在此流连忘返。续往参观海神庙，此庙建于海中岩石上，600多年来在波涛汹涌的印度洋海浪冲蚀下依旧巍然耸立。涨潮时四周为海环绕，仿佛浮在海中，更衬托出海神庙的美丽与神秘	早/中/晚	巴厘岛酒店
D4	全日自由活动 早餐后自由活动，您可享受酒店内的休闲设施，也可舒适地躺在游泳池的遮阳伞下，感受热带的南洋风情。或自费参加紧张刺激的漂流，或享受一次令人疲倦尽消的 SPA，也可参加豪华游艇离岛全日游，享受一个令您难忘的水晶湾之旅	早/—/—	巴厘岛酒店
D5	洋人街—土产店—咖啡店—DFS 免税商场 巴厘岛→新加坡　　　　参考航班 SQ947　2005/2235 早餐后往洋人街，此处为库塔区最热闹的娱乐与购物中心，繁华的景象、特殊的街景，有世界各国形形色色的观光客穿梭其中，热闹繁荣的景象完全不受外界影响。此区提供包含全印度尼西亚所有最具代表性的精致手工艺品、美食等，让您大开眼界。下午参观巴厘岛著名的咖啡工厂，品尝地道的咖啡。随后专车前往土产专卖店和 DFS 免税店，您可选购一些印尼的土特产。之后送往机场，由专人办理出境手续，搭乘新航豪华客机飞往新加坡	早/中/—	飞机上
D6	新加坡→北京　　　参考航班 SQ812　0115/0720 于新加坡转机后飞往北京，结束愉快旅行	—	—

以上行程以当地旅行社接待安排为准，在保证不减少旅游景点的情况下，我社保留对景点游览顺序进行调整的权利！

参考报价：5980 元/人（老年人跟成人一样、儿童在成人的基础上打 9.5 折、12 岁以下为儿童）

出团日期：2008 年 1 月 25 日

参考酒店：Melia Benoa/Ramada Benoa/Grand Bali Beach 或同级

费用包含：国际往返机票及机票附加之税款、印度尼西亚落地签证费用、巴厘岛当地海边五星级酒店住宿双人标准间、行程所列之餐食、行程所列之旅游用车、行程内景点门票、中文导游服务。

费用不含：护照费、印尼离境机场税（约折合人民币 150 元/人，仅供参考，实际费用请按当天规定执行！）、司机及导游小费(6～9 人成行：USD6/人·天，全程 USD30/人；10 人以上成团：USD4/人·天，全程 USD20/人)、人身意外伤害保险、自费项目及个人消费，行程以外的景点，医疗费以及交通延阻、罢工及其人力不可抗拒的因素所引致的额外费用。

签证用资料：护照（6 个月以上有效期）巴厘岛是落地签证，只需要提供护照。

备注：机票浮动应在 200 元/人～500 元/人

二、模拟情景

一对新婚夫妇计划出去度蜜月，来到××旅行社向前台接待人员进行咨询。问了如下问题。

前台接待人员：您好！欢迎您来我们××旅行社？有什么可以帮您的吗？

客人：您好！我们刚结婚，想去度蜜月。不知道你们旅行社有没有合适的旅游线路？

前台接待人员：恭喜您二位，祝新婚愉快！我们旅行社近期正推出了几条蜜月游线路，非常适合两位。

客人：有没有宣传手册我们想看一下。

前台接待人员：有，给您，请看。我们主要推出了 3 条蜜月游线路，云南蜜月之旅 6 日游；浪漫天堂——巴厘岛 4 晚 6 天；夏威夷 12 日蜜月之旅。

客人：12 天时间太长，6 天差不多。云南和巴厘岛时间长短合适。还有我们的要求就是行程要舒缓、自由，浪漫，风景优美。您觉得哪个更适合我们呢？

前台接待人员：巴厘岛行程比较舒缓，您可以睡到自然醒，还可以享受阳光、沙滩，非常不错。

客人：那新婚夫妇又没有什么优惠？价格多少？能不能便宜一些？

前台接待人员：每人 5980 元，不含离境税、护照费和小费。价格已经非常优惠了，不过我们赠送新婚夫妇 2 晚独栋游泳别墅，花瓣床和花瓣浴，一定会给您的蜜月之旅带来浪漫和惊喜。

客人：听起来还不错，不过我们想下周就走，签证会不会很长时间啊？

前台接待人员：巴厘岛是落地签，您抵达当地机场后在海关直接办理签证就可

项目3 旅行社线路销售与签订旅游合同

以，非常方便。

客人：好的，多谢！我们回去考虑一下，决定了联系你。

前台接待人员：不客气，请慢走。给您一份宣传手册，您也可以上我们公司网址再详细了解一下，这条线路非常适合两位，一定会让您终生难忘的！

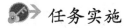 **任务实施**

实施步骤

（1）各小组领取旅行社线路资料，小组成员学习相关资料。

（2）各小组利用各种途径收集与线路有关的资料，讨论来访游客可能提问的各类问题，做好应答准备。

（3）各小组抽取给定场景和角色，进行前台接待的角色扮演。

学生小组任务成果书（NO.18）			
实训任务18：现场接待模拟		任务性质	小组任务
小组任务成果名称	旅行社前台现场接待模拟		
成果形式：角色扮演			

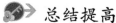 **总结提高**

一、旅游产品销售渠道

旅游产品的销售渠道是指旅游产品的生产者将产品提供给最终消费者的途径，又称销售分配系统。其中涉及这一参与过程的一系列独立组织，旅行社是其中的重要成员。旅行社的销售渠道就是指旅行社的产品（组合或单项的）从旅行社这一层次出发到达旅游者所经过的路径。根据在旅行社和消费者之间是否有其他中间环节来划分，可将销售渠道分为直接销售渠道和间接销售渠道两种。

（一）销售渠道的类型

1. 直接销售渠道

旅游产品生产者直接将产品销售给最终消费者的渠道，称为直接销售渠道，即旅游产品生产者→消费者。

2. 间接销售渠道

凡产品经过中间商到达消费者手中，称为间接销售渠道。根据中间商的多少可以将间接销售渠道分为3种。

（1）广泛性销售渠道，是指旅游批发商把产品广泛分配给多个零售商，适用于旅行社产品新进入某市场时使用；优点是方便游客购买；缺点是成本高，产品分散。

（2）选择性销售渠道，是指批发商只选择几个中间商进行销售，适用于已经使用多个中间商一段时间的旅行社。优点是集中少数中间商进行推销，节约成本；缺点是如果选择中间商不当，可能影响产品销售。

（3）专营性销售渠道，是指一段时期一定地区内只选择一家中间商，优点是可以提高中间商效率，减少成本；缺点是销售面和销售量会受到限制，如果中间商选择不当，会影响既有市场。

（二）中间商的选择

旅行社选择中间商的方式一般有如下几种情况：通过有关专业出版物的介绍、在参加旅游交易会或博览会时的相互接触和了解、派出促销团同中间商进行商谈、或通过接待中间商的旅游团等。但是，无论采取哪种方式了解中间商，都需要对其进行全面的考察。考察的内容主要有以下几方面。

1. 地理位置

地理位置主要是指考察旅游中间商是否位于客源比较集中的地区。出游率高的地区更便于中间商招徕和组织更多的游客，如国内旅游中的上海、广州、江浙地区，入境旅游中美国的加州、纽约，日本的东京、大阪、京都等。

2. 目标市场

目标市场主要是考察旅游中间商经营的目标群体与旅行社的目标市场是否一致。只有中间商为之服务的游客类型同旅行社的目标市场相一致，旅行社的产品才能得到更好的销售。例如，某旅行社以商务游客为目标市场，则应在各种旅游中间商中选择以经营商务旅游为主要业务的中间商。

3. 商誉和能力

商誉是指所选择的中间商要有良好的信誉和较高的声誉。商誉意味着这样的中间商在客源地区和旅游消费者中有广泛的影响，同时也意味着在销售旅行社产品时能按市场规则办事和讲究商业信誉。能力是指所选择的中间商具有对旅行社产品的推销能力和偿付能力。

4. 合作意愿

合作意愿是指所选择的中间商对推销旅行社的产品及所涉及的旅游目的地具有兴趣。因为旅行社在选择中间商时，中间商也在选择旅行社，这是一种双向的选择。只有在相互自愿的基础上，合作才能取得成效。

二、促销

促销是旅行社市场营销组合策略的基本构成要素之一，它由媒体广告、销售推广、间接营销和公关等要素组合而成。有效的促销组合具有以下功能：向潜在旅游者或者中间商提供产品信息；劝说人们形成对特定产品和品牌的偏爱或在特定旅行社购买产品；劝导旅游者的购买行为即刻指向营销者所提供的产品。

（一）制定促销策略

旅行社促销策略制定的基础，是旅行社的总体发展战略和总体发展战略指导下的市场营销策略。因为促销策略只是旅行社市场营销策略的一个组成部分，它不能孤立于旅行社的总体营销策略之外而存在。但就旅行社的促销策略而言，总体目标是基础，总体预算是保障，而所有促销要素目标都必须为总体目标服务，所有促销要素预算都受总体预算的限制。旅行社促销效果既是检验促销策略有效性的重要环节，也是旅行社不断提高促销水平的重要途径。

制定促销策略的步骤包括：确定目标顾客；确定促销目标；确定促销费用；确定促销组合；控制促销活动。

（二）促销工具

旅行社采取何种促销方式既取决于旅行社的促销目标和促销预算，也取决于具体产品的特征和目标市场的特点，又取决于不同促销工具的特点和适用性。旅行社在进行促销方式和促销方式组合决策时，应综合考虑以上因素。

1. 广告

广告作为重要的旅游促销方式由来已久，但要了解和掌握不同广告方式的特点。
（1）自办媒体广告：主要包括户外广告牌、散发广告传单、发放纪念品。
（2）大众传媒广告：主要包括报纸、杂志；广播，如自驾车旅游的信息在交通台播放；电视，如马来西亚，每年在旅游广告宣传上的投入达 2 亿美元，以宣传马来西亚多元文化、热带风光、美食为主题的广告经常可以在中央电视台旅游广告栏目中见到。

2. 公关

公关的目的是与所有的企业公众建立良好的关系，而营销公关的一切活动都是以具体的产品品牌为中心进行的，如借助新闻媒介传播产品信息，以品牌形式赞助公益活动等。具体的公关活动有以下几种。
①新闻发布会；②新闻稿；③名人到场；④公益活动；⑤节事活动：博览会、展览会等。

3. 直接销售

直接营销也是近年来发展迅速的一种促销方式。它包括 3 种主要形式。
（1）人员推销，是指旅行社通过委派销售人员，直接上门向旅游者推销产品。
会议促销，是指邀请旅游者或客户代表开会推销。

讲座推销，是指到客户所在地进行新产品或者传统产品的讲座。

（2）直接邮寄，是指将最新产品目录、宣传单等邮寄给旅游者和客户。

（3）电话营销，是指按照事先选定的促销对象名单逐一打电话，介绍产品，征求意见，并询问他们是否会购买。

4. 销售推广

销售推广是近年来发展极为迅速的一种促销方式。它包括面向行业（旅游中间商）的销售推广和面向消费者（旅游者）的销售推广两类。

（1）面向中间商的销售推广活动，主要包括交易折扣、考察旅行、联合广告、销售竞赛等众多不同的方式。中间商考察旅行是目前国际上常用的推销手段，即组织中间商来旅游目的地考察，向他们介绍旅游路线和活动，特别介绍旅行社的新产品，使他们通过实地考察，了解旅行社的产品和旅游目的地的情况，产生来本地旅游的愿望。尽管邀请中间商来访成本较高，但往往可以取得较好的推销效果。

（2）面向消费者的销售推广活动，主要包括赠送礼品、竞赛活动（针对旅游目的地或旅行社产品的竞赛，奖励奖品或旅游）等。

5. 网络

网络也是近年来发展极为迅速的一种促销方式，具有成本低、覆盖面广、传递信息迅速等特点。旅行社网络销售的重点是精心设置网页，加强网上交流，提高访问量等。

三、旅行社前台接待的主要工作内容

（一）日常客户接待

用专业知识给客人讲解旅游线路和行程景点介绍，并利用销售技巧促成单子。

前台接待人员要地理知识较好，熟悉前台操作流程，熟悉国内旅游线路和景点。接待人员要有敏锐的观察力，能从客人的言语、动作、表情以及语气语调中了解他们的心理，发现他们对于产品的需求。

接待人员可以利用制作精美的宣传手册、幻灯片、光盘等方式，向消费者生动展示旅游目的地的相关信息。在给消费者播放光盘等视频资料时，时间不宜过长，应选取旅游者可能感兴趣的或者集中介绍某个产品、播放时间短的录像或者光盘。

（二）咨询回复

游客的咨询多集中于产品报价方面，前台接待需熟知旅行社产品价格，做好记录，并能灵活回答游客询问。

（1）接听客户报价时，一定要对应行程和服务标准，要向客人说明价格包括的服务内容、标准和不包含项目。

（2）接听客户咨询报价时，一定要填写《记录单》，并向客人报出自己的姓名、职务、岗位、直线电话。

项目3 旅行社线路销售与签订旅游合同

（3）接听客户咨询时，一定要查看公司线路的资源预定情况，根据预定情况向客户推荐出游线路和时间。

（4）接听客户咨询时，一定要了解同行同一产品的产品价格和服务标准。要向客户讲清我们的产品价格包括什么，服务标准包括什么。

> **知识拓展**
>
> 1. 阅读王健明主编的《旅游产品经营智慧》，该书已于2008年由旅游教育出版社出版，学习该书中关于旅行社接待的相关知识。
> 2. 阅读孙雨欣撰写的《办公室接待与电话接听礼仪》一文，原文刊载于《办公室业务》，2011年S1期，学习办公室接待与电话接听的相关礼仪，并举一反三，思考旅行社前台接待和电话接待的相关礼仪。

> **延伸阅读**
>
> ### 北京源丰通国际旅行社前台接待部散客（接待）流程
>
> 前台部是整个公司对外的窗口，是体现我们公司经营、管理、服务等理念的先行者，是我们能否在本地市场独树一帜、成为有发展潜力的执行者和保障者。所以作为前台的工作人员，要衣着整洁、统一工服，一言一行都代表着整个公司的形象，在接待来咨询的客人时一定要参照以下接待标准。
>
> 1. 开门服务——见到客人在橱窗前阅览公司的产品路线，并有意进来咨询时，要站立，主动帮客人开门。
>
> 2. 微笑服务——微笑着询问："您好！我能帮您做点什么吗？"或者说"您好，请屋里面看看吧，有详细的线路介绍"。
>
> 3. 倒水服务——招呼客人坐下，将近期的散客报价单拿给客人，让其自行阅览，挑选心仪的路线，与此同时，询问客人"喝冷水还是热水"，为其提供热情的待客服务。
>
> 4. 介绍服务——对客人感兴趣的产品路线进行介绍，并说明具体的参团情况及现阶段执行的价格（必要时与驻京办事处核实准确的操作价和发团时间），针对客人提出的问题进行耐心的解答，做到热情、耐心、细致；如客人没有选好的路线，则要给客人做好参谋，视客人的喜好和具体情况推荐我们的产品路线。
>
> 5. 询问登记——与客人交谈的不知不觉中，应了解到客人拟订的出发时间、人数、标准、有无特殊要求、知晓渠道等，并将所有内容记录到散客登记表中，最后询问客人"您看，方便留下您的姓名和联系电话吗？因近期的机票浮动价格很大，所以一旦有新的消息，我们可以马上通知您。"
>
> 6. 准备资料——客人需要回去商量或考虑的，我们把客人所选择的产品路线复印或打印好，并在其上面标明现在的价格和一些未定的标准及补充的说明。顺便递一张我们的名片，这样有利于客人保存。

旅行社经营实务

7. 送客服务——所有的咨询结束，客人要离开了，工作人员应起身，微笑与客人道别："您慢走，如有需要可以随时拨打我们的电话，我叫×××。"给客人开门，并将客人送至门口。

前台人员应严格按照以上标准执行，并尽可能地做到最好！

前台接待部散客（操作）流程

前台部工作人员在进行散客操作时要细致入微，将客人所参加的产品路线认真仔细地进行了解，给客人一个有保障的旅行！真正地做到：给我一次机会，给客人一个全新的旅游新感受！

具体操作步骤如下。

1. 客人主动上门咨询时，工作人员首先要按照散客的接待流程进行
2. 当客人选择好某一路线，决定参团时
（1）客人拟定的路线、出发时间、人数、标准、有无特殊要求。
（2）与地接社或总部联系，看客人在拟订的时间内是否可以出行，价格是否有变化，标准如何，与此同时按照电话上的内容说给客人听，如果双方达成一致，要迅速告知地接社或总部为客人占位，并告诉他稍后传真准确的名单和确认。（因客人在场，与地接社通电话时应格外注意：先自报姓名："是×××吗？我是×××——昌平招商国旅的，看看咱家×线×日出发的还有位子吗？价格呢？标准有变化吗？"
3. 与客人签合同（按照旅游合同专用条款认真填写，须注意以下几点）
（1）旅客姓名和身份证号码需与身份证核对，做到准确无误；身体状况为客人自行提供，健康良好、适合此次出行。
（2）写清楚出发时间、地点、主要景点，如不确定应写：具体出发时间、地点及行程见出团通知。
（3）住宿时出现单男单女，请客人确定是安排入住三人间、与其他客人拼住还是补交单房差。三星以上的酒店没有3人间，只能做加床处理，且所加的床比房间内原配备的床要差得多。补房差的方法：一定要注明是客人在当地现付，还是在出团前与组团社结清。（房差：二星40~55元/人/天；三星60~120元/人/天；四星130~180元/人/天）。
（4）旅游费用：儿童的标明报价所含项目，尤其注意是否含大交通。团款出团前结清（特殊情况需部门经理级别以上人员担保并签字）支付方式：现金或支票（现金要大写，支票要有两个章，单位章和法人章，支票号写后4位）。
（5）交通工具：飞、卧标清楚，尤其是火车的应注明是非空调火车还是空调火车，区间交通是长途客运的须注明。
（6）餐饮标准：几早几正、大多数情况正餐餐标是15元/人、早餐5元/人；如客人在当地未用，退款必须由地陪写明几个正餐未用，退多少，并签字。原则上是客人在当地办理，尽量不要把问题和退款事宜带回组团社。
（7）购物安排：常规行程每天1个店，云南段店多，注意。
（8）旅游意外险：建议客人上旅游意外保险，并在合同的其他约定中标明。

项目3 旅行社线路销售与签订旅游合同

（9）口头复述：签好协议后，要再次和客人口头复述协议的内容，请客人认真阅读后签字，并写上参团期间及可以及时联络到的电话。

4. 收取团款（尽量让财务人员当面点清、并验证真伪）

（1）合同签订后，由财务人员收取团款，开具收据。

（2）赠送客人旅游礼品（旅行包、帽子等）并送客人出门。

5. 与地接社确认

（1）与地接社联系，再次核实参团的情况，确定并减少操作价。

（2）将参团客人的准确名字、身份证号码、参团时间、线路、标准、操作价、有无特别要求、联系方式等一起传真给地接社，并要求迅速回传确认。

（3）仔细阅读地接社的确认单：所列行程必须与所给客人的行程完全一致；要求和标准与所签合同一致（包括用餐数量、购物次数，交通方式等）。

（4）出发前1~2天，按照我社的确认单再次要求地接社盖章、确认，核实操作情况。

6. 填写《财务结算单》

一式3联，送财务1份，总经理1份，前台部留存1份，认真填写，特别注意是否有接送服务，并下派车单，通知所调配的司机。

7. 上旅游意外险

与保险公司取得联系，为客人上适合路线的旅游意外险，并将回传确认的保单复印1份，连同出团通知一起交与客人。

8. 整理客户资料

将客人资料整理归档，并将复印件交于客户服务部，建立客户档案，便于今后与客人联系，建立生日提醒和拓宽产品促销渠道。

9. 制定出团通知

（1）制定出团通知，内容包括具体行程、接待标准、集合方式、接团方式、地接导游及当地负责人的联系电话，我社紧急联系电话和操作人员电话。

（2）与客人取得联系，将出团通知、旅游注意事项、和旅游须知交给客人，并请客人填写资料交接单。

10. 温馨提示（客人回访记录）

（1）出发前一天晚上发信息给客人，主要内容是：请您带好有效身份证原件、儿童带好户口本，于具体时间、地点办理手续，地接联系人电话，当地温度，建议行李数量并祝旅途愉快！

（2）在客人抵达当天或第二天询问"是否安全抵达，是否顺利，并请有事及时拨打我们的电话，我们将24小时为您开机服务！"

（3）在行程中间询问客人"是否满意，是否习惯当地的饮食，并祝平安、顺利、开心"。如客人不满意，立刻与地结社取得联系，让他们迅速解决，决不可以将问题带回组团社，否则后果会很严重。与此同时，"请客人为了自身的利益，在当地如实填写客人意见单"。（多次询问客人对所发生问题处理的满意度）。

（4）客人抵京的时候或第二天，发短信给客人"欢迎您平安返回，希望有机

会再次为您服务！"。

　　11. 余款结算

　　（1）向地接社索要我社客人签字的《客人意见单》及所有发票与地接社结余款。

　　（2）拿好六大单据找总经理签字批款：财务结算单、客人行程、旅行社确认单、客人回访记录、客人意见单、与客人签订的合同。

　　（3）通知财务打余款，并回传底单。

任务 14　电话销售的工作流程

任务目标

　　与其他商品类似，旅游产品也存在批发商和零售商。零售商主要是一些旅行社的门市部。但是无论是旅游产品批发商还是零售商，都普遍使用电话销售的方法。因为与做广告相比，电话销售具有省时、省力、省钱的特点。

任务引入

　　李冰旅行社设计的"华东五市＋海南"旅游线路和"北京一日游"旅游线路已经基本完善，除了定制这两个产品的客户外，李冰还想尽可能多地把线路销售给有相似旅游需求的人。电话销售无疑是一个相对省钱、又能直接到达受众的手段。李冰开始发动员工开展电话销售。电话销售该如何做呢？

任务剖析

　　电话销售是旅行社普遍使用的一种销售方式。电话销售有一些具体的要求李冰需要学习和明确，并应向员工培训电话销售的主要技巧和方法。例如：销售人员应该先拥有目标客户的电话，对于旅行社而言，电话的来源就是电话黄页；销售人员应该掌握一定的语言沟通、电话销售的技巧；因为无法观察旅游者的表情，所以销售人员要善于通过声音判断旅游者的需求和心理变化。总之，电话销售人员在接听电话前、接听电话中和接听电话后都有一些事项需要注意；在给客户打电话前，打电话中和打电话后也同样有一些事项需要注意。

实训任务发布

实训任务 19：电话销售实践

学生工作任务书 19		
实训任务 19：电话销售实践	任务性质	个人任务

续表

任务描述	考核标准
熟悉给定旅游产品信息，完成电话销售实践任务，要求如下。 1. 利用黄页收集电话号码，进行针对性的电话销售 2. 向顾客销售推荐的旅游线路，如果顾客有购买意向，记录顾客姓名、手机号码。如果顾客对产品不满意，询问顾客的需求，记录其旅游需求	1. 获取有效信息的顾客数量。顾客有效信息指含顾客姓名、性别、手机、旅游意向、所在区域等 2. 电话礼貌到位，熟悉旅游产品信息和目的地相关信息，能熟练、灵活回答潜在顾客的问题

 示范案例

示范案例3-3　如何提高销售人员销售水平

我公司大部分销售人员缺乏工作热情，人心比较涣散，具有懒惰情绪，而且基本的业务知识不精。

针对本公司销售人员的特点，就如何提高销售人员的全面素质，有如下建议。

一、要从销售人员自身做起

1. 销售人员要通过各种渠道包括网络、书籍、培训等，来丰富自己的业务知识，提高自身的业务素质

2. 要在维护好老客户的前提下不断地开发新客户，今年的6、7、8月份是相对的淡季，对销售人员是一个不小的打击，但是作为销售人员要一分为二的看待，这同时也是一个开发和维护客户的好时机。销售要把自己的客户进行划分（大客户、中型客户、小客户），针对不同的客户进行重点的维护，同时大家要不断提高自己的电话数量，给自己制定一个短期和长期的目标和计划

3. 通过绩效考核严格要求自己，绩效考核包括两个方面的内容，第一是自己的实际业绩考核、第二是工作安排完成考核

4. 通过培训不断提高自己操作大团的能力，以及处理一些复杂问题的能力

二、职能部门给予全面配合

1. 操作部的报价要及时、详尽、准确

2. 操作部要及时了解整个市场行情，针对市场价格及时调整，并迅速告诉销售

3. 操作也要更进一步丰富专业知识，以帮助销售解决深度游以及公务团组的特殊要求

4. 签证部审核材料要及时，对不符合要求的材料要及时告诉销售，以便销售和客户第一时间沟通

三、公司对销售的大力支持

1. 公司要加大力度对外宣传（包括广告、同业、宣传册、推介会），来提高公司的知名度，创建有竞争力的品牌优势
2. 组织专业的培训，并对培训进行考核
3. 各条线路的专项培训
4. 电话销售技巧的培训
5. 拜访客户及客户谈判技巧培训
6. 模拟客户谈判、模拟处理应急事件
7. 加强和航空公司和地接社的联系，为销售提供强有力的后盾，并向销售介绍合作航空公司和地接社的特点和优势

示范案例3-4　电话销售的开场白和结尾

开场白

您好！我是×××旅行社的门市服务人员×××，有一个非常好的旅游资讯要传递给您，现在与您通话方便吗？谢谢您能接听我的电话等。

结尾

打完电话之后，业务人员一定要记住向顾客致谢，"感谢您用这么长时间听我介绍，希望能给你带来满意，谢谢，再见。"另外，一定要顾客先挂断电话，业务人员才能轻轻挂上电话，以示对顾客的尊重。

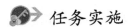 任务实施

实施步骤

（1）各小组按照任务内容，自主查询当地电话黄页。
（2）自主安排时间拨打电话，获取任务要求的有效信息。
（3）记录客人信息并填写信息表，并将潜在客户的基本信息表提交给教师。

学生个人任务成果书（NO.19）			
实训任务19：电话销售实践		任务性质	个人任务
个人任务成果名称	电话销售实践成果书		
成果形式：实战演练 　　每人需提交含有潜在客户姓名（或姓氏）、性别、手机号码（或家庭电话号码）、旅游意向、所在区域的销售成果单。			

项目3　旅行社线路销售与签订旅游合同

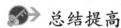 总结提高

一、电话销售的优势

（一）省时、省力、省钱

在旅行社的营销过程中，旅行社销售人员必不可少的要主动打电话来销售旅行社的产品。电话营销凭借其省时、省力、省钱和快捷的特点，正在成为信息时代重要的营销工具。

（二）绕过很多中间环节，直达潜在客户

电话销售最大的优势，在于绕过很多中间环节，可以直达潜在客户。旅行社工作人员在电话中需要借助语言技巧，激发游客对旅行社产品的兴趣，通过准确的心理分析，判断客户的潜在需求，并通过后续电话追访，促使潜在客户的旅游出行。

二、电话销售的工作流程

（一）找准目标客户

要花时间调研客户，寻找到目标客户。这样，电话的针对性就会增强，就最有可能联系到大量购买产品和服务的准客户，每个客户就都是高质量客户，将找到的目标客户列成名单。

（二）了解目标客户的需求

在确认了目标客户之后，要尽可能详细地了解客户单位的基本情况、负责人信息、大体需求等，从而进一步确认哪些客户是可能也有必要争取的。

（三）电话前的准备

（1）准备好人员名单。

（2）熟知本旅行社产品和竞争对手的产品和价格：一定要花大量的时间了解本旅行社的各种线路产品和相关的信息，比如旅游目的地的信息、签证信息等。对客户的问题能做出专业的回答。同时，也要了解同类产品竞争对手的价格。

（3）确定电话目标：每次打电话之前要确定这次电话的目标。如目标是要获得询价的机会，那么电话中的措辞就要围绕这个目标而展开。

（4）心态调节：打电话之前，要调整好心态，带着积极、乐观的心态打电话。

（5）硬件准备：电话放在左前方，右手放电话人员名单和《电话记录单》、便签等，准备随时做记录。

143

(6) 内容准备：在电话之前，把所要表达的关键内容在脑海中过一遍，有必要时要记录下来。

（四）专注打电话

1. 选择好打电话的时间

电话销售的最佳时间是上午9：30～10：30和下午3：30～5：30，中午12：00～14：00不要打电话。

2. 电话中的前15秒

对于电话销售来说，电话销售的最初15秒最重要。如果在这15秒内不能打动客户，让他判断这通电话是否值得听下去，他就有可能中断通话。而且首个电话没能引起客户的兴趣，以后再与对方沟通成功率就比较低。因此，在每次拨通电话之前，都要认真研究客户需求，找到对方的突破点。

3. 注意事项

（1）在电话销售的过程中，不要接电话或者做其他事情，充分应用营销经验曲线。第二个电话就会比第一个电话好。

（2）电话销售时间不宜过长，大约3分钟左右。电话中，应该专注于介绍自己和旅行社的产品，大概了解对方的需求。电话结尾，要约定与对方的下次拜访时间。

（3）不要停歇。大多数客户是在第5次电话谈话后才获得成功的，而大多数销售人员在第1次电话之后就放弃了。

（4）不要过分夸大本旅行社的产品，让客户失去信任感。

（5）当客户提出反对和敏感意见时，不要直接否定对方，而要认真倾听，并随时做记录。再把客户的反对意见接过来，从客户角度实际加以分析，提供自己的解决建议。

知识拓展

1. 阅读科特勒著，俞利军翻译的《市场营销》一书，该书已于2003年由华夏出版社出版，学习该书中企业如何进行市场营销的相关内容。

2. 登录旅交汇网站http：//www.17u.net/bbs/show_4_1177895.html，学习《旅行社电话营销技巧之道》一文，了解旅行社电话营销的注意事项及技巧。

3. 登录51callcenter网站http：//www.51callcenter.com/newsinfo/159/23289/，学习《浅谈旅行社销售工作中的电话营销》一文，了解旅行社电话销售的沟通技巧。

项目3　旅行社线路销售与签订旅游合同

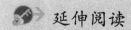 延伸阅读

世界销售大师——乔·吉拉德

乔·吉拉德是世界上最伟大的销售员，他连续12年荣登世界吉斯尼纪录大全世界销售第一的宝座，他所保持的世界汽车销售纪录：连续12年平均每天销售6辆车，至今无人能破。乔·吉拉德也是全球最受欢迎的演讲大师，曾为众多世界500强企业精英传授他的宝贵经验，来自世界各地数以百万的人们被他的演讲所感动，被他的事迹所激励。

35岁以前，乔·吉拉德是个全盘的失败者，他患有相当严重的口吃，换过40个工作仍一事无成，甚至曾经当过小偷，开过赌场。然而，谁能想象得到，像这样一个谁都不看好，而且是背了一身债务几乎走投无路的人，竟然能够在短短3年内爬上世界第一，并被吉尼斯世界纪录称为"世界上最伟大的推销员"。他是怎样做到的呢？虚心学习、努力执着、注重服务与真诚分享是乔·吉拉德4个最重要的成功关键。

一、250定律：不得罪一个顾客

在每位顾客的背后，都大约站着250个人，这是与他关系比较亲近的人：同事、邻居、亲戚、朋友。如果一个推销员在年初的一个星期里见到50个人，其中只要有两个顾客对他的态度感到不愉快，到了年底，由于连锁影响就可能有5000个人不愿意和这个推销员打交道，他们知道一件事：不要跟这位推销员做生意。

这就是乔·吉拉德的250定律。由此，乔得出结论：在任何情况下，都不要得罪哪怕是一个顾客。

在乔的推销生涯中，他每天都将250定律牢记在心，抱定生意至上的态度，时刻控制着自己的情绪，不因顾客的刁难或是不喜欢对方，或是自己心绪不佳等原因而怠慢顾客。乔说得好："你只要赶走一个顾客，就等于赶走了潜在的250个顾客。"

二、名片满天飞：向每一个人推销

每一个人都使用名片，但乔的做法与众不同：他到处递送名片，在餐馆就餐付账时，他要把名片夹在账单中；在运动场上，他把名片大把大把地抛向空中。名片漫天飞舞，就像雪花一样，飘散在运动场的每一个角落。你可能对这种做法感到奇怪。但乔认为，这种做法帮他做成了一笔笔生意。

乔认为，每一位推销员都应设法让更多的人知道他是干什么的，销售的是什么商品。这样，当他们需要他的商品时，就会想到他。乔抛散名片是一件非同寻常的事，人们不会忘记这种事。

当人们买汽车时，自然会想起那个抛散名片的推销员，想起名片上的名字：乔·吉拉德。同时，要点还在于，有人就有顾客，如果你让他们知道你在哪里，你卖的是什么，你就有可能得到更多生意的机会。

三、建立顾客档案：更多地了解顾客

乔说："不论你推销的是任何东西，最有效的办法就是让顾客相信——真心

相信——你喜欢他，关心他。"如果顾客对你抱有好感，你成交的希望就增加了。要使顾客相信你喜欢他、关心他，那你就必须了解顾客，搜集顾客的各种有关资料。

乔中肯地指出"如果你想要把东西卖给某人，你就应该尽自己的力量去收集他与你生意有关的情报……不论你推销的是什么东西。如果你每天肯花一点时间来了解自己的顾客，做好准备，铺平道路，那么，你就不愁没有自己的顾客。"

刚开始工作时，乔把搜集到的顾客资料写在纸上，塞进抽屉里。后来，有几次因为缺乏整理而忘记追踪某一位准顾客，他开始意识到自己动手建立顾客档案的重要性。他去文具店买了日记本和一个小小的卡片档案夹，把原来写在纸片上的资料全部做成记录，建立起了他的顾客档案。

乔认为，推销员应该像一台机器，具有录音机和电脑的功能，在和顾客交往过程中，将顾客所说的有用情况都记录下来，从中把握一些有用的材料。

乔说："在建立自己的卡片档案时，你要记下有关顾客和潜在顾客的所有资料，他们的孩子、嗜好、学历、职务、成就、旅行过的地方、年龄、文化背景及其他任何与他们有关的事情，这些都是有用的推销情报。所有这些资料都可以帮助你接近顾客，使你能够有效地跟顾客讨论问题，谈论他们自己感兴趣的话题，有了这些材料，你就会知道他们喜欢什么，不喜欢什么，你可以让他们高谈阔论，兴高采烈，手舞足蹈……只要你有办法使顾客心情舒畅，他们不会让你大失所望。"

四、猎犬计划：让顾客帮助你寻找顾客

乔认为，干推销这一行，需要别人的帮助。乔的很多生意都是由"猎犬"（那些会让别人到他那里买东西的顾客）帮助的结果。乔的一句名言就是"买过我汽车的顾客都会帮我推销"。

在生意成交之后，乔总是把一叠名片和猎犬计划的说明书交给顾客。说明书告诉顾客，如果他介绍别人来买车，成交之后，每辆车他会得到25美元的酬劳。

几天之后，乔会寄给顾客感谢卡和一叠名片，以后至少每年他会收到乔的一封附有猎犬计划的信件，提醒他乔的承诺仍然有效。如果乔发现顾客是一位领导人物，其他人会听他的话，那么，乔会更加努力促成交易并设法让其成为猎犬。实施猎犬计划的关键是守信用——一定要付给顾客25美元。乔的原则是：宁可错付50个人，也不要漏掉一个该付的人。猎犬计划使乔的收益很大。1976年，猎犬计划为乔带来了150笔生意，约占总交易额的三分之一。乔付出了1400美元的猎犬费用，收获了75000美元的佣金。

五、推销产品的味道：让产品吸引顾客

每一种产品都有自己的味道，乔·吉拉德特别善于推销产品的味道。与"请勿触摸"的做法不同，乔在和顾客接触时总是想方设法让顾客先"闻一闻"新车的味道。他让顾客坐进驾驶室，握住方向盘，自己触摸操作一番。

如果顾客住在附近，乔还会建议他把车开回家，让他在自己的太太、孩子和领导面前炫耀一番，顾客会很快地被新车的"味道"陶醉了。根据乔本人的经

项目3 旅行社线路销售与签订旅游合同

验,凡是坐进驾驶室把车开上一段距离的顾客,没有不买他的车的。即使当即不买,不久后也会来买。新车的"味道"已深深地烙印在他们的脑海中,使他们难以忘怀。

乔认为,人们都喜欢自己来尝试、接触、操作,人们都有好奇心。不论你推销的是什么,都要想方设法展示你的商品,而且要记住,让顾客亲身参与,如果你能吸引住他们的感官,那么你就能掌握住他们的感情了。

六、诚实:推销的最佳策略

诚实,是推销的最佳策略,而且是唯一的策略,但绝对的诚实却是愚蠢的。推销容许谎言,这就是推销中的"善意谎言"原则,乔对此认识深刻。诚为上策,这是推销员所能遵循的最佳策略。可是策略并非是法律或规定,它只是在工作中用来追求最大利益的工具。因此,诚实就有一个程度的问题。推销过程中有时需要说实话,一是一,二是二。说实话往往对推销员有好处,尤其是推销员所说的,顾客事后可以查证的事。

乔说:"任何一个头脑清醒的人都不会卖给顾客一辆六汽缸的车,而告诉对方他买的车有八个汽缸。顾客只要一掀开车盖,数数配电线,你就死定了。"

如果顾客和他的太太、儿子一起来看车,乔会对顾客说:"你这个小孩真可爱。"这个小孩也可能是有史以来最难看的小孩,但是如果要想赚到钱,就绝对不可以这么说。

乔善于把握诚实与奉承的关系。尽管顾客知道乔所说的不尽是真话,但他们还是喜欢听人拍马屁。少许几句赞美,可以使气氛变得更愉快,没有敌意,推销也就更容易成交。有时,乔甚至还撒一点小谎。乔看到过推销员因为告诉顾客实话,不肯撒个小谎,平白失去了生意。顾客问推销员他的旧车可以折合多少钱,有的推销员粗鲁地说:"这种破车。"乔绝不会这样,他会撒个小谎,告诉顾客,一辆车能开上12万公里,他的驾驶技术的确高人一等。这些话使顾客开心,赢得了顾客的好感。

七、每月一卡:真正的销售始于售后

乔有一句名言:"我相信推销活动真正的开始在成交之后,而不是之前。"推销是一个连续的过程,成交既是本次推销活动的结束,又是下次推销活动的开始。推销员在成交之后继续关心顾客,将会既赢得老顾客,又能吸引新顾客,使生意越做越大,客户越来越多。

"成交之后仍要继续推销",这种观念使得乔把成交看做是推销的开始。乔在和自己的顾客成交之后,并不是把他们置于脑后,而是继续关心他们,并恰当地表示出来。

乔每月要给他的1万多名顾客寄去一张贺卡。一月份祝贺新年,二月份纪念华盛顿诞辰日,三月份祝贺圣帕特里克日……凡是在乔那里买了汽车的人,都收到了乔的贺卡,也就记住了乔。

正因为乔没有忘记自己的顾客,顾客才不会忘记乔·吉拉德。

资料来源:http://blog.renren.com/share/224560744/564413391

任务15 媒介销售的原则和要点

任务目标

报纸和互联网做广告是旅行社常用的形式。报纸和互联网等媒介销售方式有别于电话销售、宣传单销售,也有别于电话广告和杂志。尤其现在互联网极为盛行,和人们的生活密切相关,如何有效地进行互联网销售是旅行社需要深入思考的问题。同时,旅行社也需要根据自身的实力和经营状况选择适合自身产品销售的方法和途径。

任务引入

电话销售和宣传单销售虽然成本低,但其受众比较少,影响面小。电视、杂志等也是重要的媒介销售方式,但电视广告的成本过高,杂志的受众面相对狭小且时效性差,因而,采用报纸和互联网做广告是旅行社常用的形式。李冰的旅行社处于经营之初,创建旅行社自己的网站需要一定的资金和人员,因此,李冰暂时把重心放在了报纸宣传上。那么,对于旅行社而言,应如何设计报纸或网络销售广告呢?

任务剖析

报纸更新快,传播速度快,费用低。网络销售能让旅游者生动形象地了解旅游线路的信息。对于旅行社来说,媒介销售能让旅游者在旅游前更全面地了解目的地信息,降低旅游者的不安全感。无论是报纸广告还是网站广告,良好的设计、精彩的创意是非常重要的。另外,针对不同的旅游产品,应选择适用的、能达到目标顾客的媒介版块,这样才能更好地实现销售效果。

实训任务发布

实训任务20:网络销售/报纸销售设计

学生工作任务书20			
实训任务20:网络销售/报纸销售设计		任务性质	小组任务
任务完成时间		60分钟	
任务描述		考核标准	
为"北京一日游"线路设计一个面向旅游者的报纸销售广告或网站销售广告,内容包括线路广告语、线路行程、报价以及注意事项等		1. 广告中应该包括线路广告语、线路行程和报价以及注意事项等 2. 广告词应该简练、生动、直白,避免使用引起歧义的语言	

项目3　旅行社线路销售与签订旅游合同

 示范案例

示范案例 3-5　中青旅鸿鹄逸游品牌环游世界 80 天网站广告

飞机舱等：国际航段全程公务舱

顶级邮轮：南极洲·顶级邮轮之旅
　　　　　世界最佳顶级邮轮 SILVERSEA 银海邮轮·Silver Explorer 探索者号
　　　　　　　　　　　　　　　　　　　　　　　　　详细介绍
　　　　　中美洲·加勒比海邮轮之旅
　　　　　加勒比海最新最佳大型邮轮 MSC 邮轮·Yacht Club 游艇俱乐部贵宾套房
　　　　　　　　　　　　　　　　　　　　　　　　　详细介绍

顶级酒店：全世界最顶级的酒店 The best hotels in the world:
　　　　　迪拜帆船酒店 Burj-Al-Arab、阿布达比酋长皇宫酒店 Emirates Palace、
　　　　　巴黎四季酒店、布拉格四季酒店、悉尼四季酒店、墨西哥四季酒店、迈阿密四季酒店、
　　　　　开罗四季酒店、安曼四季酒店、马德里威斯汀皇宫酒店 The Westin Palace、
　　　　　复活节岛 Hotel La Posada de Mike Rapu、死海 Kempinski Hotel Ishtar、
　　　　　芬兰北极光玻璃屋 Kakslauttanen Glass Igloo、阿根廷 Alvear Palace Hotel、
　　　　　巴西里约 Hotel Copacabana Palace、伊瓜苏 Das Cataratas Hotel、
　　　　　巴西亚马逊 Ceiba Tops、库斯科 Hotel Monasterio、利马 JW Marriott Hotel Lima...

世界之最：一次造访南极、北极二大极圈　　　　　神秘那斯卡线·复活节岛
　　　　　　　　　详细介绍　　　　　　　　　　　　　　详细介绍

千载盛会：2014 年巴西嘉年华会
　　　　　详细介绍

绝世景点：大洋洲·自然探奇
　　　　　澳大利亚大堡礁、爱尔斯岩巨石
　　　　　南美洲·阿根廷＋南极洲·顶级邮轮
　　　　　复活节岛巨石像、南极冰山群岛探索
　　　　　南美洲·巴西嘉年华＋伊瓜苏瀑布
　　　　　巴西嘉年华会、南美伊瓜苏瀑布
　　　　　南美洲·亚马逊河＋马丘比丘＋那斯卡
　　　　　亚马逊河丛林探险、印加失落之城马丘比丘、神秘那斯卡线
　　　　　中美洲·墨西哥＋古巴·哈瓦那 详细介绍
　　　　　切格瓦拉革命广场、世界文化遗产迪奥狄华肯古文明、太阳月亮金字塔、海明威故居
　　　　　迈阿密＋MSC 邮轮·加勒比海之旅
　　　　　美国-迈阿密、牙买加-费尔茅斯、开曼群岛-乔治城、墨西哥-科兹美、
　　　　　巴哈马-大斯特拉普岛
　　　　　北极极光＋欧洲米其林
　　　　　北极极光、芬兰极光玻璃屋、巴黎米其林三星餐厅主厨料理
　　　　　北非埃及＋中东传奇
　　　　　佩特拉玫瑰城、死海、开罗、埃及金字塔群
　　　　　七星奢华迪拜＋阿布札比
　　　　　迪拜帆船酒店、酋长皇宫酒店、迪拜塔、法拉利主题乐园

美食飨宴：全程酒店内早餐。迪拜帆船酒店海底餐厅晚宴、迪拜帆船酒店 27 楼景观餐厅晚宴、
　　　　　迪拜哈里发塔 122 楼午宴、巴黎米其林三星主厨晚宴、北欧芬兰料理、澳大利亚天籁
　　　　　烛光晚宴、悉尼三顶厨师帽法式晚宴、SILVERSEA 顶级邮轮 A la carte、阿根廷
　　　　　炭烤牛排、古巴海鲜餐、迈阿密石蟹餐、西班牙烤乳猪、约旦火烤羔羊、巴西窑烤

尊荣服务：双领队随行
　　　　　一人两座（大型巴士安排一人两座，宽敞舒适；特殊路段只能行驶小型车除外。）

旅行社经营实务

示范案例3-6 东莞国旅报纸销售广告

以下图片是东莞国旅的报纸销售广告。该广告生动形象的展示了该旅行社的各条旅游线路，价格标注比较鲜明。

示范案例3-7 玩转海陆空，畅"邮"台港精华5日线路广告语

异国之旅：全方位体验浓郁意大利风情的COSTA"经典号"异国情调。
饕餮之旅：放纵味觉，纵情享受游轮奉献的饕餮之旅。
精彩之旅：缤纷多彩的娱乐节目应接不暇，时刻都有精彩发现。
轻松之旅：释放身体，犹如置身天然氧吧呼吸清新。
浪漫之旅：与亲密爱人独享两人世界，大海见证甜蜜爱情。

任务实施

实施步骤

（1）各小组为本旅行社的北京一日游线路制作报纸销售或网络销售设计。
（2）讨论确定宣传的主题、广告词、广告策划方案及宣传的旅游线路内容。
（3）设计并完成整体广告。
（4）按小组顺序派代表展示本组的设计成果。

项目3　旅行社线路销售与签订旅游合同

（5）各小组对其他小组的设计和表现给予评价和意见。

学生小组任务成果书（NO. 20）		
实训任务20：报纸销售/网络销售设计	任务性质	小组任务
小组任务成果名称	报纸销售/网络销售设计成果书	
内容应包含宣传主题、广告词、广告策划方案以及旅游线路的相关内容		

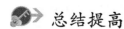 总结提高

一、旅游广告的含义

旅游广告作为旅游企业投资发布的、推动旅游产品销售的一种重要手段。旅游广告主要是指由旅游企业出资，通过各种媒介进行有关旅游产品、旅游服务和旅游信息的有偿的、有组织的、综合的、劝服性的、非人员的（Non-personal）信息传播活动。旅游广告就是通过运用各种媒体手段，广泛宣传和推广旅游产品，有效地推动旅游产品的销售，从而帮助旅游企业获得经济利益。

旅游广告要求广告制作人员掌握广告宣传的特点与方法，并紧密结合旅游产品的特点和特性，通过有形的视觉效果或劝服性的宣传途径，以迎合旅游者的消费行为与消费心理为目的，有效地把旅游产品推广出去。在形象地表现旅游产品的同时，如何突出旅游产品中隐含的无形服务的价值，如何展现旅游产品中的文化渊源和形象内涵，如何诱发起受众的旅游需求并促进其最终采取行动，应成为旅游广告人员重点考虑的内容。

二、旅游广告的主要特点

作为一种分类广告，旅游广告具有一般商业广告的各种特点，如有偿性、时效性、目的性、指向性与形式多样、内容广泛等。此外，由于旅游产品在生产、销售、推广及消费中的特点，又决定了旅游广告还具有有别于一般商业广告的其他特点，主要有以下几点。

（一）旅游产品的高卷入性要求广告传播的高互动性（Interactivity）

旅游产品是高卷入性的产品，尤其是当前我国旅游消费还远没有成为人们日常生活的必需品。旅游者在旅游决策之前，需要经过反复的信息收集、整理、比较、筛选和决策，出行前也要进行诸多准备。此外，旅游活动的异地性和跨文化性，以及异地性所带来的陌生感和不安全感，会增强旅游者对目的地的信息、旅游企业以及有过相关体验的其他旅游者信息交流的需求。旅游广告主如针对这种消费心理，能提供高互动性的传播与信息交流平台，帮助旅游者加深对其旅游产品的认知和记忆，更好地帮助旅游者做出旅游决策，享受旅游体验。

（二）旅游产品的综合性决定广告信息高度的立体化

旅游产品的综合性，决定了旅游产品广告推广中信息量含量极高，要求广告主能够提供立体化的信息资源，既包括旅游地的景区、交通、餐饮住宿、购物等接待设施的横向信息，还必须通过不同形式的纵向信息，向旅游者提供诸如旅游常识、景区优势特色、审美鉴赏、历史文化、应变求生等相关知识，丰富旅游者或潜在旅游者的知识，帮助旅游者更好地达到旅游审美和愉悦的效果。此外，旅游广告以"信息"的面目出现，也起到模糊广告界限的作用，能够更好地拉近旅游企业与消费者的距离。

（三）旅游消费的性质决定广告信息鲜明的个性化（Individualization）

旅游消费是一种体验型的消费，由于受到旅游者、旅游服务人员以及目的地居民之间的互动关系的影响，旅游体验受情感因素影响较强。旅游者的消费行为与旅游体验的个性化，决定了旅游广告的诉求具有较强的个性化。旅游企业必须针对不同的目标市场，不同的广告受众，采取相应的广告策略和形式，充分体现旅游产品自身的、与众不同的特色，以更好地吸引旅游者。随着新媒体技术的应用，旅游广告信息的碎片化（segmentation）、个性化和针对性将更加鲜明，广告制作与发布也将更加向"个性定制"发展。

（四）旅游体验的异地性决定广告诉求丰富的多面性

旅游活动的异地性会影响旅游者的旅游知觉，异地文化、民俗民风、生活习俗、生疏环境等会给旅游者带来一定的陌生感、不安全感和奇异感。这就要求旅游广告在推广旅游产品时，要把激发旅游者的旅游欲望和消除旅游者对异地文化的戒备和排斥，作为广告诉求的重点。广告的诉求必须结合情感号召与理性介绍，一方面利用人们求美求奇的心理，制作能诱发旅游者旅游欲望的情感广告；另一方面，多渠道多途径地向旅游者提供理性的出游相关信息，帮助旅游者消除出行的疑虑和担忧，应对旅游过程中所遇到的一些问题，以丰富的多方面的信息进行广告宣传，从而更有效地推广旅游产品和旅游地形象。

三、旅游广告的方式

（一）报纸

报纸广告是旅游线路、旅游交通等产品信息传播的主要渠道。报纸广告的受众面主要集中在城市集镇，读者群稳定，主要受众正是旅游产品主要的消费者或潜在消费者。报纸具有消息性、时效性的特点，更新快，传播速度快，更容易获得受众的信赖感。报纸广告以文字为主要表现形式，广告信息容量大，广告费用较低，能够更全面、准确、详细地对旅游产品进行广告宣传，而且还具有一定的保存性。目前的广告主要是旅行社用以发布旅游项目、旅游线路及旅游交通的广告，以及旅游行业的通告。但由于报纸广告印刷与版面的限制，广告的表现力不够强，内容不够丰富，受众的目的性不够明确，不适合旅游产品形象性的整合宣传。

（二）电视

电视广告是旅游地形象宣传推广的重要表现形式。电视广告色彩绚丽，声情并茂，形象生动地表现产品，具有广泛的覆盖范围。电视广告通过运用不同的拍摄手法和广告创意，在较短的时间内形成情节性的片断，具有较强的感染力，更容易为受众所接受和记忆，是旅游地形象宣传的最佳表现形式。目前，在旅游推广中较多地运用电视广告的是对旅游目的地进行概括性的形象宣传，通过一般片长在 30~60 秒左右的电视广告片，从视觉上生动地展现旅游地形象和旅游概念，如在诸多省级电视台发布的"登泰山，保平安"，"人间天堂、山东烟台"，"梦西子，中国杭州"等旅游地形象广告。当前，旅游专题片、旅游专题节目、旅游电视杂志等是比较流行的电视广告形式。

（三）互联网

互联网是最佳的旅游广告形式和发展趋势。网络广告的传播模式及时互动、双向沟通，"一对一"交流。网络中存在各种虚拟社区，虚拟社区为旅游广告的发布提供了梦寐以求的受众资源。网络广告的特点及优势是传统传播媒介所难以比拟的。针对旅游产品和旅游广告的特点，网络将成为旅游企业发布广告宣传的最佳媒体，旅游网络广告结合不同形式的旅游介绍、旅游常识、游记等辅助信息，将使旅游广告更加丰满更加立体化。

（四）杂志

杂志是旅游企业形象和产品形象宣传的得力媒体。杂志广告通过广告创意将产品图片与版面设计、广告文案结合起来，形象地展现旅游产品的概貌，对旅游产品进行全貌性、形象性的宣传。目前广泛使用杂志广告的旅游产品，主要是对旅游饭店、旅游景点等旅游产品具象的形象宣传。但是，由于杂志广告的传播范围有限，广告成本较高，时效性不强，不适合进行重复性高、时效性强的旅游信息的发布，对于进行旅游地的整合形象宣传有一定的局限性。

（五）其他

这主要包括旅游企业派发的旅游宣传单张、旅游企业宣传册、旅游产品介绍册、旅游交通工具上的流动广告、户外广告、旅游地图，以及旅游企业发布的其他隐形广告，如旅游企业的公共关系活动、企业现场活动等。

> **知识拓展**
>
> 1. 阅读徐春波编写的《旅游市场营销学》一书，该书于 2009 年由中国纺织出版社出版，学习该书中关于企业市场营销的相关内容。
> 2. 登录春秋航空旅游网 http：//www.china-sss.com，了解春秋旅行社的网络促销策略。
> 3. 阅读钟栎娜撰写的《网络公关——信息时代旅游营销的新策略》一文，原文刊登于《旅游学刊》，2012，27（9），学习网络营销在旅游发展中的重要作用。

旅行社经营实务

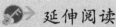延伸阅读

在线旅游

中国的在线旅游市场正处于高速发展时期，在线旅游或成为下一个投资并购的热门领域，并将因此影响整个旅游市场的发展。2011年中国在线旅游交易规模达1730亿元，预计2012年，旅游行业整体收入将达到24000亿元，在线旅游市场交易额将超过2500亿元。

诱人的市场前景吸引着越来越多的企业加入市场争夺战。据清科数据库显示，2011年中国在线旅游行业已经披露的投资事件为14起，披露投资金额为5.71亿美元，相比于2009及2010年在线旅游行业平稳的投资走向而言，2011年，中国在线旅游行业投资事件密集，投资金额更是创历年新高。

1. 在线旅游缩影：驴妈妈案例

驴妈妈是在线旅游网站并购中的一个缩影。

2011年2月，在完成了对于上海兴旅国际旅行社的并购之后，2012年的驴妈妈开始向出境旅游市场迅速扩张。驴妈妈旅游网董事长洪清华将这起并购称之为一种"由代销转为自主开发"的策略。原本一贯注重景区门票分销的驴妈妈旅游网开始转变策略，向线下出境游业务延伸。

驴妈妈旅游网首席营销官王小松表示，有了全国性的出境游资质，驴妈妈旅游网将能够直接操作出境游中的签证、机票、地接等服务，并直接与各个国家的旅游局、航空公司进行对接，自己开发设计组团产品，而不是像一般在线旅游网站一样代销其他批发商的出境游产品。

作为一家集入境游、出境游、商务旅游、高尔夫专项旅游、会展旅游、电子旅游等为一体的综合性国际旅行社，上海兴旅的入境游业务在长三角地区名列前3位，显然，该公司的加入必然使得驴妈妈能够在出境旅游市场中崭露头角。通过整合，驴妈妈能够提供基于门票、机票、攻略、大巴、路线、酒店等的一站式服务，这是他们为之自豪的竞争优势与特色。

2. 在线旅游网站：并购退出新热点

驴妈妈的案例显示，旅游市场从线下转向线上的趋势不可逆转。线上旅游业的巨大"钱景"，正吸引新一轮投资潮。根清科报告，2005至2011年，已披露的中国在线旅游行业投资事件共发生32起，其中已披露投资金额的投资案例数为27起，披露投资金额为6.45亿美元。2011年网络旅游投资渐热，案例数较2010年大增57%，投资金额在互联网行业投资中仅次于位居首位的电子商务。从2011年的投资情况来看，攻略与社区分享兼具的马蜂窝、旅游路线预订的逸行旅行网、移动客户端类的航空管家及酒店达人等均不同程度的获得VC/PE关注。

3. 并购：行业规整利器

随着在线旅游市场的不断细分，线上旅游格局或已悄然生变。一类是以驴妈妈为代表的门票加酒店的新型旅游度假模式。第二类是机票加酒店，以携程为代

项目3 旅行社线路销售与签订旅游合同

表,但它不是纯粹的电商概念,电子商务一定是走预付费模式,而不是后结算的佣金模式,所以它还是一种传统和网络结合的产物。第三类是以广告费为导向的,比如去哪儿网,是以广告佣金为结算的。第四类就是传统旅行社把产品拿到网络上售卖,原来是门店报名,现在是网络报名,差异化不大。但是,每个行业在发展过程中都无法避免同质化竞争的出现,这是瓶颈也是必然需要逾越的壁垒。众多互联网领域内的并购例子说明,并购或许成为解决同质化竞争的一大利器。

4. 抢滩在线旅游:寻找投资空白点

面对线上旅游业务零散且同质化现象严重的现状,未来单一线上的资讯、票务及酒店预订、搜索服务等在线旅游服务的市场进入机会有限。未来的投资人士应努力寻找投资空白点,专注于"小而精"。同时需将线上与线下业务相结合,来应对单一发展的瓶颈。也有研究认为,未来核心运营商重视线上业务,旅行者预订从线下向线上转移,是支持在线旅游市场发展的核心原因。具体来看,攻略类、度假规划等细分市场均有发展潜力,相关领域投资将持续升温。中国旅游业进入或马上将进入行业整合阶段,消费者会更注重安全性和品牌,这是未来的方向和趋势。线上旅游服务将是未来的主投方向之一,但由于客户群不同,单一线上和线下都可能会遇到一些瓶颈和挑战,未来还需通过收购兼并,或者传统线下旅游公司通过线上来做等方式进行结合。当某个行业的热钱达到极致的时候,骤然降温是必然的趋势。目前,互联网投资正进入这样一个阶段。往往在膨胀到了极致之后,人们才会静下来思考,能够静下来的人,必然会走得更长。

资料来源:顾慧妍. 在线旅游:并购成行业规整利器,原文刊载于中国旅游报,具体见国家旅游局网站 http://www.cnta.gov.cn/html/2012-6/2012-6-12-22-16-07299.html

任务16 宣传单销售的工作要点

任务目标

在旅游行业,中小旅行社也经常发放宣传单宣传旅游线路。与电视广告、网络广告相比,宣传单销售成本相对较低。但宣传单销售需要有针对性,有确定的目标客户群,发放宣传单才会有效果和意义。否则还会适得其反,引得消费者的反感。

任务引入

李冰一直在积极探索各种销售方法的优势,试图找到最适合自己旅行社的销售方式。通过与行内人士探讨,他认为宣传单销售有其独到的优点,成本低,传递的信息相对较大。于是,他决定进行一段时间的宣传单销售,进一步宣传旅行社新近推出的几条旅游线路。宣传单销售该如何做呢?

旅行社经营实务

任务剖析

在日常生活中人们经常会收到一些宣传单。但宣传单销售对于发放宣传的地点、人员、内容设计有一定的要求,如果不能针对目标顾客,宣传单的发放会毫无作用。因此,确定目标顾客所在,针对性地发放宣传单可以较大程度的提高宣传单的宣传效果。李冰在了解了宣传单销售的优劣势之后,应该划分和确定好发放宣传单的主要区域和场所,并做好宣传单发放的统计和反馈工作。

实训任务发布

实训任务21:宣传单销售实践

学生工作任务书21			
实训任务21:宣传单销售实践		任务性质	个人任务
任务描述 各小组进一步完善实训任务20中的北京一日游报纸或网络广告,将其制作成宣传单,复印适当份数,在本地高校中实际发放。要求发放材料中与潜在顾客充分沟通,获取其有效信息	考核标准 1. 收集到潜在顾客有效信息的数量,有效信息包括顾客的姓名及性别、所在学校、电话、旅游意向等 2. 熟悉宣传材料的内容,能回答潜在顾客的相关问题 3. 具有良好的沟通能力,能与顾客有效沟通		

示范案例

示范案例3-8　旅游宣传单发放的误区

一位旅行社的朋友出30元、50元一天,请公司外人员帮助发放宣传单页,这些人员没有经过培训,对旅行社业务毫无了解,他们只知道把单页发给别人就行了。于是,他们逢人就发,不管在哪里,也不管大人小孩。这些人员中很多人缺乏责任心,他们认为把单页发完自己的任务也就完成了,所以他们漫无目的、随处发放,车篮、小区门缝、汽车雨刮器等地方都能收到被人们认为是垃圾的单页。一些责任心更差的发单员甚至跑到隐蔽处,将多余的单页全扔进了垃圾桶,这批人的形象直接影响了旅游品牌。旅游宣传单的发放需要有针对性,要针对潜在目标顾客进行有的放矢的发放,毫无目的、毫无设计地随意发放不仅影响旅行社企业的形象和声誉,而且造成宣传资金的浪费。

示范案例3-9　找对地方,发对人群

某公司是一家上海的英语培训机构,最初宣传单销售时,公司派人在上海的主要地铁口派发,3天发了5000份,但实际吸引的顾客仅两人。原因在于坐地铁的不见得

是要学英语的,虽然里面肯定有许多想学英语的,但用宣传单的方式去发现这部分人是非常困难的。这个道理就好比在大海里捞螃蟹,螃蟹虽然有,但是太分散,不好捞。换个角度想想,螃蟹最多的地方就是专门养殖螃蟹的池塘,池塘小,螃蟹多,一网下去就会有收获。因此,该公司转变思路,变换了发放位置,如在上海前三大"外文书店"门口,在大规模外企招聘会现场,在出国留学咨询办理现场。去这些地方的人,大部分都是英语培训的目标消费群,所以派发效果非常明显。当然,除了选对地址外,好的设计和好的文案也很关键,一份粗制滥造,没有丝毫审美情趣的单页,也会令单页的派发效果大打折扣。任何企业派发单页,都不希望它们中的大部分被垃圾桶吃掉,唯有不断的创新,才能让垃圾桶远离企业的单页。

任务实施

实施步骤

(1)各小组以组为单位,选择课余时间进行宣传单的实际发放实践。
(2)小组各成员将潜在学生的基本信息排列成表提交给教师,并注明一些关键信息。

学生个人任务成果书(NO.21)			
实训任务21:宣传单销售实践		任务性质	个人任务
个人任务成果名称	宣传单销售实践成果书		
成果形式:实战演练 每人需提交含有潜在客户姓名(或姓氏)、性别、手机号码(或宿舍电话号码)、旅游意向等信息			

总结提高

一、旅游宣传单的设计要素

旅游宣传单设计自成一体,无须借助于其他媒体,不受其他媒体的宣传环境、受众特点、信息安排、版面、印刷、纸张等各种限制,又称之为"非媒介性广告"。

宣传单的设计一般包括标题、正文、广告语等六大要素。

1. 标题

标题是宣传单的主题,应具有吸引力,能使读者注目,引导读者阅读宣传单正文观看广告插图,标题要用较大号字体,要安排在画面最醒目的位置,应注意配合插图造型的需要。

2. 正文

正文部分是旅行社宣传单内容的主体,具体地叙述旅行社希望推动的新线路、特别活动、促销活动或其他诉求，正文部分应具有煽动性，能激发游客的兴趣，吸引游客关注旅行社的宣传信息。

3. 广告语

广告语是配合标题、正文加强旅行社产品或促销内容的短语，应顺口易记，言简意赅，在设计时可放在版面的醒目位置。

4. 插图

印制各种线路图片、主题活动照片等，结合文字说明，图文并茂，有形有色，形成较强的艺术感染力和诱惑力；插图应突出主题，与宣传标题相配合。

5. 标志

标志部分包括旅行社企业标志和产品品牌标志两类。标志是宣传单的重要构成要素，其造型最单纯、最简洁，视觉效果最强烈，在一瞬间就能辨识到，给消费者留下深刻印象，有利于宣传旅行社形象和产品品牌。

6. 旅行社名称、地址、联系方式

旅行社名称、地址、联系方式等是宣传单销售的落脚点，必须以清晰的字体、放在客户易于发现的位置，便于潜在客户的及时联系。

二、旅游宣传单销售的主要工作内容

虽然，现代社会消费者被各种广告形式席卷，发放宣传单的销售方法也引起了许多消费者的反感，但是宣传单销售对于中小旅行社而言，无疑是一种节约成本、宣传迅速的销售方式。

（一）发放宣传单

旅游企业在发放单页时要择人而用，要选择有责任心且形象较好的人员，最好是内部人员，对这部分人，应该在发放单页前对他们进行培训，在发放过程中注意语言表达和举止。同时企业也应该为他们圈定发放区域、人群，确定发放时间，要有针对性、有计划地发放。为了引起人们的兴趣，可以根据实际情况赠送一些小礼物，如钥匙链、笔、手机链等。同时在发放宣传单的时候，派单员应该有一定的洞察力，每个顾客拿到传单的第一反应都是不同的，对于看上去有一定兴趣的要多加点信息的讲解，引起顾客的注意，使得他们对更深入地了解传单活动的内容产生兴趣。

（二）介绍旅行社旅游线路和服务并解答顾客咨询

宣传单发放中，宣传人员要熟悉发放材料的内容及相关资料，主动介绍材料内容并能灵活熟练地回答顾客的问题，解答他们的疑问。

三、旅游宣传单销售的特点

（1）成本低。与电视广告等销售方式相比，旅游宣传单销售一般成本较低，对于中小旅行社，尤其是成立之初的旅行社，这种传单广告形式是上上之选。

（2）覆盖面广。宣传单销售不仅成本低，而且具有覆盖面广的特点。在人群密集的地方都可以发放。

（3）针对性强。传单的针对性相对电视报纸广告，针对性要强些。如大学生一日游的线路线路宣传单就可以只发给在校的大学生，这样避免了不必要的浪费，也节省了旅行社的广告成本。

（4）告知作用明显。传单可直观、便捷地将有关新开发旅游线路、促销等最新活动消息传达给潜在旅游者，它放大和强化了报纸电视广告所传播的有关信息。

虽然宣传单有如此多的优点，但在传单漫天飞舞的今天，传单广告的效果也是"每况愈下"。收效低、浪费高，发几百份传单能有一位顾客有回应效果就很好了。因而就需要旅行社在制作宣传单时下一些功夫。

四、旅游宣传单销售人员的素质要求

（一）礼仪

宣传单销售人员的举止和语言都要得体，能让人产生信任感，能够代表旅行社的形象。所以旅行社一定要对销售人员进行礼仪培训，使其掌握基本的礼仪规范。

（二）必胜心

要有吃苦耐劳的意识和精神，能够坚持不懈地进行宣传销售，要有能够完成任务的坚强信心。即使受到消费者的冷落和厌烦，也要想办法寻找到潜在旅游者，掌握其预计出游的基本信息等。

五、注意事项

由于现在宣传单泛滥，所以许多人一看到宣传单就本能地抗拒，而普通的白纸黑字的16、32开的廉价宣传单更是一接过来就找垃圾桶扔掉，一点"收藏"的欲望都没有，更别提"一阅"了。旅游从业者不应该把宣传单页想象得过于简单，认为只要印刷出来，随地发放就可以了。漫无目的，没有一点计划、谋略地发放，只会造成资源的浪费。它不但不能达到宣传事件的目的，而且对旅行社品牌也有伤害。印制比较精美的传单，如彩色的可与精美的旅行杂志媲美的单叶或折叶传单，大多数旅游者接到传单后感于旅行社舍得"投入"或看到美景后就不忍扔掉；其次把传单印制成对旅游者有用的物件会极大地降低传单被抛弃的概率，如折扇、鼠标垫等；传单的宣传的内容也是大有讲究的。基于多数人的这种阅读习惯，传单的内

旅行社经营实务

容也要首先将旅行社最想传达的核心信息提炼并用大字标题表达出来，一类传单最好只是传达一种信息。

知识拓展

1. 阅读奥格·曼狄诺所写的《世界上最伟大的推销员》一书，该书于2003年由世界知识出版社出版，了解世界上最伟大的推销员成功的秘诀。

2. 登录业务员网 http://www.yewuyuan.com/article/200812/200812220011.shtml，阅读谭小芳撰写的《旅游品牌精细化传播的细节》一文，学习宣传单发放的细节。

延伸阅读

小旅行社的营销之道

旅行社在营销中，往往各出奇招，以期收到良好的宣传效果。下面两个例子中，一个通过持续寄信的方式扩大并维系客户，从而实现旅行社营销的第一步；另一个通过结成联盟，以松散型联合的集团模式对抗大型旅行社企业，化散为整，扩大小旅行社的市场竞争力。两种模式均取得了良好的效果。

上海普陀旅行社的"求爱信"。1982年，上海普陀旅行社的创始人陈安华在上海长寿路一处弄堂的过街楼下，创办了普陀旅行社，最初的营业面积仅13.8平方米。当时上海已有十几家旅行社，多设在繁华的外滩、南京路、西藏路、延安路、淮海路、四川路上，镀金的招牌和耀眼的霓虹灯十分引人注目。陈安华明白他的旅行社地理条件先天不足，而且做不起广告。于是他就想到用发"求爱信"的方式获取客源，信中开诚布公地表明：敝社开张不久，希望各方大力支持，随信附上的是旅游路线、服务项目及收费标准。陈安华从此开始"求爱信"的批量生产，此后的8年他发出了一百万封"求爱信"，春夏秋冬每季一封。无论对方有意无意，陈安华一往情深，从不间断，他的"求爱信"遍及全国各地，普陀旅行社的生意越做越旺，社址迁到了长寿路的街面房子，年营业额也不断突破。

中小旅行社联合体。1997年上海市18家中小旅行社在完全自发、自愿的基础上，组成了联合体，以统一的品牌、统一的价格、统一的服务、统一的承诺在旅游市场刮起了散客旅游新旋风，并向在国内旅游中一直处于垄断"霸主"地位的大旅行社发出挑战。其特点和做法是：①18家成员皆为上海小旅行社，且分布在城市东南西北的角角落落，符合"旅游超市"方便散客就近买票，不与市中心大旅行社抢客源的原则；②18家旅行社，每家都根据自己的特长，拿出一两条过硬的旅游线路，一共30条，在18家旅行社统一挂牌出售，任何散客只要到这18家中任何一家，就可选择这30条线路中的任何一条，而不会像以前那样，买一张旅游票要跑许多家旅行社，各家旅行社相同的线路名称，但价格、内容又有很大不同；③坚持优势互补、共同发展的原则，为防利益不均，"超市"提出了一家举旗，18家卖，在利润分配上采取倒四六折账法，即代卖票拿六、组团社拿四。

资料来源：httpwenku.baidu.comviewde9d3502bb68a98271fefa6f.html

项目3 旅行社线路销售与签订旅游合同

任务17　与旅游者签订出游合同

任务目标

与旅游者签定出游合同是旅游线路销售的最终环节。只有与旅游者签订了出游合同才证明该次旅游线路销售成功。无论是国内游，还是入境游和出境游，旅行社都要与旅游者签订出游合同。出游合同是保障旅游者和旅行社双方权力和利益的有效合法文件。学习和了解出游合同的内容是任务的重点。

任务引入

李冰旅行社所组织的"华东五市＋海南"旅游线路及"北京一日游"旅游线路经过前期的认真准备已进入实施阶段，接下来，李冰的旅行社要与旅游者签订旅游合同，旅游者交纳旅费，双方约定各自的权利义务。旅行社该如何签订旅游合同呢？

任务剖析

合同具有法律效力，所以旅行社销售人员与旅游者签订合同时一定要谨慎。既要让旅游者明确旅游线路的行程和接待标准等，又要维护和保障旅行社自身的权益，以防产生不必要的纠纷。2008年北京市实行了新的旅游合同，对于旅游线路的相关情况和双方的权利、义务进行了明确规定，目前，北京的旅行社与旅游者签订合同使用的是2008年新版合同。

实训任务发布

实训任务22：与旅游者签订出游合同

学生工作任务书22			
实训任务22：与旅游者签订出游合同		任务性质	小组任务
任务完成时间		40分钟	
任务描述 根据"华东五市＋海南"旅游线路、"北京一日游"旅游线路的内容，从中选择一条线路与旅游者签订北京市国内旅游合同	考核标准 1. 所填写内容与旅游线路相一致 2. 填写内容能保证旅游者和旅行社双方的权利，无明显错误、无歧义		

161

示范案例

示范案例3-10　与客户签订出游合同的注意事项

旅行社在跟旅游的客人签订旅游合同时，为了规避风险，要求在填写合同时，应注意以下几个方面。

一、旅游者情况

要写清参团人数、客人身体状况（由客人自述并签字），或写"身体均健康，无既往病史"，由客人亲笔签名。为了防范旅游风险，老年人参团时，最好要求客人提供医院体检证明。

儿童（18岁以下未成年人报名签合同，需在监护人的监督下签订合作），不能单独与未成年人签订旅游合同。

二、旅游内容安排

（1）确定成行人数（如网上报名，可查公司行程中标明的人数），如不能成行，需在违约到期前通知客人（短信或书面通知，要留底，备查）。

（2）如需转到其他旅行社，需告知客人所转至的旅行社名称，并经客人口头同意。

（3）成行团号：见公司网上团号，独立成团的可自编团号。

（4）行程共计时间包含行程中的在途时间。

（5）出发（返回）地点及时间：在没有拿到大交通的票之前，在合同中不要约定死车次、卧铺的位置及时间，可含糊一些。

（6）旅游线路：注明线路中的主要景点及游览时间，或见行程。

（7）旅游费用可按与客人的约定填写。

（8）单房差的解决办法要写清，拼房，住三人间，补单房差及金额。

（9）旅游费用的特别约定可写明旅游意外保险团费内是否包含（特殊人群另外增加的费用，不能写在合同里，不得单独提出）。

（10）团费支付方式及时间（注明团款金额，支付方式（支票、现金、汇款），团队应约定好收尾款时间）。

（11）交通工具：所乘坐的主要交通工具。火车、飞机、旅游大巴。（如为汽车团，注意避免出现豪华车等字样，以免引起不必要的麻烦。）

（12）住宿标准：不要写相当于什么标准或准什么星标准的，如果是挂牌就直接写挂牌几星，如果不挂牌，就直接写双人标准间。

（13）餐饮安排：几正餐，几早餐，正餐的标准金额最好注明。（团队餐，十人一桌，八菜一汤，如不足十人一桌，菜品数量依人数酌情增加或减少。）

（14）购物安排：要约定好购物次数及购物场所经营的主要品种。实在不能确定的情况下，以出团通知为准。

项目3 旅行社线路销售与签订旅游合同

三、合同权利义务的转让

（1）旅游者转让合同需明确约定，增加的费用由谁承担（签订合同时与旅游者协商一致）。

（2）旅行社转让合同需明确约定，由旅游者认可，并需书面同意。（国内一般情况下可以选择1，出境一般情况下可选择1）。

四、不成团安排

国内合同可选择合同中第1种方式解决，出境合同可选择第3种方式解决。

五、争议解决方式

需填写中级/高级人民法院。

六、其他约定

可约定一些补充条款，补充条款优于格式条款，如有特殊要求可以其他约定中体现。

最后由旅游者亲笔签名，并填齐相关信息。旅行社由签订合同权利的签约代表签字并填齐相关信息。

备注：每签订一份合同，需要给客人提供两份安全提示（可到公司领取），并由客人阅读后亲笔签名，一份交给客人，一份旅行社留档，与合同订在一起。

如客人所去地点为海边，如客人要求下海游泳或参与水上娱乐项目，需有客人书面认可自行承担由此造成的一切后果。

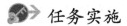 任务实施

实施步骤

（1）各小组讨论旅游合同的内容，针对本旅行社北京一日游线路销售情况填写相关内容。

（2）各小组分别派出一名旅游合同专家赴其他小组检查其旅游合同签订情况，并对其不足之处提出修改建议。

（3）各小组根据其他小组专家的意见修改完善旅游合同，并提交教师。

学生小组任务成果书（NO.22）			
实训任务22：与旅游者签订出游合同		任务性质	小组任务
小组任务成果名称		旅游合同	
按照北京市国内旅游合同的标准格式与旅游者签订旅游合同，详细填写所需内容			

附：《北京国内旅游合同》专用条款

根据《中华人民共和国合同法》、《旅行社条例》等有关法律规定，旅游者和组团社双方在平等、自愿、公平、诚实信用的基础上就国内组团旅游的有关事宜经协商达成协议如下。

第一条　旅游者情况

旅游者人数为____人，具体情况如下。（表格不够可以另附，但需双方签字确认。）

姓名	性别	年龄	健康状况	备注

旅游者代表应当保证其在合同中的签章能够代表表格中列明的所有旅游者对合同约定的认可。表格中列明的任一位旅游者均应当按照合同约定维护权益并履行义务。

第二条　旅游手续

由旅游者自行办理的旅游手续：□航空客票、□_____。

第三条　旅游内容及安排

（1）成团人数为____人。

（2）成行团号：_____。

（3）行程时间共计____天____夜（含在途时间）。

（4）出发地及时间：_____。

（5）返回地及时间：_____。

（6）途经地及旅游线路：（主要景点应当注明保证旅游者实际游览的最少时间）_____。

（7）成人旅游费用为_____元（人民币）/人，儿童（不满12周岁）旅游费用为_____元（人民币）/人，总计：大写_____元（人民币），小写：_____元（人民币）。

（8）遇单人房间时住宿差价的解决办法：_____。

（9）关于旅游费用的特别约定：_____。

（10）旅游费用的支付方式和时间：_____。

（11）交通标准：_____。

（12）住宿标准：_____。

（13）餐饮标准：_____。

（14）购物安排：累计不超过____次，购物场所名称、主要经营品种和停留时间：_____。

（15）自费项目和价格：_____。

（16）自由活动次数和时间：_____。
（17）接待社名称、地址、联系人、联系电话：_____。
（上述横线内空间不够，可以在《旅游行程表》中详细注明。）

第四条　通知方式：本合同中的通知应当采用□书式、□电子邮件、□传真、□短信、□电话、□口头方式。

第五条　不成团安排

（1）实际报团人数未达到成团人数标准的，属于因客观原因导致的不成团，组团社不承担责任。但组团社应当提前3日（不含本日）将不成团情况通知旅游者，双方按照下列第_____种方式解决。

① 组团社为旅游者办理延期出团或更改旅游线路，费用如有增减，由组团社退还或由旅游者补足。

② 解除合同，组团社一次性退还已收取的全部旅游费用。

③ 经旅游者同意，组团社将旅游者转团；旅游者应当与受让旅行社重新签订合同，并由受让旅行社对旅游者承担责任。旅游者不同意所转的旅游团队的，按照第2种方式解决。

④ 经旅游者同意，组团社将旅游者转团，提供受让旅行社盖章的《旅游行程表》、《行程须知》等关于旅游内容和安排的资料以及受让旅行社的名称、联系方式等基本情况由旅游者签收确认，并仍由组团社对旅游者承担责任。旅游者不同意所转的旅游团队的，按照第2种方式解决。

（2）组团社未提前3日通知旅游者的，应当按照《通用条款》"第六条（三）2（2）"的有关规定承担责任。

第六条　争议解决方式

本合同项下发生的争议，由双方协商解决，或向有管辖权的旅游质监所、消费者协会等有关部门投诉；协商、投诉解决不成的，向_____人民法院起诉，或按照另行达成的仲裁条款或仲裁协议申请仲裁。

第七条　其他约定

_____
_____
_____。

旅游者或其代表（签章）：　　　组团旅行社（盖章）：
住所：　　　　　　　　　　　　旅行社业务经营许可证号：
电话：　　　　　　　　　　　　住所：
证照号码：　　　　　　　　　　电话：
邮件地址：　　　　　　　　　　经办人及电话：
传真：　　　　　　　　　　　　传真：
签订时间：　　　　　　　　　　签订时间：
签订地点：　　　　　　　　　　签订地点：

旅行社经营实务

总结提高

一、旅游合同的含义

旅游合同是指消费者交付费用，旅行社提供旅游服务的合同。旅游服务包括为消费者提供旅行服务、导游服务、景点观赏服务以及附带的餐饮娱乐购物服务等。消费者参团出游前，要与旅行社签订书面旅游合同，合同一旦签订，就确立了双方的权利、义务关系，万一在旅游过程中出现质量纠纷，合同既是证据，更是行政部门、消费者协会和法律机关裁决的依据。

二、目前旅游合同出现的问题

（1）以"零团费""负团费"报价作诱饵。这样的旅行社往往为了逃避责任，在旅游合同中做手脚，对旅行社应承担责任的条款模糊化，而对免责条款则一再扩大。

（2）信誉差的旅行社有意不与消费者签订旅游合同，而是以具体的行程安排来代替合同。有的旅行社甚至只给消费者一张收据，而没有合同约定，或是仅凭一些传真上的简单描述来进行业务操作。

（3）合同不兑现。一些旅行社为降低成本在提供服务过程中违反行业标准或合同约定，降低服务等级标准，有意取消一些服务项目的含金量，压缩景点游览时间，增加自费项目或购物次数，变更旅游线路等。

三、旅游合同的主要内容

（1）明确约定旅游行程，包括乘坐的交通工具是火车还是飞机，是一般旅游汽车、空调车还是豪华大巴；住宿标准是星级宾馆还是招待所，如果是宾馆应注明是几星级的，应注意对"标准间"一词的解释，应明确约定住宿房间内的床位数、有无卫生间、有无电视、有无电话等设施、设备；游览景点具体有哪些、餐饮标准应明确是几人几菜几汤；还要注明娱乐标准、购物次数等。

（2）明确旅游价格，防止旅行社变相提价。一些旅行社为了市场竞争，以低价位做广告吸引消费者，尤其是出境旅游，到了目的地后又擅自增加自费娱乐项目，增加购物次数，以此来变相提价。

（3）在合同中清楚约定双方的权利和义务及违约责任。一旦消费者的权益受到侵害，依据合同能够得到赔偿。如遇到消费者因病不能如期参团旅游，或者遇到国家政策性的调价等原因都可以依照合同约定或国家有关规定，合理地处理好善后事宜。

（4）关注意外旅游保险合同。该项合同属于国家强制性保险范畴，由旅行社代消费者向保险公司承保。旅行前，消费者一定要查看是否具有旅行社与保险公司签订的针对此次旅游的《意外保险合同》以防范风险。

四、新版《北京市国内旅游合同》的新增内容

（1）国内组团旅游服务：是指由旅行社负责组织旅游团队并将其或异地成团的旅游者送到国内除香港、澳门、台湾地区以外的城市或旅游景点，并亲自或委托接待社为旅游者提供的客票代订、交通、餐饮、住宿、游览等综合性旅游服务活动。

（2）转团：是指由于低于成团人数，经旅游者同意，组团社在出发前将其转至其他旅行社组织的旅游团队的行为。组团社委托接待社提供具体旅游服务的行为不属于转团。

（3）脱团：是指旅游者擅自脱离旅游团队，不随团完成约定行程的行为。

（4）实际损失：是指因违约所实际导致的损失，但不得超过违约方订立合同时可能预见到或应当预见到的因违反合同可能造成的损失。

（5）不可抗力：是指不能预见、不能避免并不能克服的客观情况，包括因自然原因和社会原因引起的事件，如自然灾害、战争、罢工、重大传染性疫情、政府行为等。

（6）意外事件：是指因当事人故意或过失以外的偶然因素而发生的，影响旅游行程的列车和航班等公共交通工具的延误或取消、恶劣天气变化、交通堵塞、重大礼宾活动等事件。

（7）游客代表签约需代表游客。

> **知识拓展**
>
> 1. 人力资源和社会保障部教材办公室．旅行社运营实务［M］．北京：中国劳动社会保障出版社，2009．
> 2. 方澜．旅行社经营管理［M］．上海：上海财经大学出版社，2008．
> 3. 北京旅游信息网 http：//www.visitbeijing.com.cn
> 4. 北京周边旅游网 http：//www.bj-travel.com
> 5. 北京旅游局电子政务网站 http：//www.bjta.gov.cn/
> 6. 国家旅游局网站 http：//www.cnta.gov.cn

> **延伸阅读**
>
> ### 出境旅游者如何选择旅行社
>
> 1. 如何选择旅行社
>
> 中国对旅行社实行行政许可准入制度管理。取得《国际旅行社业务经营许可证》的旅行社，可经营入境旅游业务、出境旅游业务、国内旅游业务；取得《国内旅行社业务经营许可证》的旅行社，只能经营中国国内旅游业务。
>
> 在选择旅行社时，一定要查看其是否具备旅行社业务经营许可证以及经营业务范围、旅行社经营资质和级别、是否曾被处罚等信息，可通过国家旅游局中国旅游诚信网（qualitytourism.cnta.gov.cn）在线查询。对于出境游，国家旅游局公布有"经营中国公民出国旅游和赴港澳地区旅游业务的旅行社名单"和"第一批

指定经营大陆居民赴台旅游业务旅行社名单",可登录国家旅游局网站(www.cnta.gov.cn)在线查询。

2. 如何与旅行社签订旅游合同

实践中,曾有旅行社因组团人数不足预订人数,将已报名人员转至其他旅行社;有的旅行社实际提供住宿标准与宣传不符等现象发生。因此,参加跟团游时,建议大家就旅游收费标准、旅游景点和路线、门票费用承担、旅游服务内容、旅游具体时间、具体交通方式、餐饮住宿标准、违约责任及产生法律纠纷的处理方式等,向旅行社详尽询问,签订完备的旅游合同。旅行社有相关广告或宣传资料的,大家尽可能保留这些材料,如果发生争议,这些广告或宣传资料均可作为相应证据。

国家旅游局、国家工商总局曾分别就出国旅游和赴台旅游发布旅游合同示范文本;一些省市工商局、旅游局也发布有旅游合同示范文本,大家在签订旅游合同时,可登录工商局、旅游局相关网站参考这些示范文本。

3. 选择旅游目的地注意事项

选择旅游目的地时,要及时关注预订旅游目的地的政治、人文和天气情况,可通过登录国家旅游局或当地旅游局网站查看相关提示信息。例如:近期泰国政治局势动荡,国家旅游局建议,推迟赴泰旅游行期;近期赴新西兰奥克兰地区旅游团组护照被窃、被抢情况时有发生,国家旅游局提示,赴新旅游游客要注意人身安全和证件保管等。选择出境游的,应当注意选择允许中国公民出境旅游的目的地国家。目前,国家旅游局公布的出境旅游目的地国家和地区(包括中国香港、中国澳门和中国台湾在内)有100多个。

4. 旅游维权注意事项

根据法律规定,旅行社、景点管理单位或餐饮、住宿、商场等经营者,应当保证所提供的产品或服务符合保障消费者人身、财物安全的要求。如果因经营者提供的服务造成游客人身或财产损害的,应承担赔偿责任;如果提供的服务不符合约定,如餐饮降低、景点数量减少等,经营者应承担违约责任。为了充分保护自身权益,建议大家向旅行社报团或进行其他消费时,索取正规发票。游客与旅行社等经营者发生争议的,如果是中国国内旅游,可拨打国家旅游局投诉电话(010-65275315)、全国假日办投诉电话(010-65201028)或者各省市旅游局投诉电话(详见国家旅游局网站)进行投诉,也可拨打消费者投诉电话(12315)投诉;如果是出境旅游,可拨打当地求助电话或中国驻当地使领馆电话请求维权和保护。游客也可选择通过仲裁机构或法院进行解决。

资料来源:李晓春.十一出国如何选择旅行社.原文载于人民日报海外版2008年9月27日。

项目3 旅行社线路销售与签订旅游合同

项 目 评 价

【知识/技能评价】

通过本项目的学习和前台接待模拟、电话销售模拟、媒介销售设计等几个任务的练习,使学生能够回答并处理客人提出的常见问题;能够自主搜集电话信息进行电话销售;能够设计简单的网络和报纸销售广告,并着重培养学生随机应变和处理问题的能力以及基本的礼仪规范等。

【总结提高】

任务名称:如何做好旅行社的销售人员。

任务要求:项目三中角色扮演和实战演练是主要的实训方式。请学生总结自己在项目三中的表现,并结合自己的实际体会写1000字左右的文字,描述如何做好一名旅行社的销售人员。

任务性质:个人任务。

4 旅行社线路实施与质量评价

学习目标

知识目标：了解导游与计调、财务接洽的主要内容；熟悉导游带团的基本流程。

能力目标：能够运用各学科知识讲解当地风土人情和景区知识；能够安排游客旅程各项所需。

素质目标：培养学生的发散思维和合作精神；培养学生的沟通能力、组织能力、协调能力。

项目4　旅行社线路实施与质量评价

项目导读

导游带团是旅行社线路实施的重要步骤。由于旅游产品的无形性以及生产和销售的同一性，旅游者只有在旅游过程中才能感受到旅游产品质量的优劣。因而导游带团质量的高低直接影响到旅游者的满意程度。导游带团前需要做好充分的物质和精神的准备，带团中要时刻谨慎，具备高度的责任心和职业感，同时也要熟悉带团的基本流程，掌握基本的职业技能。

任务 18　导游带团前的工作接洽

任务目标

导游带团是一项复杂的工作，是脑力劳动和体力劳动的高度结合。导游带团不仅要求导游在带团中恪尽职守，在带团前也要做好良好的准备工作，包括物质和精神方面的双重准备，这就包括要和旅行社的计调以及其他人员的相关工作接洽等内容。

任务引入

与旅游者签订旅游合同后，李冰对旅行社的第一次出团活动非常重视，从兄弟旅行社请来一位优秀导游负责带团。导游在带团前需做哪些准备工作呢？

任务剖析

导游在带团前需要做好物质和精神方面的准备，熟悉旅游目的地的相关资料，同时还要与旅行社内的有关部门接洽，获取带团过程中所需资金和资料，以保证带团工作的顺利进行。

实训任务发布

实训任务23：导游带团前的工作接洽

学生工作任务书23			
实训任务23：导游带团前的工作接洽		任务性质	小组任务
任务完成时间		30分钟	
任务描述 通过角色扮演形式，小组各选1人分别扮演导游员、计调、出纳，模拟导游与上述人员的接洽活动，为带团活动补充资金和资料，保证带团活动的顺利进行		考核标准 1. 接洽中该转交、接洽的物品或资金没有遗漏或错误 2. 角色扮演到位，各角色间的沟通顺畅、表达完整	

示范案例

示范案例4-1 导游出团准备流程图

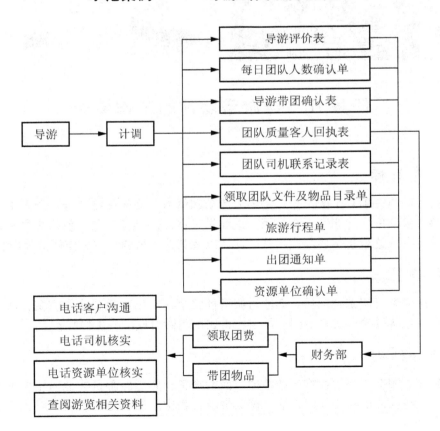

任务实施

实施步骤

（1）各小组分组准备，讨论导游人员出团前应联系的部门，应协调或处理的事情。

（2）各小组通过随机抽签方式确定扮演的角色，各小组推举成员进行扮演。

（3）其他小组成员对角色扮演中的遗漏之处给予建议。

学生小组任务成果书（NO. 23）			
实训任务23：导游带团前的工作接洽		任务性质	小组任务
小组任务成果名称	导游带团前的工作接洽		
通过角色扮演，完成导游带团前与相关部门的接洽工作			

总结提高

导游带团前的接洽工作主要包括服务准备、物质准备、语言知识准备、心理准备和形象准备等。

一、服务准备

（一）领取团队接待计划

接待计划是组团社委托各地方接待社组织、落实旅游团（者）活动的契约性安排，是导游人员了解旅游团（者）和安排日程的主要依据。团队接待计划主要包括行程线路、费用情况、行程时间安排、到达交通站名称、交通工具情况、住宿地及设施情况、餐饮地点安排、购物点安排，若有变化，要尽快落实。

（二）熟悉接待计划

接待计划是组团社委托各地方接待社组织落实旅游团（者）活动的契约性安排，是导游人员了解旅游团（者）基本情况和安排活动日程的主要依据。地陪要从接待计划中了解、掌握旅游团（者）的以下情况。

1. 旅游团（者）的基本情况

（1）计划签发单位（即组团社）、联络人姓名、电话；团的种类（如全包价、半包价等），费用的结算方法；团队等级（如豪华等、标准等、经济等）。

（2）团队名称、团队编号、团队客源地、团队特别要求、团队人数、住房、用车、餐饮标准、相关旅行社及导游（包括姓名、电话等）等。

2. 旅游团成员的基本情况

团队人数（含儿童人数）和性别比例、团员姓名、团员职业和学历、团队的收入和消费水平、团员的宗教信仰、团员的身体状况、团员的年龄层次。

3. 旅游路线和交通工具

了解该团的线路安排、景点、食宿、交通、时间等安排内容。

4. 交通票据情况

该团去下一站的交通票据是否已按计划订妥，有无变更及更改情况；有无返程票；有无国内段国际机票，如果有，则要帮旅游团（者）及时确认，出境机票的票种是 OK 票还是 OPEN 票。

5. 该团的特殊要求和禁忌

如是否有住房、餐饮方面的特殊要求；是否有需特殊照顾的残障旅游者、高龄旅游者和儿童。

6. 机场建设费的付费方式

一般有 3 种情况：一种是由地接社先行垫付；另一种为旅游者自付；最后一种由外方旅行社领队垫付。

（三） 落实接待事宜

1. 核对或填写日程安排表

地陪应按日程表中注明的日期、出发时间、游览项目、就餐地点、风味品尝、购物、晚间活动、自由活动时间及特殊项目与接待计划认真落实，如有出入应与有关人员联系，问清情况，做出必要修改；若由地陪填写日程安排表，地陪应认真填写，核对无误后交领导审批签字，一份交计调部门，一份由地陪保存并在接团期间随身携带。

2. 落实旅游车辆

确认在本地的旅游车以及与司机接头的时间、地点和联系方式。

3. 落实住房

熟悉旅游团应下榻饭店的位置、概况、服务设施和服务项目；核实旅游团的住房数、级别、是否含早餐等。

4. 落实用餐

与各餐厅联系，确认各餐情况；团号、人数、日期、标准、特殊要求等。

项目4　旅行社线路实施与质量评价

5. 落实行李运送

若有行李车、导游应与司机联系，告知旅游团抵达的时间、地点以及下榻饭店。

6. 了解不熟悉的参观游览点

游览计划中若有不熟悉的景点，导游应事先了解该景点的概况、开放时间、前往该景点的最佳时间和路线、最佳游览线路、洗手间位置等，以便游览活动顺利进行。

7. 与全陪联系

提前约定接团的时间和地点。

二、物质准备

（一）导游人员上团前必须佩戴导游证、胸卡，携带导游资格证，10人以上团举导游旗等。

（二）到本社有关内勤处领取门票、餐饮结算单及有关表格（如行李交接单、租车结算单、客人意见表及导游图等）。

（三）掌握联系电话，地陪应备齐随身携带有关旅行社各部门、餐厅、饭店、车队、剧场、购物商店、组团人员、行李员和其他导游人员的电话和手机号码。检查自己的手机，以便联络通畅。

三、语言和知识准备

根据旅游团的具体情况，有针对性地进行准备：根据接待计划上确定的参观游览项目，就翻译、导游的重点内容，做好外语和介绍资料的准备；接待有专业要求的团队要做好相关专业知识、词汇的准备；做好当前的热门话题、国内外重大新闻、游客可能感兴趣的话题等方面的准备。同时旅游团客人多使用地方方言，为了拉近和旅游者的距离，在上团前可学习一些旅游者的地方方言。如接来自内蒙古的旅游者，可以事先学习一些诸如"你好"、"谢谢"、"再见"等的蒙古语。

四、形象准备

导游人员的着装要符合本地区、本民族的着装习惯和导游人员的身份，衣着大方、整齐、简洁，方便导游服务工作。女性导游员佩戴首饰要适度，可以化淡妆，但不要浓妆艳抹，不要使用味道太浓的香水。导游上团时应将导游证佩戴在正确位置。

五、心理准备

在接团前，导游人员要做好两个方面的心理准备。一是在接团过程中可能遇到问题和发生事故，因而要有面临艰苦复杂工作的心理准备。既要按规定的工作程序为游客提供热情的服务，还要对可能遇到的问题、可能发生的事故、需要特殊服务的游客事先预想好应该如何处理，采取什么样的对策。只有做好全面的心理准备，导游员才能做到遇事不慌，遇到问题也能妥善迅速地处理。

二是要有承受某些游客挑剔、报怨、指责和投诉的心理准备。导游工作手续繁杂，工作量很大。有时导游人员虽然已经尽其所能热情的为游客服务，但还会遇到一些游客的挑剔、抱怨和指责，甚至提出投诉，对于以上情况，导游员也要有足够的心理准备，要冷静、沉着地面对，无怨无悔地为游客服务。

知识拓展

1. 阅读赵明主编的《导游业务知识》一书，该书已于2008年由云南大学出版社出版，了解该书中导游带团的相关内容。

2. 阅读冯云艳主编的《导游业务实务教程》一书，该书于2009年由中国纺织出版社出版，学习该书中旅行社组团、导游如何带团的相关内容。

3. 阅读樊丽丽主编的《导游业务训练课程》一书，该书于2007年由中国经济出版社出版，了解该书中导游带团的一些具体技巧等内容。

延伸阅读

误机责任谁来负

2007年北京某旅行社组的一个旅游团，原计划乘8月30日1301航班于14：05离京飞广州，9月1号早晨离广州飞香港。订票员订票时该航班已经满员，便改订了3105航班（12：05起飞），并在订票通知单上注明注意航班变化，12：05起飞，计调由于疏忽，只通知了行李员航班变化时间而没有通知导游，也没有更改接待计划。8月30号上午9时，行李员发现导游留言条上的时间和他任务单的时间不符，经过提醒也没有引起导游的注意。导游也没有认真检查团队机票，确认起飞时间，结果造成误机的重大责任事故。

案例分析

此案例中导游没有核对团队机票上的起飞时间，又没有重视行李员的提醒，对误机事故负有一定的责任。当然，导游不应负全责，计调部门也有过错，也应负相应的责任。我国民法第130条规定，两人以上共同侵权造成他人损害的，应当承当连带责任。按照我国旅游法律法规，旅行社在支付了因导游的行为造成的游客损失赔偿之后，有权在内部向有过错的导游进行追偿。导游在工作一定要细心，在出发前和带团过程中该团行程涉及的各个方面要勤于核实，特别要重视可能影响整个行程的交通票据、抵离时间的核实。

项目4　旅行社线路实施与质量评价

任务 19　导游带团流程

任务目标

导游带团前的各项准备是顺利带团的前提。接下来，就是游客旅程的开始，导游也开始正式亮相了。导游在带团中要遵循一定的基本流程，熟悉导游带团的流程是旅游活动顺利进行的保证。

任务引入

与旅行社相关部门接洽后，导游开始了她的带团工作。导游带团过程中，需要做哪些事情呢？

任务剖析

导游带团的开始是旅行社履行合同的开始，旅游者在行程中的满意度直接决定了旅游者对旅行社的印象好坏，因此导游带团时应以优质的讲解、良好的服务赢得客人认同。要把细心、耐心、爱心融入工作中，为旅游者提供最优质的服务。

实训任务发布

实训任务 24：导游带团实践

学生工作任务书 24

实训任务 24：导游带团实践	任务性质	个人任务＋小组任务
小组任务完成时间		100 分钟
任务描述 熟悉校园布局和事物，准备××学院半日游带团活动，带团的假定目标顾客为新生和来我院参观的领导。每人制作一份完整的导游词，并以 A4 纸打印或手写。各组制作一份旅行社旗。每人精心准备一份导游词，各组先分别练习，然后每组随机抽取成员担任讲解导游，带全班同学一同旅游	考核标准 1. 欢迎辞、欢送词、讲解词内容丰富，有真情实感，能够打动游客，能传递有效信息 2. 带团中注意细节，讲解的同时时刻注意游客安危	

旅行社经营实务

示范案例

示范案例4-2 导游带一日成人团流程图

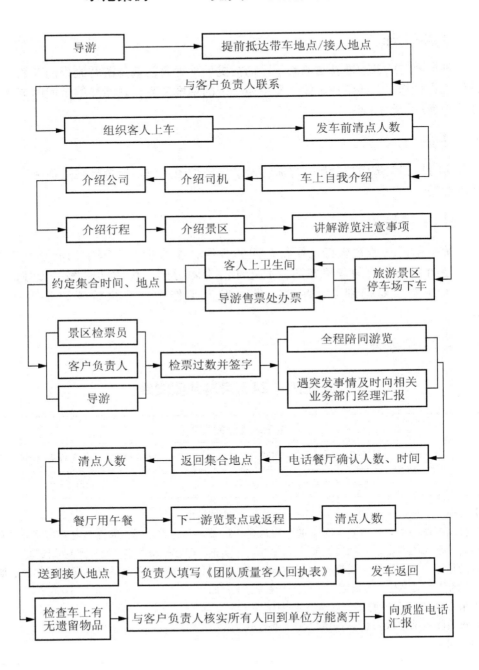

项目4 旅行社线路实施与质量评价

示范案例4-3 导游带地接团流程图

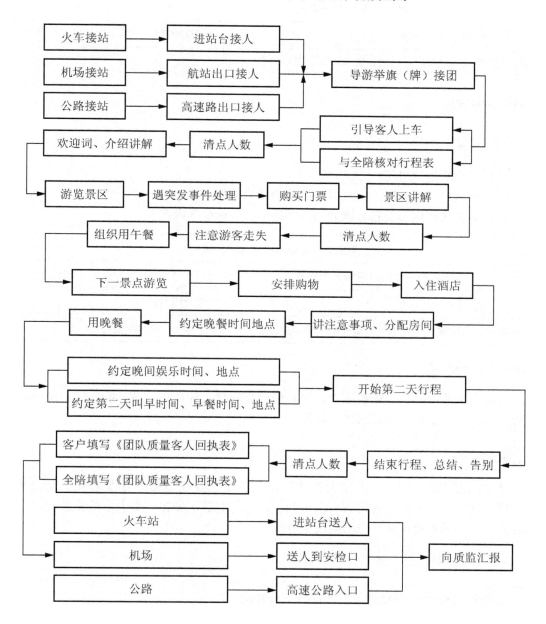

任务实施

★个人任务实施

小组成员根据实训任务要求,完成校园导游词的撰写。

旅行社经营实务

学生个人任务成果书（NO.24）			
实训任务24：导游带团实践		任务性质	个人任务
小组任务成果名称	校园导游词		
每位学生提交一份校园导游词，以A4纸打印或手写			

★ 小组任务实施

实施步骤

（1）各小组抽取讲解顺序。
（2）由教师随机选取小组成员进行校园导游讲解。
（3）导游讲解内容应包含欢迎词、讲解词、欢送词等内容。

学生小组任务成果书（NO.24）			
实训任务24：导游带团实践		任务性质	小组任务
小组任务成果名称	导游带团实践		
每组设计一份社旗，每位小组成员准备一份导游讲解词，被抽中导游带游客游览参观			

总结提高

导游人员的带团工作非常复杂，关系到游客的食、住、行、游、购、娱，是一项系统工程，下面是地接导游的带团流程。

一、接站服务

接站是指地陪去机场、车站迎接旅游团。接站服务在地陪的导游服务中至关重要，因为这是地陪与旅游者的第一次接触，是地陪的首次亮相，是力争给旅游者留下美好第一印象的重要时刻，地陪应高度重视。

（一）接站前的服务准备

1. 确认旅游团所乘交通工具抵达的准确时间

地陪在出发接站前与机场（车站）问询处或交通信息台联系，问清旅游团（者）所乘交通工具抵达的准确时间，力争做到计划时间、时刻表时间、问询时间三核实，并问清具体的接站地点。

2. 与旅游车司机联络

得知旅游团所乘交通工具抵达的准确时间后，地陪要及时与旅游车司机商定出发的时间，确保提前 30 分钟到达接站地点。

（二）旅游团抵达后的服务

1. 认找旅游团

旅游团所乘飞机（列车）的旅客开始出港，地陪举接站牌站在明显的位置，等待旅游团领队、全陪，应与旅游团成员核对团名、人数、团员姓名等。总之，要认真核实，以免错接旅游团。

2. 认真核实，以免错接

找到旅游团后，地陪要问清团名，核对实到人数，询问领队、全陪的姓名，如该团无领队、全陪，应与旅游团成员核对团员、人数、团员姓名等。总之，要认真核实，以免错接旅游团。入境旅游团人数若有变化，应尽快通知地方接待旅行社。

3. 移交行李

如果有行李车为旅游团运送行李，地陪要认真与行李员移交行李。

4. 集合等车

地陪请旅游者代好行李，带导游旗，引领大家上旅游车。
（1）恭候在车门一侧，请旅游者上车，必要时助他们一臂之力。
（2）地陪最后一个上车，清点人数（不得用手指数人）。
（3）检查行李是否放稳妥，请大家坐稳，然后请司机开车前往目的地。

（三）途中服务

从机场（车站）前往饭店或景点途中，地陪一般应做好下述 5 项工作。

1. 致欢迎辞

地陪的欢迎辞应简洁明了、措辞恰当、语气亲切、热情洋溢。欢迎辞一般应包括如下内容。
（1）代表旅行社、本人和司机欢迎旅游者光临。
（2）介绍自己和司机。
（3）表示提供服务的真挚愿望。
（4）希望合作，欢迎提意见和建议。
（5）良好祝愿。

2. 调整时间

介绍两国（地）的时差，请旅游者将自己的表调到当地时间。

3. 首次沿途导游

导游介绍本地状况，如地理位置、历史沿革、人口状况、行政区的划分、市政建设等；风光风情介绍：（随机应变，见人说人，见景说景，与游客同步观赏）介绍当地的天气；介绍下榻的饭店：宾馆的位置、名称、星级标准、主要设施的使用方法，到宾馆所需要的时间、入住手续、注意事项（打预防针）；宣布当日和次日的活动安排：叫早时间，早餐时间，集合时间、下顿餐的时间。

二、住店服务

（一）协助办理住宿手续

请领队发放房卡，地陪要知道领队和全陪的房间号码。将自己的联系方式告诉领队和全陪，以便有事联系。

（二）介绍饭店的设施

地陪应介绍饭店内的设施，例如外币兑换处、打港澳台及国际长途电话的有关规定，健身房、餐厅、商务中心，贵重物品的寄存等，宾馆的洗澡水时间、宾馆的门禁时间、宾馆餐厅的位置，提醒客人晚上出去的时候一定要结伴而行，带上宾馆的联系方式、记住附近商店的位置。

（三）约定叫早时间

导游与司机协商好次日的出发时间，预留出早餐时间后，提前告知饭店前台次日旅行团的叫早时间。

（四）协助解决客人入住后遇到的各种问题

导游必须在客人安顿好之后方可走开，走时留下联络方式，最好随团住。

（五）带旅游团用好第一餐

就餐后不要忘了提醒客人带好随身携带的物品。游客就餐时，提前告诉酒水自理，不要催，让游客安心吃饭。在游客就餐期间，至少要起身去看两次。餐标订好，清点菜和汤告知游客，让游客明了。吃海鲜时不喝或少喝啤酒，喝啤酒不要急，可多喝白酒。吃完海鲜不要下海，以免着凉闹肚子，尽量不要吃海鲜大排档。吃海鲜不可吃葡萄，喝白酒不能吃柿子。祝愿游客胃口好。

三、核对商定日程安排

旅游团开始参观游览之前，地陪应与领队、全陪商定本地日程安排，并及时通知到每一位客人。核对、商定日程是旅游团抵达后的一项重要工作，可视作两国（两地）间导游员合作的开始。在核对、商定日程时，对出现的不同情况，地陪要采取相应的措施。

四、参观游览及其他服务

参观游览（sightseeing）活动是地陪工作的核心内容，是全方位展示导游员服务能力和服务态度的中心环节，也是地陪最辛苦、最艰巨的工作。地陪必须认真准备、精心安排、热情服务、生动讲解。

（1）出发前地接导游应提前10分钟到达集合地点，核实清点人数，问候早到的旅游者，落实旅游团当天的用餐，提醒注意事项。地陪应该向游客预报天气情况，游览景色的地形特点，带好衣服雨具，换上舒适的鞋，这些看来是小事，可会使游客备感亲切，感到地陪服务周到细致，也可以减少游客生病、扭伤、摔伤等问题的发生。

准时集合登车：导游首先上车要问好（餐后要问大家是否吃饱，讲解必须面对游客，车上简单介绍景点，让游客有遐想的空间，引起游客兴趣）；重申当日的活动安排，包括中午、晚餐的地点；向游客说明到景点所用的时间，视情况介绍新闻。

（2）途中要重申当日活动安排和注意事项，叮嘱大家一定要遵守时间，不要擅自行动，以免耽误全团计划，介绍途中风光和当日所要游览的景点（景点导游词之外的），组织适当的娱乐活动活跃气氛。

（3）抵达景点，下车前地接导游要讲清并提醒游客记住旅游车的标志（车牌、颜色等），和停车地点，开车时间，提醒大家关好车窗带好随身物品，景点内人比较多，看好自己的贵重物品等。进入景点后，在景点示意图前地接导游应讲明游览路线，所需时间及游览过程中应注意的事项等。（若行程紧凑，可让全陪跟在队伍的最后面，以免后面的游客走散，耽误时间。进景点检票口时，可让全陪先进，带领客人在门口等候签单）。

（4）返回饭店途中应带领游客回顾当天活动，并尽量避免原路返回，作好沿途风光导游。（如果客人表示明显劳累，可适当放些轻音乐，让客人休息。）

（5）快抵达宾馆时叫醒大家，宣布次日活动，提醒注意夜间安全，保管好贵重物品。

（6）安排宾馆服务员叫早。

五、用餐

在适当时候暗示客人旅游团队餐的口味可能众口难调。地接导游应提前落实本团当日的用餐（尤其旺季中，在到达餐厅前1小时或30分钟要及时和餐厅沟通，确定好本团用餐时间，以免团队抵达后等待用餐时间过长），对午、晚餐的用餐地点、时间、人数、标准、特殊要求逐一核实并确认；用餐过程中要巡视旅游团的用餐情况一到两次（看餐厅是否按标准上菜，菜量是否够吃，及时提醒服务员添加主食）。在全陪之前结束用餐，以腾出时间与餐厅签结算单。

六、送站服务和后续工作

旅游团结束本地的参观游览活动后,地陪开始着手送站服务(seeing off service)。地陪应做到使旅游者顺利、安全地离开本地,遗留问题得到妥善处理。送站服务和后续工作主要有以下内容。

(一)送站前的服务

送站途中的讲解服务。
行程回顾,有哪些没有去过的地方,欢迎下次再来。
致欢送词、谢语:对全陪、领队、游客、司机合作的感谢。
惜别语:表友谊的惜别之情。
祝愿语:期待再次相逢,表示美好祝愿。
若所接待团队为火车团,则需要提前核实、确认交通票据情况。送团至火车站后,请客人填写意见反馈单并移交交通票据,致欢送词,待团队安全登车后再离开;若为自带车,则需要与全陪领队及客人商定出发、叫早和早餐时间,协助宾馆结清与游客的有关账目。

(二)离店服务

协助办理退房手续(中午12:00前),提醒游客检查行李,别落下东西。

(三)送行服务

集合登车请客人填写意见反馈单并致欢送词。下车后向客人挥手,目送旅游车走远后方可离开。

(四)处理遗留问题

旅游团离开后,地陪应认真、妥善处理好遗留问题。

1. 处理事故的遗留问题

如果旅游团在旅游期间发生、出现问题,或者旅游者生病不能随团离开,地陪应配合旅行社有关部门妥善处理一系列的遗留问题。

2. 归还遗忘物品

旅游团离开后,若发现旅游者遗忘物品,地陪应及时交回旅行社,设法尽快归还失主。

3. 办理委托事务

如果旅游者委托地陪办理一些事务,地陪应向接待旅行社有关部门汇报并在其知晓下,按规定尽快办妥旅游者的委托事宜。

项目4　旅行社线路实施与质量评价

（五）结账

地陪应根据旅行社的规定及早填写有关接待和财务结算表格，将表格及各种单据、接待计划、活动日程表按规定上交有关人员并到财务部门结清账目。

（六）总结汇报

1. 做好陪团小结

地陪应认真填好陪团小结，实事求是地汇报接团情况、有关旅游者的意见和建议，力求使用原话并注明旅游者的身份。

2. 上交《旅游服务质量评价意见卡》

地陪应及时将《旅游服务质量意见卡》交给旅行社有关部门，旅行社根据此卡了解旅游接待服务质量，旅游者的意见、建议和要求，也以此来检查、评价导游人员服务质量。

3. 写出重大事故报告

旅游团如在游览期间出现大的问题、发生重大事故，地陪应实事求是地整理出文字资料，及时向地方接待社和组团社汇报。

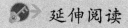 **知识拓展**

1. 登录 233 网校网站 http：//www.233.com/dy/tool/wenzhang/jingyan/，了解该网站关于导游带团经验、要领、感悟、技巧等内容的相关内容。

2. 登录导游资格证考试网 http：//www.examda.com/dy，了解导游带团的相关内容。

3. 登录全国导游服务网 http：//www.tourunion.com/guider，了解导游带团的相关案例和内容。

延伸阅读

三次援藏一生的财富

——导游员刘萌刚

2006年、2007年、2009年桂林市导游公司的英语导游刘萌刚三进西藏，成为3次援藏中不多的导游之一，同时援藏也给他带来了一生的财富。

援藏导游员来自全国各地，由于名额有限，能够成为援藏导游中的一员，刘萌刚深感光荣和自豪，尤其是可以3次参加援藏工作，他更是珍惜这来之不易的机会。因此他暗下决心要加倍努力，认真工作，不辜负党和国家对导游的期望。

2006年5月15日，是刘萌刚一生难忘的日子，因为这是他在西藏接的第一个旅游团。为了接好这个团队，他用了近20天的时间去准备，而且每天花费近10个小时去踩点和背英语单词。有人不理解，可刘萌刚有自己的想法：一是西藏大部分景点是寺庙，寺庙中的佛像很多，用中文可能都无法讲清楚每一尊佛像以及它背后的故事，更何况还要用英文翻译；二是这个团的游客来自于不同的国家，作为外语导游必须注意自己的言谈举止，因为这影响到游客对这个城市和国家的印象。

一次，刘萌刚接了一个法国团队，这个团队是自驾车团，5个人开了3辆车，2辆房车和1辆吉普车，他们准备由四川经云南，从丽江、香格里拉县沿滇藏线进入西藏，并从西藏和尼泊尔接壤处去尼泊尔。游客都是上了年纪的法国人。尽管这个团的路线长，路途险峻，但刘萌刚还是欣然接受了任务。

刘萌刚从未走过这条路线，尽管出发之前他做了充分的准备，但还是遇到了难题。当车队离西藏还有100多公里时，一辆拖拉机坏在路中间，团队的车过不去，只好等待。大约过了两个小时，天色已晚，客人开始着急了，要求试着穿行。看着脚下几十米的澜沧江，刘萌刚坚决地回答"No way!"。他知道，作为一名导游，游客的安全第一重要。在刘萌刚的协助下，拖拉机很快修好了。

在西藏做导游特别辛苦，劳动强度远远超过内地。每天坐车的时间都在10个小时左右。刘萌刚说，刚过去时，不适应高原缺氧，晚上经常失眠，而凌晨五六点就要带团出去，在车上很容易犯困。因为担心高原行车安全，即使不讲解的时候，也不敢打瞌睡，想睡觉时就掐大腿让自己清醒。有几次，刘萌刚带团在高海拔地区过夜，由于缺氧，感觉就要窒息一样。

作为一名优秀的导游员，不仅要具有渊博的知识，更要有耐心和爱心。

西藏的美景让人向往，但西藏的高原气候却让不少人望而却步。一次，刘萌刚接了一个特殊的美国团，团员6个人，一对夫妇和4个小孩，最大的孩子8岁，最小的才1岁8个月。原计划行程3天，由于客人误机，比原计划晚到1天。3天的行程要两天完成，时间非常紧凑。客人到拉萨当晚，美国妈妈高原反应强烈，晚上12点钟打电话过来，刘萌刚连夜安排医生到酒店给客人打针，直到凌晨3点才休息。参观布达拉宫时，刘萌刚和美国爸爸每人抱着一个孩子，手里牵着一个孩子。布达拉宫在山顶上，由于高原缺氧，这段上坡路十分难走。7月份是拉萨的旅游旺季，带着4个孩子参观布达拉宫十分困难。山顶检票口的藏族检票员和刘萌刚开玩笑地说："你哪是导游，简直是保姆！"刘萌刚乐了："我就是一名高级保姆！"临走前，那位美国爸爸和妈妈非常感谢刘萌刚对他们一家人的帮助，并希望下次再来西藏旅游时导游还是他。

3次援藏，刘萌刚走遍了西藏的大部分地区，对西藏有了比较多的了解，深知在那里工作的艰苦和压力。他认为，在西藏做导游员，不仅要熟悉景点知识、急救技巧，还要求导游有一个强健的身体，能够经受得住长途跋涉的艰辛和恶劣环境的煎熬，然而3次援藏，他所有经历过的艰辛和痛苦，成了他援藏甜美的回忆。

项目4 旅行社线路实施与质量评价

2006年刘萌刚被国家旅游局评为"西藏自治区援藏导游员先进个人"。2007年、2009年，他两次被国家旅游局评为"全国援藏导游员先进个人"。一名导游一生中有一次援藏经历已经终生难忘，刘萌刚有幸3次援藏，这是他一生的财富。3次援藏经历让他对西藏充满了难以割舍的感情，希望能用自己微薄的力量为西藏旅游的发展做出一点贡献。

资料来源：第一旅游网 http://www.toptour.cn/detail/info55277.htm

任务20　旅游服务质量评价的内容

任务目标

旅游服务质量评价是督促旅行社及导游提高旅游服务质量的重要途径之一。熟悉旅游服务质量的评价内容，对餐饮、住宿等各个方面进行评价。

任务引入

导游带团结束时，为了解游客对旅行的意见，及早发现工作中的不足，提高导游带团质量，会邀请游客对游程中的服务质量进行评价。旅游服务质量评价主要评价哪些方面呢？

任务剖析

旅游服务质量评价主要是对导游带团过程中涉及的所有环节的评价，包括餐饮、住宿、购物、娱乐、车辆、导游讲解等内容。

实训任务发布

实训任务25：旅游服务质量评价

学生工作任务书25			
实训任务25：旅游服务质量评价		任务性质	小组任务
任务完成时间		30分钟	
任务描述 1. 校园半日游结束后向游客发放旅游服务质量调查问卷 2. 与2～3名游客沟通，了解他们对导游服务质量的评价，对不足之处予以改进		考核标准 1. 与游客的沟通氛围和谐，沟通有效 2. 游客对导游的服务质量满意程度 3. 回访游客人数不低于2人	

示范案例

示范案例 4-4　甘肃省旅游服务质量评价表

甘肃蓝天旅行社很荣幸接待您，希望您对我们的服务提出宝贵意见，在此深表谢意。祝您旅途愉快、身体健康、一路平安！

总经理签名：蓝天

团名	山东煤矿集团	国籍	中国	人数	40
导游姓名	李一	旅行社	甘肃蓝天旅行社	司机	王三

请您就以下各项给予评价

项目	评价标准	优秀	良好	一般	需要改善
导游服务	着装仪表		√		
	语言水平	√			
	服务态度	√			
	安全提示		√		
	购物安排			√	
汽车服务	着装仪表		√		
	服务态度		√		
	汽车卫生	√			
	安全驾驶	√			
餐饮服务	服务态度			√	
	就餐环境			√	
	食物质量			√	
宾馆服务	服务态度		√		
	清洁	√			
	设施	√			
景区服务	服务态度	√			
	讲解质量	√			
	景区秩序	√			
	设施 Facilites		√		

（代表）签名：王大　　　　　联系电话：　　　　　地址：

本表一式两份，地接社、组团社各持一份。

甘肃省旅游局旅游质量监督管理所制

项目4　旅行社线路实施与质量评价

任务实施

实施步骤

（1）各小组以校园半日游同学为对象，发放旅游质量评价表，由同学填写。
（2）采访参与半日游的同学，请他们对各小组成员的讲解进行评价。

学生小组任务成果书（NO.25）			
实训任务25：旅游服务质量评价		任务性质	小组任务
小组任务成果名称		旅游服务质量评价	
以校园半日游的同学为接待对象，由他们填写旅游服务质量评价表并与2~3名同学做简要访谈，各组上交服务质量评价表及2~3名同学的简要访谈结果			

附：旅游服务质量评价表

	优秀（10）	良好（8）	一般（5）	需要改进（3）
讲解内容生动有趣				
讲解思路和顺序清晰				
能有效传递景物信息点				
导游落落大方，能与游客有效沟通				

总结提高

一、我国导游服务质量现状

（一）调查现状

2004年10月公布的国家旅游局与国家统计局社会经济调查总队所做的国内旅游调查，共调查了10229位城市居民和4967名农村居民。其中对国内旅游服务质量的调查涉及住宿、交通、餐饮、娱乐、购物、景区（点）及导游7项。结果显示如下内容。

（1）在对各项旅游服务的满意评价中，导游服务的排位都是最末，表明导游服务已成为国内游客普遍最不满意的一项旅游服务。

（2）在对服务的经历者群体的调查中，对导游服务"差"的评价比例基本都大于其他各项旅游服务。也就是说，在使用过各项旅游服务的调查对象群体中，导游服务的声誉最差。

（二）导游服务存在的主要问题

职业素质缺失，职业责任感不强。迟接、漏接团队时有发生；常常擅自改变旅游线路、压缩旅游景点；虚报价格；增加购物点、吃拿回扣；全然不顾游客的感受，经济目的唯一、缺乏诚信、知识贫乏，景点讲解太少或欠新意或根本不讲解；专业知识水平不够，专讲神神鬼鬼的传说神话，对景点的文化价值、历史价值、科学价值、缺乏了解；或信口开河闹笑话；语言千人一面、刻板背诵导游词，综合技能偏低，与游客缺乏沟通技巧；对游客反映的问题或提出的要求协调处理不积极或不妥当；遇到突发事情，不知所措、乱了阵脚，无法起到安抚游客和解决问题的作用。

二、提高导游服务质量的建议

（一）改革导游考试资格制度

我国现有的导游学历偏低，导致导游队伍素质偏低，结构不合理。只有提高导游准入门槛，对准入学历要求提高，严格导游考试资格制度，才能从源头上保证导游队伍素质，最大限度满足社会对导游服务需求。

（二）建立合理的薪酬制度和激励机制

以"回扣"为主的导游薪酬体制存在的弊端和由此产生的不良影响已经有目共睹。它在损害旅游者的合法权益的同时，也损害导游的职业形象。它不但违背了旅行社经营的根本宗旨，还极不利于公平竞争和整个旅游行业的健康发展。最关键的是，不合理的薪酬体制既不能全面地评价导游的实际工作量和服务质量，也不能保证导游劳动价值的合理补偿，它极大挫伤了导游工作积极性，使得服务质量再好的导游也不得不为了起码的"生计"而沦落到"导购人员"的地步。所以只有改革现行的导游薪酬体制，使导游行业形成自我约束、自我激励、自由竞争的内在机制，重塑导游的职业形象，才能吸引人才、留住人才、建设高素质的导游队伍，这样会对员工满意度和旅游者满意度都产生正面影响。建议尽快建立有效的导游晋级制度；导游的基本薪酬与导游等级挂钩；积极探索实行小费制等可行办法。只有落实导游获取收入的正当途径，旅游服务质量才能得到本质上的改善，旅游行业才可以健康发展。

（三）建立学习型导游组织管理制度

导游人员的培训学习是决定其素质提高的关键因素，这是一个长期性的任务，贯穿于导游队伍建设的始终。目前我国导游人员就业前基本没有接受系统的导游服务专业训练，而且就业后也由于大部分时间处于无人管理状态，学习机会不多。建立学习型导游组织管理制度，为导游提供全面的培训机会。在职业道德、服务意识、法律法规、专业知识等方面进行严格的高水平的培训。导游培训不仅要注重导游服务技能和职业道德的学习培训，还要运用多种奖励方法，对导游进行职业生涯的规划，提高导游终身学习的积极性。

（四）完善 IC 卡奖惩制度

目前 IC 卡检查流于违规行为，但无法评价服务质量。也就是说执法部门眼中的"合格"导游仅是不违规导游，与游客体验中的合格导游服务存在着不小的差距。充分发挥 IC 卡监督作用，做到监督的内容和项目详细明了。要从游客体验的角度出发，制定详细的服务质量监督条目。充分重视游客对导游服务质量的评价。完善 IC 卡奖惩制度，以期建立起导游信誉档案和年度星级制度。建立网上导游人才市场和全国导游人员数据库，将导游档案通过互联网向社会公布，加强对导游行为的社会监督。

（五）规范旅游市场秩序

首先要杜绝旅行社恶性削价竞争。恶性削价竞争不但不会促进服务质量的改善，反而会导致质量忽视，无意保证质量或无力保证质量。一方面要加强监督检查防止通过减少服务项目或降低服务标准来削价竞争。并对削价竞争者和扰乱市场秩序者采取坚决有力的处罚。另一方面更重要的是加快旅行社的体制改革和企业重组。建立现代企业制度，提高企业素质，使旅行社之间的竞争由低价竞争向质量竞争、人员素质竞争转变。其次改革现有导购佣金机制。应该执行合法的佣金制度及公平合理佣金给付比例。并将佣金收受限于旅游商品销售企业和旅行社之间的结算。杜绝高额佣金和暗箱操作，把佣金结算纳入财务和税务管理。接受工商和税务监督，做到旅游购物佣金管理信息化、合法化、公开化。

总之，提高导游服务质量，在很大程度上有赖于各职能部门整体规范旅游市场。只有提高导游自身素质和自觉性，保证导游人员合理的物质要求，激发导游人员的积极性，使其内心深处培养起高度的责任感、职业荣誉感和积极向上的学习精神，才能切实提高导游的服务质量。

> **知识拓展**
>
> 1. 阅读林艳丽撰写的《提高导游服务质量之我见》一文，该文刊载于《漯河职业技术学院院报》，2008，7（6），学习如何提高导游服务质量。
>
> 2. 阅读胡昕撰写的《国内导游服务质量提升探讨》一文，该文刊载于《贵州商业高等专科学校学报》，2009，22（4），学习导游带团中提升导游服务质量的具体路径。
>
> 3. 阅读刘清撰写的《影响我国导游服务质量的原因及对策》一文，该文刊载于《内蒙古师范大学学报》，2008，37（6），学习该文中关于影响导游服务质量的相关原因及提升导游服务质量的相关对策。
>
> 4. 阅读刘晖撰写的《导游服务质量问题的根源分析与对策研究》一文，该文刊载于《旅游学刊》，2009，24（1），学习该文中关于制约导游服务质量提升的根源，以及该文提出的提升导游服务质量的相关内容。

旅行社经营实务

 延伸阅读

阳光导游——李静娜

我只是一个普通的导游，但我很快乐，累得心甘情愿，因为我热爱自己的职业。

李静娜，海南兴旅导游服务有限公司导游员。从1998年当导游员以来，8年累计出团800多次，从未被游客投诉。1999年至2003年，李静娜连续5年被评为海南"十佳导游员"，2004年还被评为海南"金牌导游员"。

1. 从未被游客投诉的导游

导游的工作很琐碎，稍有疏忽，游客就有意见。海南省导游管理中心主任杨露怡说，李静娜是6000多名海南导游员中出团量最高的，8年来平均每年出团108次，工作日324天。这么高的出团量，却没有一位游客投诉过她。不少导游问经验，李静娜总是笑笑说："把游客当成亲人就不会有投诉了。"

李静娜熟知海南的风土人情和历史掌故，而且对珍珠、水晶等有专门研究，总能帮游客挑到满意的海南特产。今年3月，丘福英等福建游客回家后，还专门打电话给李静娜，让帮忙再买些珍珠。李静娜就专程赶到三亚购买，并寄到福建。丘福英至今感激不已，并表示下次若到海南旅游，一定还要李静娜接待。李静娜说："游客这么放心我，就是让我感到最骄傲和幸福的地方。"

2006年8月12日，李静娜接到一个"十姐妹团"。这10个姐妹中，年龄最小的60岁，最大的76岁，分别居住在四川、重庆和海南等地。李静娜心想，她们10姐妹聚在一起不容易，或许是有生之年的最后一次，一定要让她们在海南玩好，不留遗憾。接下来的3天里，李静娜牵着老人们的手上下车，扶着老人走在天涯海角的沙滩上、南山的山麓上，一边走一边即兴讲解。回到酒店后，李静娜又亲手示范如何开水龙头，叮嘱地板太滑，不要摔倒。3天时间很快就过去了，老人们离开时，嘴里不断地重复着一句话："海南的导游真好，真好！"而此时的李静娜已经累得直不起腰，嗓子也沙哑了。

2. 带给游客快乐的导游

数十年的导游生涯，李静娜行程50多万公里，一路上她都在用自己阳光的心态和信念感染着游客。"她很坦率，浑身洋溢着一种让人信任的气质。"游客总是这样评价李静娜："她善于和我们进行真诚的交流，以自己的快乐感染人。游客在海南所有的旅程都是笑声相伴，如果说难过，那就是离开海南时和她依依不舍。"

导游的工作非常辛苦，可从来没人见李静娜抱怨过。"让每一个游客都感受到海南岛是阳光岛，这就是我的目标。"李静娜说。她用自己阳光般的性格感染着每一位团员。发现有的游客心情欠佳，她总是主动劝说；在接待国外游客时，她问一答十，并且不失时机地介绍中国的政治经济形势和有关政策。

有一年中国人民银行呼和浩特支行离退休干部"开心果"艺术队一行18人

项目4 旅行社线路实施与质量评价

前往海南旅游,起初他们担心食宿和文化方面会有不适应。负责接团的李静娜一见面,就献上一副"福如东海、寿比南山"的对联,随后又组织艺术队和海南黎族、苗族群众联欢,南北两种不同文化和民族风情愉快地交融在一起。在行程即将结束的前一天夜里,李静娜自己花了1000多元,连夜让人赶制了"开心果"艺术队海南之旅的光碟。当她送上精心制作的光碟时,"开心果"艺术队成员由衷赞叹:"海南之美,美不胜收!"

资料来源:http://www.cnr.cn/tfmb/ldzzg/ldfc/200608/t20060823_504276534.html

项 目 评 价

【知识/技能评价】

通过本项目学习,通过导游带团前的工作接洽、带团以及服务质量评价等几个任务的递进练习,重在训练学生能够运用各学科知识讲解当地风土人情和景区知识,能够安排游客旅程各项所需,培养学生的处理问题的能力和团队合作能力等。

【总结提高】

任务名称:如何做好一名导游人员。

任务要求:请根据校园导游讲解等任务的实际体会,写1500字左右的文字,谈谈自己对于导游工作的了解以及如何做好一名导游人员。

5 旅行社年终总结及下年度发展规划

学习目标

知识目标：熟悉旅行社业务总结及发展计划的主要内容。

能力目标：能够设计简单的访谈大纲回访游客；能够根据规范撰写旅行社业务总结和发展计划。

素质目标：训练学生良好的沟通能力；提高学生的文字表达能力、归纳总结能力。

项目5 旅行社年终总结及下年度发展规划

项目导读

年终总结是企业对过去一年的业务工作、经营管理进行的系统分析,有助于企业发现问题、改进管理、总结经验、不断提高。年度发展计划是对企业未来一年在业务拓展、市场营销、发展方向、经营管理等方面进行的系统梳理与规划。年终总结是对过去一年的全面回顾,年度发展计划则是对未来一年的全面展望,两者是辞旧迎新的关系,对于企业的健康发展均十分必要。

任务21 旅行社年终总结及下年度发展计划

任务目标

旅行社年终总结及年度发展计划是旅行社经营中的常规事件,同时也是旅行社可持续发展的必然要求。通过实施这一任务,有助于帮助学生提前掌握旅行社企业工作的一些工作节点,训练他们的公文写作能力,为日后工作打好基础。

任务引入

转眼到了年底,李冰的旅行社也运转了半年多的时间,旅行社的业绩还不错,李冰也雄心勃勃,希望旅行社能有更大的发展。旧的一年即将过去,李冰对旅行社的运营情况也希望做个总结,归纳成功经验,找找不足之处,为下一年度的经营提供借鉴。旅行社年终总结该如何写呢?

任务剖析

年终总结是很多单位必须完成的一项任务,它的功能在于通过回顾过去,找出不足,总结先进经验,以推进企业未来事业的良好发展。年终总结并无固定格式,应根据各旅行社的具体业务情况进行总结，归纳要点，提炼升华。

 实训任务发布

实训任务 26：旅行社年终总结报告

学生工作任务书 26			
实训任务 26：旅行社年终总结报告		任务性质	小组任务
任务完成时间		40 分钟	
任务描述 1. 总结一学期来本旅行社的业务开展情况，客观评价旅行社经营各阶段的得与失，评价员工的整体表现及团队合作情况 2. 完善本旅行社的网页制作，并将本学期还未放入的经营内容放入网页中 3. 年终总结报告以 A4 纸打印或手写		考核标准 1. 总结客观真实，无虚假内容，针对性强 2. 网页制作完善，能够将旅行社经营内容全部放入其中，页面可以打开、浏览，符合要求	

 示范案例

示范案例 5-1 ××旅行社年终总结报告

××市××旅行社是 2005 年 10 月成立的，真正的做业务是从 2006 年 4 月 15 日开始，至今已有一年半有余，在各位领导的关怀鼓励下，不断学习，自己加压，业务从无到有，从小到大，开拓出一条属于自己的旅游发展新路。旅行社成立之初，我们便确立了"一切从游客利益出发，无投诉、零缺陷，打造××旅游绿色通道"的理念。起点高、严要求，要做到让游客全程满意，树立××旅游形象，需要从房、餐、门、车、导服各个环节入手，首先我们做了以下工作。

一、立足长远，把工作落到实处，从细节上做文章

保证高标准严要求，从根本上做到让游客满意为宗旨的服务理念，"无投诉，零缺陷，打造旅游绿色通道"不是空洞的，是每一个游客都能感受到的，不把"游客是上帝"作为口号，而是真正的让游客找到做上帝的感觉，进而树立品牌，树形象，扩大影响。回顾一年半的历程，截至目前接待游客 23247 人，组团 700 人次，达到了无投诉，零缺陷，收到游客表扬信 500 多封，锦旗 4 面，固定客源及友好协作单位不断增加，发展趋势良好，达到了社会效益、经济效益双丰收。

目前，我社有业务人员 8 名，计调 2 名，固定团队导游员 14 名，散客导游 10 名，职责分工明确，全体人员牢固树立不给××旅游摸黑，不给××丢脸的思想，各尽其责，各司其职每人上岗之初先交质量保证金 2000～5000 元，保证其为游客提供优质服务,为避免各部门利用职务方便,做出损害游客利益的事情,游览过程分段负责,互相监督,引入竞争机制,鼓励开展外联活动,参加全国大中小旅游促销会议10余次,发放各类旅游宣传品20000余份。业务的良性开展为形成合力、巩固公司品牌效应起到了很好的保障作用。

二、抓思想教育,业务培训经常化

导游是旅游的灵魂。导游在整个旅游过程中的作用不可低估。经过培训考核确立自己的固定导游队伍。从思想上、业务上严格要求,使大家意识到自己的责任重大,谁也不愿成为第一个被投诉的导游员,设立委屈奖,鼓励优质服务标兵,奖罚分明,例如,凡我社导游员获得客人表扬信者,免除此导游员所带旅游团的全部人头费,以此作为奖励,让导游和旅行社利益双收、风险共担。每年抓淡季组织导游员进行政策法规、景点讲解的培训,在培训的过程中大量引用我社导游员旺季带团中所遇到的大大小小问题,深入剖析问题根源,并本着合理合法的原则,结合客人当时的心理变化分析出最周到有效的解决办法,以供大家分享,从而使得每个导游员可以在别人实战带团中,汲取工作经验,为今后更好地为客人服务、巩固与组团社间互信的关系奠定了良好的基础。在导游业务培训过程中,不光要突出讲解精彩内容,更要强调对《旅游心理学》、《市场营销》、《旅行社管理概论》、《公关礼仪》相关知识的培训,因为作为一名合格导游员在带领好客人进行观光游览的同时,还要合理的适当地激发客人的消费动机,从而促进我市经济的发展,拉动我市绿色GDP增长。针对组团社,导游员更是代表着地接社的形象与接待能力,强化导游员对《旅行社管理概论》的学习,其意义在于使导游员了解旅行社经营过程中各部门工作内容,充分认清地接社、宾馆、酒店以及组团社之间的利害关系及利益分配,使得导游员在工作过程中,在满足对客人服务同时,能够配合好所在旅行社各部门的工作,更能照顾到组团社的利益、全陪的利益,从而使自身的工作能够顺利展开,从根本上避免了因导游员不了解旅行社业务,造成客人投诉或为我社砸掉老客户等事情的发生。每次培训时间不少于20天,使员工所掌握的知识能够更好地应用于实际工作中,同时也激发了我社导游员的学习热情,更为来年工作的展开提供了思想上的保障。年终组织优秀导游员外出旅游,既作为奖励,又作为一次与异地同仁学习交流的好机会。

三、建立长期有效的合作机制,保证通道畅通无阻

与我社合作的宾馆、酒店,都经过我们实地考察,听取游客的意见和建议保质保量地为游客提供服务。旅行社总经理和各协作部门经理经常往来了解情况,我社通过举办"××××旅游联谊会"的形式,一方面可以巩固加强与相关单位的合作关系,对旺季的工作做出总结,另一方面也可以使我社各部门外联过程中的工作透明化,从根本上杜绝了计调吃房差,导游吃餐差现象的发生,让游客真正感受到通道的舒适、温暖与畅通。落实财物制度,不过分给宾馆、餐厅压价,不欠合作单位一分钱,树立了在协作单位中的良好形象,使协作单位领会××文化,融入绿色通道,为游客提供绿色优质服务。

四、敢于承担责任，取得组团社及来承游客的信任，更好地开展旅游业务

在旅游业务过程中，最让人头疼的事就是游客对旅游过程中某个环节的投诉，"一票否决"，从不在责任问题上推诿、互相指责，而是敢于承担责任，不给组团社找麻烦，深刻地认识到组团社与地接社间"责任"与"利益"的一致性，用诚信架起了友谊的桥梁，巩固了业务合作成果，人脉、人气不断上升！

我们注意到旅行社企业需要盈利，但忽略过程中的某一些环节，甚至于急功近利"一槌子买卖"势必是搬起石头砸自己的脚，只注重结果，而不注重过程的办法是不可取的。

五、充分利用网络媒体，积极开展电子商务

随着通讯和计算机技术的发展、因特网的不断普及，使旅游信息的流转不再受时间、空间的限制，旅游资源的经营者和最终的旅游消费者之间能够建立起更直接的关系。

我国网民人数的增加为计算机网络信息交流的普及和广泛应用奠定了基础。作为旅游业三大支柱之一的旅行社担负着组合旅游产品、并直接向旅游消费者推介和销售的职能，同时又担负着向旅游产品供应企业及时反馈旅游市场需求的功能。旅行社的这一中介地位决定其收集信息、传递信息、综合利用信息的重要性。因特网将旅行社推向变革的大潮之中。因特网所引发的学习革命必将会对旅行社产生巨大的冲击：一方面，旅行社可以从网上轻而易举地获得超大量的信息，可加强旅行社与旅游供应商和旅游者之间的联系，也可使旅行社的传统经营运作方式信息化、简单化、科学化，促进旅行社经营管理现代化；另一方面，因特网也会把旅游供应商和旅游消费者聚集在一起，互通信息，以致抛开旅行社中介机构，不必依靠旅行社所提供的信息，就可以直接进行买卖活动，旅行社传统的市场将被其他类型的竞争者分割。因此，因特网的运用，既给旅行社的业务发展创造了更多的机会，又使旅行社的传统经营方式受到了极大的挑战。若不改变经营机制，转换服务功能，积极开拓新的业务，旅行社将被订房中心、信息交流中心等网上的信息服务机构所取代。我社充分认识到了行业经营模式所面临挑战的严峻性，因此，从今年年初，我社便大力开展了旅行社电子商务，充分利用网络媒体宣传我社优势及经营理念，并与"同程网"、"新浪乐途旅游版块"、"自驾车旅游联盟"、"51766 旅游平台"等多家旅游营销平台展开合作，并且取得了不小的成果，积累了宝贵的电子商务经验，更结识了很多全国各地的同行朋友，不再完全依赖北京中转，初步展开了与华中、华东、四川等地的"直客"营销，节省了流动资金，降低了经营成本。

在我社内部办公信息化改革方面，我社引入了"旅行社无纸化办公系统"，提高了各部门的工作效率，初步形成了以自动化无纸办公为主，以传统办公为有益补充的办公格局。与此同时，我社还充分与市网通公司展开合作，积极开展电话营销，使游

项目5　旅行社年终总结及下年度发展规划

客可以方便快捷地与我社取得联系，从而在散客接待领域同样取得了不小的业绩。

最后，相信在新的一年里有那么多的朋友关注着××，关心着××。××不会让每一位游客失望，我们会一如既往地坚持"无投诉，零缺陷，打造××旅游绿色通道"的理念，为广大游客提供尽善尽美的服务，为××旅游贡献自己的力量！

任务实施

实施步骤

（1）小组讨论本旅行社一学期以来业务开展情况，客观评价旅行社各经营阶段的得失。

（2）评价本旅行社员工的整体表现及团队合作情况。

（3）每小组制作本旅行社的网页，将一学期所完成内容以网页形式展示。

（4）提交文字版的年终总结。

学生小组任务成果书（NO.26）			
实训任务26：旅行社年终总结报告		任务性质	小组任务
小组任务成果名称	旅行社年终总结		
各小组讨论、撰写并提交年终总结报告 注：成果以A4纸打印或手写			

实训任务发布

实训任务27：旅行社年度发展计划

学生工作任务书27			
实训任务27：旅行社年度发展计划		任务性质	小组任务
任务完成时间		40分钟	
任务描述 从业务、人员、资金、宣传等多角度制定本旅行社下年度发展计划 计划书以A4纸打印或手写		考核标准 1. 旅行社发展计划客观可行，对企业下期发展有明确的指导 2. 计划清晰，内容流畅，可行性强	

任务实施

实施步骤

（1）各小组讨论本旅行社下一年度的业务、资金、宣传、人员等方面的规划设想。

（2）形成下年度发展计划上交。

旅行社经营实务

学生小组任务成果书（NO. 27）			
实训任务 27：旅行社年度发展计划		任务性质	小组任务
小组任务成果名称	旅行社年度发展计划报告		
各组按要求撰写本旅行社的年度发展计划，提交年度发展计划报告 注：年度发展计划书以 A4 纸打印或手写			

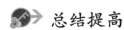 总结提高

一、企业年终总结技巧

1. 要针对领导的需求

作为中层经理人的年终总结，其受众对象一定是企业的领导，还有一部分受众是平级的部门经理，有的企业普通的员工也会列席总结会。那么，此时总结最主要的是要针对领导们的需求。领导的需求更多的是今年取得的成绩和经验，有没有达到去年制定的目标，比去年的业绩提高了多少，如果业绩下降，要说明理由。要通过总结让大家看到部门的希望和前景，这是重中之重。反之，如果什么都讲，如部门存在的严重问题，如何的令人担忧，虽然说的是事实，甚至是非常坦诚的表达，但是有些是不适合当着公司全体人员说明的。否则会使普通员工对部门甚至是公司失去信心，或者对领导的能力产生怀疑。

2. 追求图文并茂

总结如能力争做到有数据、有图示、有丰富的文字说明，做到图文并茂会比较理想。当然，总结也不能过于专业化，至少要有 60% 是上司能一目了然并能够马上做批示的内容，而有 30% 是领导通过总结中的解释可以理解的，另有 10% 是非常专业的，目的在于显示自己的水平。

如果有可能，不妨利用多媒体演示，让人看起来既非常专业，又非常便于理解，同时会认为总结非常认真和准确，同时为自己树立一个非常职业化的形象。

首先，多用数据化和图示。企业的领导通常都很忙，因此他们会平时只关注大数据，对微观的内容部分关注不多。因此，他们就会非常想知道一些细节的东西。此时，总结多用一些数据或量化的数字、对比图、文字说明做论据，会非常符合领导的需求。

同时，如果能运用一些科学的分析方法，比如 SWOT 分析法、树状图分析法、鱼刺图分析法、图表分析法，一定会使总结非常专业和精彩！总结虽然不能像写文章一样，追求"语不惊人死不休"，但也一定要有个人的语言风格和特色。在写总结时，不妨先写出大纲，然后再把大纲中所涉及的事件加进去，然后再细致地进行加工，最后再进行文字的润色。

项目5　旅行社年终总结及下年度发展规划

3. 不能"只想"自己

要素一：反思亦创新。总结的主要目的是通过反思过去找出问题所在，但是仅仅找到问题还不行，更应该拿出解决方案。如果你能做到拾遗补缺，拿出有效的解决方案，其实就是一种突破和创新。

要素二：知己亦知彼。总结的内容一定要做到心中有数，总结中的关键是要有重点，要展现出自己的工作重点和亮点，特别是上司关注的问题一定要详细具体。

要素三：瞻前亦顾后。写总结时不要忽略细节，尤其是一些重大事件的细节，通过细节的描述，赢得上司的关注和理解。毕竟上司在决策层，有时并不能理解执行层的苦衷。

二、如何撰写工作计划

一份完整的年度工作计划，应包含如下一些内容。

（1）对整体市场环境进行分析，并给出专业的判断。这里的市场环境包含宏观的所在国或区域经济运行走势，法律法规的出台、行业协会的行为及政府监管力度等对所从事行业的正负面影响；所在行业整体市场情况分析及其走势判断，比如说办公家具行业走势、工程客户和终端消费者对办公家具的认知和接受度的变化等；行业内主要竞争对手的发展情况，以及重要行为活动及该活动对本企业的影响分析等。通过此种分析方式，往往可以系统地研判以推断将来（下一年度）的行业和市场趋势。

（2）对企业（部门）自身经营情况进行简要的盘整，并列出可能存在的问题，为下一步具体计划的提出打下基础。这一步非常重要，决定了企业（部门）是否能够对自我有一个清醒的认识。此环节可以从内外部两个方面去总结和评定，比如外部资源和外协机构的配合辅助情况，内部各部门间的协同性、对所定目标的一致认可性等。至于具体体现的指标，则包含年度任务的完成情况，比如产品销售额、市场占有率、分季度和月度的完成情况、区域指标的完成情况；新产品开发上市、主力产品和淘汰品的年度推进情况，通路的变化及精耕细作情况、空白区域的开发情况，客户和消费者的满意度情况，品牌塑造之知名度、美誉度、满意度和第一提及率等情况的变化，媒体传播率、公关及促销活动推广率、员工配置率、费用预算使用率等。一些企业为了得到客观真实的数据，往往会委托第三方市调机构进行调查。

（3）引进 SWOT 分析模型。SWOT 分析模型是指从 Strengths、Weaknesses、Opportunities、Threats 四方面进行分析，进一步给企业或部门定位，明确企业的优势、劣势、机会点和威胁点，扬长避短，发挥企业最大的潜能，制定出更有针对性的市场营销策略。

（4）设定一个明确的目标。这个目标往往以理性可考评的数字目标为主导，比如年度销售指标、分产品贡献指标、市场占有指标、网点开发指标、大客户销售与零售指标、人员流失率指标等。目标的设定必须与所在地的宏观经济走势与行业走势结合起来，参照近两年的公司运营状况，以及下一年度公司的整体资源和资金支持程度。目标的设定不能过高也不能过低，过高达不成没有意义，过低就失去了目标设定的本意。目标设定如同触摸天花板，必须跳起来才能够摸得到。

（5）拟订经营策略。这里指的策略是指战术，即围绕所拟订的各项目标，通过什么样的方式和手段去达成的问题，比如品牌塑造怎么做，广告是否要找代言人，广告的投放是以央视为主还是以各地方媒体为主导；各品类产品的目标消费者是否需要进一步聚焦和定位，如何聚焦推广；产品的升级换代是否有一个完备的策略思想去支撑；重点市场与非重点市场如何划定及政策倾斜和扶持；针对产品的行业销售与终端零售之间，该有什么样的新的策略去应对和调整；年度是否应该设定系列大型的公关活动，这样的公关活动如何与品牌匹配及整体产品的集中推出配合等。这里有两个例子，统一冰红茶为了配合新产品的上市及旺季的销售，在2003年4～9月在全国各高校举办"统一冰红茶校园歌手大奖赛"。而诺基亚为了以中低端手机开拓三级市场，则于2006年4～6月在华东16个地级城市巡回开展"梦想成真"的路演。

（6）制订行动计划。如果说年度工作计划中经营策略是架设梯子，那么行动计划则是沿着阶梯攀爬，二者一脉相承。行动计划更多的是时间的推演，即以季度或月度设定要做什么工作，在哪里做工作，都需要哪些部门和哪些人员做该工作，整体如何配合。简单点说，行动计划就是时间表的推进问题。

（7）费用预算。任何工作都需要支持，而最大的支持莫过于资金的到位了。因此，在年度工作计划的最后，要专门有一项费用预算。做费用预算也有一些学问，要把握好一个度，高了可能不能够获得批准，而低了将来在开展工作时会受到种种限制。

最后，要有一个漂亮的形式，装帧要美观。在年度计划的编制过程中，要擅长运用数据、表格和图形说话，尽可能少用描述性的语言，同时版面设置要合理、条理要明晰，尽可能分段分行分步骤，这样会显得报告节奏感强、逻辑性强。在此基础上，制作精美的封面并进行装订。

> **知识拓展**
> 1. 阅读九州撰写的《年终总结小技巧》一文，该文刊登于《中外管理》，2006（12），学习该文关于撰写年终总结的技巧。
> 2. 阅读文砚君撰写的《一名大区经理的年终总结》一文，该文刊登于《中国商贸》，2005（12）学习区域经理撰写年终总结的技巧，借鉴并应用到本旅行社的年终总结中。

> **延伸阅读**
>
> ### 2010年北京七星旅行社年终总结
>
> 北京七星旅行社成立于2010年9月，在短短的4个月模拟运行中，我们不仅体会到成立一家旅行社的种种辛苦，也亲身实践了一些社会调研及个人任务。在这4个月中，我们一共完成了五大项目，在完成的过程中，既有收获，也深感存

项目5 旅行社年终总结及下年度发展规划

在一些不足。在旅行社模拟运行即将结束之际,七星旅行社全体职员针对五大项目的完成情况,分别进行总结如下。

项目一运行

项目一是我们旅行社7名成员第一次合作、第一次以这样的形式接触,也许因为刚刚合作还不够默契,在任务1和任务2中出现了分歧。在任务2绘制设立旅行社的思维导图时,因为不熟悉工作流程,耽误了不少时间。但是值得高兴的是,在任务3确定旅行社的筹资和选址上,我们7个人的看法基本相同,同时也都提出了个人的见解和提议,所以,任务3是我们项目一中完成最为出色的任务,选择的旅行社位置合理,筹资途径可行。任务4中,我们根据每个人的性格和特长,确定了部门人员及部门职责。任务5绘制的海报是我们旅行社的得意之作,因为那是我们共同讨论出来的结果,同时也充分体现了我社员工的绘画特长。但是在任务6中,因为对业务的不熟悉,出现了一些不必要的错误,但经过修改,我们对设立旅行社的相关业务知识更加熟悉了。

项目一总结

第一次接触旅行社,最初有些力不从心,也许是因为之前的预习工作没做好,所以在项目一的完成过程中出现了一些失误,这些本可以避免。尤其是任务6中,七星旅行社的英文缩写竟然改了两次都有错误,旅行社全体同仁对此进行了反思,并相信将来绝对不会出现同样的问题。

经过项目一的学习,我们充分了解了设立一家旅行社必需的条件及流程;知道旅行社的类别、设立方式、组织设计及业务内容。这些任务不仅培养了我们团结协作的能力,还培养了我们做事细心、认真的习惯,因为在英文缩写上就很能说明问题。

项目二运行

任务7中,我们考察了两家旅行社的线路并对其进行了详细的对比,在这项任务中,我们态度比较认真,所以完成情况也不错。任务8是我们印象最深刻的一次团队合作,因为这次制作的海报是用剪纸完成的。合理的分工、清晰的思路使我们这次海报完成得相当好,即便不是那么的专业和精美,但是这是我们7个人共同努力完成得成果。任务9是旅游相关资源采录,在这项任务中,小组有些成员没有做到认真调查及落实,但是在开会时候老师给了我们一次机会,所以再次经过落实,完成较好。任务10的圆满完成是在意料之中的,因为在这次任务中,小组的每个成员都付出了百分之二百的努力,在成果展示的前一晚,为了完善成果,小组的成员们都睡得很晚……任务11的采购任务完成得相对顺利。任务12是品牌设计,小组的每个成员都设计了自己理想的品牌和相应线路,毋庸置疑,成员设计的品牌都是富有新意的,并且完成情况相当好。

项目二总结

在项目一中,我们积累了许多经验,所以在项目二中,我们凭借着自己的努力和实力,取得了出色的表现,赢得了老师及同学的认可,只能说,这和我们付出的努力是成正比的。虽然我们没有非常专业的业务知识,但是我们坚持在每项任务中，都做到了价格落实、地点落实、线路落实。全体旅行社同仁都非常欣慰，我们的努力没有白费。

通过项目二的学习及实践，我们充分了解了旅游资源采录的内容、方式及流程，并且在规划旅游线路中，学到了很多旅行社计调该做的事情，包括线路设计的原则和流程。这些任务再一次让我们体会到团队协作意识的重要，同时也培养了我们的发散思维以及总结归纳和沟通能力。总体来说，项目二的完成情况比较满意。

项目三运行

任务13是采用前台销售的形式，以角色扮演形式分别模拟前台接待和顾客，并以对话形式展开，因为我们是第一组，所以对形式上有一些理解不到位，加上我们旅行社的前台接待表现的很紧张，导致任务13完成的不尽理想。任务14的电话销售，因为时间比较紧张，加之准备工作不够完善，小组的电话销售成功率不是很高，但是，旅行社全体成员都很努力，并且也很在意任务的完成效果，有的成员当场就用自己的手机开始做电话销售，效果还不错。任务15是设计冬季一日游的线路，我们旅行社的总体策划想法很好，想设计多条线路供顾客选择，但在分配任务时没有及时落实，导致在价格及线路上出现了一些纰漏，后经修改，完成较好。任务16的宣传单销售，全体成员都认真宣传，到各个宿舍宣传我们的冬季一日游产品，取得了较好的成绩。任务17是与旅游者签订合同，是根据任务15冬季一日游签订的，完成得比较顺利。

项目三总结

项目三的任务说简单不简单，说难也不难。我们的遗憾是在现场接待这一任务中，我们表现得不尽如人意，语言的流畅性及应对能力都有待加强。在电话销售这一任务中，全体成员都表现积极、踊跃，尽管成功率不是很高，但是我们仍旧没有放弃，这种精神是值得赞扬的。

通过项目三的学习，我们不仅了解到旅行社前台接待的主要工作内容，并且掌握了旅行社电话销售的工作流程。实践告诉我们，拥有良好的语言表达能力是一名优秀前台的基本要求。当然，不仅是语言表达能力，前台接待的随机应变能力、沟通能力、换位思考能力，都是完成这些工作所必需的。

项目四运行

因为成员中有跟团旅游的经历，所以凭借着自己对当时带团导游的印象来描述导游带团流程，所以在任务18中，我们没有照搬教科书，而是凭借自己的旅游经验来完成任务18，全体成员都表示设计的流程很合理。

任务19是个人成果，也就是对北京交通职业技术学院的讲解，我们抽到的是交通文化广场讲解。得知任务的当天，我社全体职员都开始搜集有关交通文化广场的资料，甚至刮着大风就跑去文化广场"勘察地形"。每个人都准备得相当充分，虽然在讲解上还是有些紧张。但是在此次任务，我们认为还是完成得相当不错的。任务20的评价大家都本着客观、公正的原则进行了打分，也对模拟带团导游提出了一定的改进意见。

项目5　旅行社年终总结及下年度发展规划

项目四总结

相比而言，项目四的任务比较简单，七星旅行社的全体同仁都在努力做到最好，尽管在校园讲解上个别成员因为紧张出现了忘词、讲解不生动等问题，但我们相信，这些问题在以后的工作中都会得到有效解决。

通过项目四的学习，我们不光熟悉了导游带团的基本流程，也体会到了作为一个导游要具备怎样的心理素质及协调能力。项目四不仅培养了我们的发散思维和合作精神，同时也提升了我们的沟通能力和组织能力。

项目五运行及总结

经过前面4个项目的完成，我们只想说一句话："成功，是留给有准备的人的。"对于我们而言，我们就是为了最佳旅行社而努力的。

最后想由衷地说，成立一家旅行社真是太不易了。从项目一到现在，我们所有成员都注入了自己百分之一百的努力，我们了解并基本掌握了开办一家旅行社的复杂过程以及系统的工作内容。经过这些任务，我们打心眼里佩服那些成功运营的旅游公司，他们的成绩让我们感慨，同时也更深刻体会到成功背后的心血和付出。

七星旅行社从2010年9月正式成立至今，七星的全体员工，都在不留余力地努力奋斗着，我们在辛勤耕耘着属于我们的旅行社，我们肆意地挥洒汗水，同时也尽情地享受着收获的喜悦。

在这短短的4个月中，我们的运营过程就好似那破茧化蝶的过程。挣破层层茧丝，破壳而出，轻风吹来，颤抖的翅膀渐渐展开，美丽的身影在空中翩翩飞舞……虽然并不是所有的茧都能变成蝴蝶，但我们7个意气风发的年轻人，就应该义无反顾地舞蹈在七星旅行社的舞台上，用我们的努力来实现我们共同的愿望。虽然这仅仅只是个开始，我们只是刚刚迈出了职业生涯的前半步，但我们坚信，我们付出了汗水，经受了考验，成功的大门就一定会为我们敞开。

资料来源：北京交通职业技术学院2009级2班七星旅行社（模拟旅行社）总结，成员包括：张怡、李明慧、梁曼、刘飞、刘腾、付瞳、李稳。

任务22　最佳旅行社评选

任务目标

最佳旅行社的评选是一个学期各小组任务完成情况的最终展示，也是各小组虚拟旅行社经营情况的集中展示，对于更全面地反映各个小组任务完成水平、全面考察各小组的综合管理能力有重要的意义。

任务引入

李冰所在区旅游局今年组织了最佳旅行社评选活动，李冰和他的旅行社虽然刚刚开始，但李冰也想通过参加评选，更好地向其他兄弟企业学习，因此，他计划参加评选。

任务剖析

按照该区旅游局的规定，所有参赛旅行社必须要有自己的网站，因此李冰首先应该创建本旅行社的网站，并把旅行社现有的经营资料放入网站中；同时，每个参加旅行社都必须派代表介绍本旅行社，李冰需要撰写一份发言稿，内容应涵盖旅行社经营以来所取得的成绩；为了在众多的竞争中脱颖而出，李冰需要认真提炼要介绍的内容，突出亮点。

实训任务发布

实训任务28：评选最佳旅行社

学生工作任务书28			
实训任务28：评选最佳旅行社		任务性质	小组任务
任务完成时间		60分钟	
任务描述 1. 各旅行社创建本旅行社的网页，并将本学期所做内容放入旅行社网页，评选时以网页为介绍的载体，也可制作PPT，结合网页进行介绍 2. 各旅行社应认真总结本旅行社经营以来的成绩和旅行社的特色，突出亮点 3. 认真撰写一份讲解词		考核标准 1. 网页制作符合要求，能涵盖本企业本学期所做内容 2. 旅行社代表的发言符合旅行社真实所做内容，无虚假夸大之词	

任务实施

实施步骤

（1）各小组按抽签顺序确定上场展示顺序。

（2）各小组可以以本旅行社网页为载体，也可制作PPT，并结合旅行社网页进行展示。

（3）各小组准备好讲解词，全面概括、系统展示一学期以来的旅行社经营成果，并重点突出本旅行社最具特色的内容和环节。

（4）由企业专家、教师组成评委小组，通过投票形式选出最佳旅行社和优秀旅行

项目5 旅行社年终总结及下年度发展规划

社,并给予适当奖励,包括小组成员成绩加分。

学生小组任务成果书(NO.28)		
实训任务28:评选最佳企业	任务性质	小组任务
小组任务成果名称	最佳旅行社评选	
各小组按要求准备网页、讲解词。派出代表介绍本旅行社经营情况。由到场评委投票选出最佳旅行社。		

项 目 评 价

【知识/技能评价】

　　旅行社年终总结及下年度计划是旅行社年度工作的结点和新起点。年终总结会回顾过去一年旅行社业务运行情况,总结成功经验,分析不足之处,提出改进意见,以利于旅行社业务的进一步拓展。年度计划是旅行社站在新的起点,以年为单位,对业务、营销、人员、产品等进行的系统规划,以规范化的管理来指导旅行社业务运营。项目五是对前面4个项目的集中总结和展示,同时又是在总结基础上对未来的展望和提高,是旅行社经营实务教材的总结和提高项目。

　　通过项目五的实施,学生可以熟悉旅行社年终总结及年度发展计划的主要内容,全面回顾一学期以来本小组所从事的虚拟旅行社运营过程,并通过竞争最佳旅行社的形式为本小组的全部工作做一次盘点。

【总结提高】

　　任务名称:×××项目五自我评价。

　　任务要求:学生总结个人在项目五小组任务完成中的收获,发现的不足,全面评价自己在项目五中的整体表现,撰写项目五自我评价报告,字数300~500。

　　任务性质:个人任务。

参 考 文 献

[1] 奥格·曼狄诺. 世界上最伟大的推销员[M]. 北京：世界知识出版社，2003.
[2] 陈道山. 旅行社经营管理实务[M]. 北京：中国发展出版社，2009.
[3] 陈永发. 旅行社经营管理[M]. 北京：高等教育出版社，2004.
[4] 戴斌. 旅行社经营管理[M]. 北京：旅游教育出版社，2007.
[5] 樊丽丽. 导游业务训练课程[M]. 北京：中国经济出版社，2007.
[6] 方澜. 旅行社经营管理[M]. 上海：上海财经大学出版社，2008.
[7] 冯云艳. 导游业务实务教程[M]. 北京：中国纺织出版社，2009.
[8] 谷慧敏. 旅游市场营销[M]. 北京：旅游教育出版社，2001.
[9] 国家旅游局人教司. 导游业务[M]. 北京：旅游教育出版社，2007.
[10] 黄国庆. 导游服务质量期望差距管理研究[J]. 现代商贸工业，2009（10）.
[11] 胡昕. 国内导游服务质量提升探讨[J]. 贵州商业高等专科学校学报，2009，22（4）.
[12] 蒋述东. 旅游景区标识开发商业化运作的可行性及策略[J]. 中国商贸，2012（9）.
[13] [美]科特勒著. 市场营销[M]. 俞利军，译. 北京：华夏出版社，2003.
[14] 李天元. 旅游学[M]. 北京：高等教育出版社，2006.
[15] 李幼龙. 旅行社业务与管理[M]. 北京：中国纺织出版社，2009.
[16] 黎泉. 旅行社业务[M]. 北京：中国劳动社会保障出版社，2009.
[17] 梁智. 旅行社经营管理[M]. 北京：旅游教育出版社，2005.
[18] 林艳丽. 提高导游服务质量之我见[J]. 漯河职业技术学院院报，2008，7（6）.
[19] 刘晓杰. 旅行社经营与管理[M]. 北京：化学工业出版社，2007.
[20] 刘清. 影响我国导游服务质量的原因及对策[J]. 内蒙古师范大学学报，2008，37（6）.
[21] 刘晖. 导游服务质量问题的根源分析与对策研究[J]. 旅游学刊，2009，24（1）.
[22] 鲁峰. 旅游市场营销学[M]. 北京：中国科学技术出版社，2008.
[23] 人力资源和社会保障部教材办公室组织编写. 旅行社运营实务[M]. 北京：中国劳动社会保障出版社，2009.
[24] 孙艳红. 旅行社旅游线路定制问题的理论分析及模型研究[J]. 北京第二外国语学院学报，2006（3）：46-54.
[25] 万剑敏. 旅行社产品设计[M]. 北京：旅游教育出版社，2008.
[26] 王健明. 旅游产品经营智慧[M]. 北京：旅游教育出版社，2008.
[27] 王燕. 旅行社旅游线路设计剖析[J]. 企业技术开发（下半月），2009（2）.
[28] 王扬. 旅行社经营管理实务[M]. 北京：清华大学出版社，2009.
[29] 吴国清. 旅游线路设计[M]. 北京：旅游教育出版社，2006.
[30] 熊晓敏. 旅行社OP计调手册[M]. 北京：旅游教育出版社，2007.
[31] 徐春波. 旅游市场营销学[M]. 北京：中国纺织出版社，2009.
[32] 薛莹，等. 大型旅行社空间扩张的区位选择[J]. 旅游科学，2005，19（2）.
[33] 赵明. 导游业务知识[M]. 昆明：云南大学出版社，2008.
[34] 赵冉冉. 导游应急处理一本通[M]. 北京：旅游教育出版社，2008.
[35] 张金霞. 导游接待礼仪[M]. 北京：旅游教育出版社，2007.

[36] 张文莲，赵丽华. 旅行社构建顾客导向旅游服务组织结构初探[J]. 科教文汇，2009（6）：218-219.
[37] 赵西萍. 旅游市场营销[M]. 天津：南开大学出版社，2005.
[38] 张顺道. 旅游产品设计与操作手册[M]. 北京：旅游教育出版社，2006.
[39] 郑凤萍. 旅游市场营销[M]. 大连：大连理工大学出版社，2008.
[40] 文砚君. 一名大区经理的年终总结[J]. 中国商贸，2005（12）：19-22.